W0212214

ullstein

## Das Buch

Seit drei Jahren leben Gunnar und Susanne in ihrer neuen Heimat Stockholm. Nun wollen sie heiraten und proben dafür schon einmal das schwedische Familienleben: Im Mutterland der Gleichberechtigung wagen die beiden den Rollentausch. Während er sich fortan um die zwei Kinder kümmert, steigt Susanne wieder voll ins Berufsleben ein. Aber trotz aller guten Vorsätze lassen die ersten Probleme nicht lange auf sich warten. Schnell lernt Gunnar, dass Kindererziehung auch mit staatlicher Rundumversorgung ganz schön anstrengend sein kann. Und Susanne erfährt von ihren neuen Freundinnen, weshalb die schwedische Scheidungsrate so hoch ist. Zum Glück können die beiden auch in turbulenten Zeiten die Schönheiten Skandinaviens entdecken: In Schonen wandeln sie auf den Spuren von Nils Holgersson, und Gunnar verschlägt es sogar bis nach Island, wo ein heimtückischer Vulkan nur darauf wartet, die Hochzeitspläne des Paares gehörig durcheinanderzuwirbeln …

## Die Autoren

Gunnar Herrmann und Susanne Schulz, beide geboren 1975, zogen 2006 nach Stockholm und gründeten dort eine Familie. Gunnar Herrmann, der Geschichte studiert hat, berichtet von dort als Nordeuropa-Korrespondent für die *Süddeutsche Zeitung*. Susanne Schulz hat Politikwissenschaften studiert und arbeitet in Stockholm als freie Journalistin für deutsche Medien sowie als Deutschlehrerin.

Gunnar Herrmann
Susanne Schulz

# Alter Schwede!

## Zwei Hochzeiten und ein Elchgeweih

Ullstein

Besuchen Sie uns im Internet:
www.ullstein-taschenbuch.de

FSC
www.fsc.org
MIX
Papier aus verantwortungsvollen Quellen
FSC® C006701

Originalausgabe im Ullstein Taschenbuch
1. Auflage Februar 2012
© Ullstein Buchverlage GmbH, Berlin 2012
Umschlaggestaltung und Gestaltung
des Vor- und Nachsatzes: Sabine Wimmer, Berlin
Titelillustration: © Jakob Werth
Satz: LVD GmbH, Berlin
Gesetzt aus der Excelsior
Papier: Munken Print Cream von Arctic Paper GmbH
Druck und Bindearbeiten: CPI – Ebner & Spiegel, Ulm
Printed in Germany
ISBN 978-3-548-28375-3

Für Johanna und Xaver

# 1

Natürlich kann man sich bessere Orte für einen Heiratsantrag denken als einen Kreißsaal. Vielleicht hätte ich ein schönes Restaurant wählen und meine Frage nach einem exquisiten Mahl beim Dessert stellen sollen. Vielleicht hätte es auch einfach ein romantischer Abend zu Hause im Wohnzimmer getan. Aber manchmal ergeben sich die Dinge einfach anders. Und jetzt fühlt es sich irgendwie richtig an. Die Hebammen sind nach einigen hektischen Momenten gerade wieder zur Ruhe gekommen. Der Schlauch mit dem Lachgas ist fertig angeschlossen und zischt gleichmäßig. Am Fußende des Bettes steht der kleine Rollwagen mit den Schalen, Tüchern und der chirurgischen Schere für die Nabelschnur bereit. Alles ist also bestens vorbereitet für die Geburt unseres Sohnes. Nur Susanne wirkt etwas ängstlich. Kein Wunder, sie wird ständig von schmerzhaften Wehen geschüttelt. Und natürlich will ich helfen. Ihr versichern, dass ich da bin. Dass ich immer da sein werde, in guten wie in schlechten Zeiten. Und da überkommt mich der Impuls, diese eine Frage zu stellen.

Ganz spontan war das wohl nicht. Schließlich habe ich schon den ganzen Tag mit mir gerungen, wie ich das mit dem Heiratsantrag wohl am besten hinbekomme. Und daran ist meine Schwiegermutter schuld. Oder vielleicht sollte ich besser sagen: Es ist ihr Verdienst. Denn eigentlich kann man sie gar nicht hoch genug loben, in diesen Tagen.

Ja, tiefe Dankbarkeit ihr gegenüber war eigentlich schon der erste Gedanke, als heute Morgen der Kaffee dampfend in meine Tasse tröpfelte. Die sonst kahle Tischplatte unter den Marmeladengläsern, den Tellern und dem Brotkorb mit dem frischen Toast war heute Morgen sogar mit einer blumigen Tischdecke verhüllt, die meine Schwiegermutter irgendwo in der hintersten Ecke unseres Reihenhauses entdeckt haben muss.

»Gunnar, willst du Milch und Zucker?«, fragte sie.

»Danke, schwarz«, antwortete ich etwas einsilbig und setzte mich seufzend auf einen Stuhl. Einige Stunden zuvor hatte Susanne mich energisch wachgerüttelt. »Ich glaube, es geht los«, rief sie, und dann begann der Stress. Das war nun also der große Tag, an dem unser Sohn zur Welt kommen sollte. Eigentlich hatte ich gedacht, wir würden nach Beginn der Wehen mit dem Auto schnell in die Klinik rasen, mit Hebammen durch endlose Gänge eilen und dann nach etwa zwei Stunden oder so unser Baby in ein Tuch wickeln können. So war das zumindest bei der Geburt unserer Tochter damals vor fast drei Jahren in München. Aber hier in Stockholm ist erst einmal nichts dergleichen passiert. Vier Stunden hing Susanne am Telefon und versuchte, irgendeine Tele-Hebamme des städtischen Gesundheitswesens von der Dringlichkeit ihres Falls zu überzeugen. Das war offenbar nicht einfach. Immer wieder wurde sie vertröstet. Sie solle doch bitte später wieder anrufen, wenn die Wehen öfter kämen. Nein, jetzt sollten wir bloß noch nicht ins Krankenhaus fahren, wo dächten wir denn hin? Ruhig bleiben, warten, was so passiert – ein ums andere Mal bekam Susanne diesen Rat. Und dank der vielen beruhigenden Worte fand ich nach dem hektischen Erwachen tatsächlich noch Zeit für das Frühstück, das meine Schwiegermutter so liebevoll aufgetischt hatte.

Genüsslich biss ich in das erste Knäckebrot des Tages. Knäckebrot ist eines der Dinge, die ich wirklich an Schweden schätze. Immer wenn ich das spröde Knirschen zwischen den Zähnen spüre, fühle ich mich irgendwie zu Hause. Doch heute wurde dieser charakteristische Klang gestört. Durch das Knuspern drang, wie durch einen fernen Kurzwellensender, die energische Stimme meiner Schwiegermutter.

»Solltet ihr denn nicht langsam mal ins Krankenhaus fahren?«, fragte sie nun zum fünften Mal innerhalb der letzten halben Stunde. »Nicht dass er im Auto zur Welt kommt, meine ich.«

»Keine Angst«, versuchte ich sie zu beruhigen. »Es ist ja gar nicht so weit bis ins Krankenhaus. Und jetzt ist gerade Berufsverkehr, da würden wir ohnehin nur im Stau stehen. Bleiben wir doch lieber noch ein wenig hier und warten gemütlich ab. Die Krankenschwester am Telefon hat das ja auch gemeint. Die wird es schon wissen, sie ist schließlich für so was ausgebildet.«

Meine Schwiegermutter warf mir einen sehr skeptischen Blick zu. Offenbar teilte sie mein Vertrauen in das schwedische Wohlfahrtssystem nicht. Ich versuchte weiter Gelassenheit auszustrahlen, dachte aber insgeheim über mögliche Schleichwege nach, um den Stau zu umfahren, der in diesem Moment mit ziemlicher

Sicherheit den Weg in die Klinik versperrte. Falls es am Ende vielleicht doch ein wenig schneller gehen sollte, als von der Telefontante vorausgesagt.

»Jetzt frühstücken wir erst mal in Ruhe«, sagte ich, halb zu mir selbst, und fing an, demonstrativ langsam den Kaffee zu schlürfen. Dass das mit der Ruhe nur ein frommer Wunsch bleiben würde, war mir spätestens beim zweiten Schluck klar, als sich plötzlich ein lautes Poltern die Treppe abwärts auf das Esszimmer zubewegte. Unsere Tochter Laura war erwacht und strebte nun energiegeladen zu uns.

»Wo is Mama?«, fragte sie, nachdem sie sich in voller Größe vor dem Tisch aufgebaut hatte, dessen Tischplatte sich etwa auf Höhe ihrer nach oben gereckten Nasenspitze befand.

»Mama ist im Schlafzimmer, sie muss sich gerade noch ein wenig ausr…« Versuchte ich die Lage pädagogisch zu erläutern.

»Schau mal nach, ja?«, sagte Laura und war schon halb wieder in Richtung Treppe getrampelt.

»Stopp, stopp! Lass doch die Mama mal in Ruhe. Willst du nicht lieber was essen?« Lauras Gesicht leuchtete freudig auf.

»Jaaa. Honichbooot! Will Honichbooot haabn!«

»Das sollst du bekommen. Ich kann dir ein Honigbrot schmieren. Aber jetzt setz dich erst mal hin«, sagte Lauras Oma freundlich. Nachdem Laura auf den Stuhl neben ihr geklettert war, begann ihre Großmutter eine Scheibe Toast zu bestreichen.

»Was sagt man da, Laura?«, fragte ich, nachdem meine Tochter kurz darauf eine nektardurchtränkte Brotscheibe auf ihrem Teller hatte.

»Tack så mycket!«, rief Laura.

»Hach, das war ja Schwedisch«, sagte ihre Oma verzückt. »Toll. Was heißt denn das?«

»Es heißt: Vielen Dank«, sagte ich stolz. »Das hat sie im Kindergarten gelernt. Da spricht sie nämlich nur Schwedisch, und man hört gar keinen Akzent.«

Und damit hat meine Tochter mir mit ihren zweieinhalb Jahren schon etwas voraus. So akzentfrei wie sie werde ich Schwedisch wohl niemals beherrschen, obwohl ich dank meiner schwedischen Mutter schon von klein auf mit der Sprache in Kontakt gekommen bin. Aber meine Mama hat eben immer deutsch mit mir gesprochen. Schwedisch habe ich dann erst später im Leben gelernt, aber da war meine Zunge schon so germanisiert, dass sie die typisch nordischen Vokale und Zischlaute einfach nicht mehr ganz korrekt hinbekam. Darum hört selbst nach fast dreijährigem Stockholm-Aufenthalt immer noch jeder sofort, dass ich nicht in Schweden geboren bin. Nach jahrelanger Übung habe ich es aber immerhin geschafft, meinen Akzent derart abzuschleifen, dass ich nicht immer gleich als Deutscher zu erkennen bin. Manchmal fragen mich die Leute nun: »Kommen Sie eigentlich aus Dänemark?« Oder auch: »Bei euch in Finnland ist das sicher ein wenig anders.« Dann bin ich zufrieden mit mir. Zwar weiß ich sehr wohl, dass es in Schweden nicht unbedingt ein Kompliment sein muss, als Däne oder Finne bezeichnet zu werden. Aber es ist ein Fortschritt, wenn man Schwedisch so sprechen kann, dass man für einen Nordeuropäer gehalten wird.

Einige meiner schwedischen Verwandten sind außerdem fest davon überzeugt, dass ich eines Tages meinen Akzent fast ganz loswerden würde, wenn ich mir nur ein wenig mehr Mühe gäbe. Das ist mitunter etwas anstrengend, denn diese Verwandten flechten dann in Unterhaltungen gern kleine Aussprachekorrekturen ein. Diese Schar wohlmeinender Sprachkritiker hat sich nun außerdem um ein kleines, aber sehr hartnäckiges Mitglied erweitert: Laura. Besonders der Umstand, dass ich es einfach nicht schaffe, dem »A« seinen für Schweden typischen leicht abgedunkelten Klang zu verleihen, irritiert meine Tochter fürchterlich. Das führt manchmal zu absurden Gesprächen.

»Wie war es denn heute im Kindergarten?«

»Schön.«

»Was hast du denn gemacht?«

»Mit Saga ’spielt.«

»Mit der Saga? Ist die neu? Wo komm…«

»Saga! Heißt Saga!«

»Saga.«

»Nein! Saaaga.«

»Ach so, Soga«, versuche ich es noch mal. Aber jetzt klingt der Name eher wie das schwedische Wort für »sägen«, was Laura sehr wütend macht. Sie stampft dann mit dem Fuß auf und schreit:

»Heißt Saga!«

»Aber, aber. Ich kann halt nicht so gut Schwedisch wie du.«

»Hmpf«, sagt Laura dann, durch das Lob wieder milder gestimmt.

»Also, die … äh, also deine Freundin. Ist die denn neu im Kindergarten.«

»Ja.«

»Und wo kommt sie denn her.«

»Fröken hat ’sagt, Saga Uppsala kommpt.«

In solchen Unterhaltungen erinnert mich meine

Tochter dann immer ein bisschen an jene besserwisserischen Leserbriefeschreiber, die Journalisten wie mich manchmal in seitenlangen Aufsätzen auf Tipp- und Kommafehler aufmerksam machen. Freilich drücken diese Leute sich etwas feinsinniger aus: »Sehr geehrte Redaktion, (...) interessanter Text (...), leider getrübt durch (...), sind die grammatikalischen Fähigkeiten des Herrn Herrmann auch sonst nicht sehr überzeugend (...), passt gut zum allgemeinen Verfall der deutschen Sprache, der leider auch in Ihrem Blatt zunehmend (...). Mit Grüßen, aber nicht mit freundlichen, Ihr Klaus Kommameier, Oberstudienrat a. D.« Manchmal bekomme ich ein wenig Angst vor jenem Tag, an dem Laura einmal Lesen und Schreiben lernen wird. Ob sie dann wohl auch meine Artikel bekritteln und Briefe an meine Zeitung schicken wird? Etwa so:

»Liebe Redaktion, das, was Papa da schreibt, ist alles ganz anders. Papa ist wirklich blöd. Laura

PS: Der kann noch nicht mal richtig Uppsala sagen.«

Meine Schwiegermutter war jedenfalls beeindruckt von den Schwedischkenntnissen ihrer Enkelin. Und während sie heute Morgen die nächste Scheibe Toast mit einem dicken Honigbatzen versüßte, meinte sie: »Das ist wirklich unglaublich, wie schnell Kinder eine Sprache lernen. Kannst du denn noch mehr schwedische Wörter, Laura?«

»Hej!«, rief Laura mampfend.

»Toll! Das habe ich sogar verstanden!« Zu mir gewandt fuhr sie dann besorgt fort: »Solltet ihr jetzt nicht doch langsam mal fahren?«

Ich beruhigte sie noch einmal und versicherte, dass wir es bestimmt rechtzeitig in die Klinik schaffen würden. Einer muss schließlich Ruhe bewahren, sagte ich zu mir selbst – und merkte, wie auch ich immer aufgeregter wurde. Beim Verstreichen einer Butterportion zitterte meine Hand schon so stark, dass mein zweites Knäckebrot des Tages unter dem Druck in mehrere Teile zerbröselte.

»Na gut. Wenn wir noch etwas Zeit haben, dann möchte ich noch was anderes mit dir besprechen«, sagte meine Schwiegermutter plötzlich. Und dann kam es: »Ich habe mir gedacht, ihr lebt doch jetzt schon eine ganze Weile zusammen, Susanne und du. Warum heiratet ihr eigentlich nicht?«

»Hmmm.« Da musste ich ein wenig überlegen. »Ich weiß auch nicht«, sagte ich schließlich. »Darüber haben wir bis jetzt noch nie gesprochen. Ich hatte auch nie das Gefühl, dass Susanne unbedingt heiraten möchte.« Das entsprach voll und ganz der Wahrheit. Und eigentlich hatte auch ich bis jetzt nie ernsthaft über das Heiraten nachgedacht. Während der letzten Jahre, mit unserem turbulenten Umzug nach Schweden, der Wohnungssuche, all den neuen Eindrücken, war ja nie Zeit für solche großen Gedanken.

»Susanne möchte also nicht?« Meine Schwiegermutter schmunzelte. »Ja, hast du sie denn schon mal gefragt?«

»Oma. Noch was sagen!«, unterbrach Laura, der das Heiratsthema offenbar zu langweilig war. Wir ignorierten sie.

»Also, gefragt habe ich nie. Aber ...«

»Oooomaaa!!!« – »Jetzt sei doch mal still, wenn sich die Erwachsenen unterhalten! Aber Susanne hat eben auch nie was in der Richtung gesagt.«

»Gunnar, das ist doch nun wirklich deine Sache. Du

bist der Mann. Du musst fragen«, sagte meine Schwiegermutter ernst. »So gehört es sich doch.«

»Oma! Noch was sagen.«

»Laura, bitte! Meinst du wirklich? Ja, wahrscheinlich hast du recht. Du meinst also, ich sollte Susanne einfach mal so einen Antrag machen?«

»Ja«, strahlte meine Schwiegermutter, sichtlich erleichtert über diesen konfliktfreien Ausgang des Gesprächs. »Ich fände das jedenfalls schön.« Und zu Laura gewandt, die mittlerweile heftig an ihrem Ärmel zupfte: »Was kannst du noch auf Schwedisch sagen?«

»Bajskorv!«, rief Laura triumphierend.

»Aber Laura, bitte ...«, murmelte ich gedankenverloren, schließlich heißt dieses Wort – es ist wegen seiner provozierenden Wirkung das Lieblingswort fast aller schwedischen Kindergartenkinder – wörtlich übersetzt »Kackewurst«. Aber für große Proteste fehlte mir der Elan, ich musste den eben gefassten Entschluss erst noch verdauen. Außerdem ließ sich meine Schwiegermutter mit dem unflätigen Ausdruck ja ohnehin nicht reizen, schließlich verstand sie ihn gar nicht.

»Bajskorv, baiijskorv, bajiiisiiiikorv!«

»Toll! Hach, es ist doch wirklich schön, wenn Kinder zweisprachig aufwachsen.«

»Bajskorv!«

»Was bedeutet das denn, Laura, dieses Wort: Beißikorf?«

»Aber Oma, sagt: Bajskorv. Bajskorv! Bajskorv! Baiiijskorv!«

»Toll, wie du das kannst. Gunnar, was bedeutet denn Beißikorf?«

Ich sah Laura streng an und suchte nach einer passenden Antwort für diese kniffl ige Frage, da wurde unser Frühstück plötzlich von einem gellenden Schrei unterbrochen. Schon wieder eine Wehe. Jetzt schien es wirklich langsam ernst zu werden. Ich stürmte ins obere Stockwerk und fand Susanne in unserem Schlafzimmer, wo sie sich vor Schmerzen auf dem Bett krümmte.

»Ich komme jetzt in die Klinik. Da können Sie sagen, was Sie wollen«, presste sie grimmig in den Telefonhörer. Dann setzte sie sich auf und sah mich an: »Also los, fahren wir.«

Wir hatten Glück: Der Stau auf dem Weg zur Klinik hatte sich inzwischen aufgelöst. Allerdings kam mir die Strecke doch viel länger vor, als ich sie in Erinnerung hatte. Während ich sämtliche Tempolimits missachtete, krallte sich Susanne im Beifahrersitz fest. »Die Wehen kommen jetzt immer öfter«, stöhnte sie, hörbar beunruhigt. »Keine Angst, es wird schon alles gutgehen«, beschwichtigte ich, während ich das Gaspedal noch ein wenig weiter durchdrückte. Ich war nicht ganz bei der Sache, musste während der ganzen Fahrt über diesen Satz meiner Schwiegermutter nachdenken: »Du bist der Mann.« Ja, das ließ sich nicht leugnen. Bislang hatte ich allerdings nie das Gefühl, dass mir daraus irgendwelche besonderen Verpflichtungen erwachsen. Schließlich leben Susanne und ich ja in einer gleichberechtigten Partnerschaft, dachte ich zumindest immer. Und heißt das nicht, dass Männer und Frauen mehr oder weniger alles gleich machen? Mit anderen Worten: Ist es da nicht ein wenig seltsam, wenn man gerade beim Heiratsantrag plötzlich in die alten Rollenmuster zurückfallen muss? Wäre es nicht zeitgemäßer, über so eine Frage irgendwie abzustimmen – und wenn beide Partner dann einer Meinung sind, ist man verlobt. Ja, das wäre sicher emanzipiert, aber trotzdem muss ja immer noch einer die Frage erst einmal aufwerfen.

»Du bist der Mann. Du musst fragen.« Die Stimme meiner Schwiegermutter tönte wie ein Mantra immer und immer wieder in meinen Ohren, selbst das Quietschen unserer Volvo-Reifen an der Ampel konnte es nicht übertönen. Meine Schwiegermutter schien sich ihrer Sache ja sehr sicher zu sein, ich hatte fast das Gefühl, dass Susanne sie vielleicht darum gebeten hatte, bei mir das mit dem Hochzeitsantrag anzuregen. Vielleicht hatte sie sich das ja schon lange gewünscht, und ich hatte es übersehen? Gedankenversunken schaltete ich in den fünften Gang hoch.

»Gunnar!«, hörte ich plötzlich vom Beifahrersitz. »Gunnar!«

»Ja, was ist denn?«

»Ob es noch weit ist, will ich wissen! Wie oft muss ich denn noch fragen? Warum antwortest du nicht?«

»Ach, Stefanie, ich habe gerade über was Wichtiges nachgedacht«, murmelte ich. »Es ist nicht mehr weit.«

»Über was Wichtiges nachgedacht?« Susannes Stimme wurde in diesem Moment sehr laut. »Was bitte gibt es denn jetzt Wichtigeres als die Geburt unseres Sohnes? Und nenn mich nie, niemals wieder Stefaniiiiii ...« Das letzte Wort ging in einen Schmerzensschrei über. Wieder eine Wehe.

»Verzeihung«, sagte ich schuldbewusst. »Das war keine Absicht.«

Ich habe vor einiger Zeit einmal ein Buch über mein erstes Jahr als Korrespondent hier in Schweden geschrieben. Und nach dem Lesen der ersten Kapitel fand Susanne, dass die Frau, die ich in diesem Werk als meine Partnerin beschrieb, ihr völlig unähnlich sei.

Gut, ich gebe zu: Ich habe ihre ersten Schritte in unserer neuen Heimat vielleicht um der einen oder anderen Pointe willen ein kleines bisschen unbeholfener dargestellt, als sie es tatsächlich waren. Wie auch immer – Susanne verlangte damals jedenfalls mit Nachdruck, dass ich die Frau in meiner Erzählung umbenenne. Und als ich sie dann fragte, wie sie denn in meinem Buch gerne heißen möchte, wenn nicht Susanne, da fauchte sie: »Nenn diese Tussi doch Steffi oder so.« Das tat ich dann auch. Was Susanne nicht bedacht hatte, war, dass viele Leute in unserem Bekanntenkreis das Buch auch lesen würden – und jetzt wird sie ständig aus Versehen oder aus Spaß mit »Steffi« angesprochen. Selbst mir ist das schon passiert, so wie jetzt eben im Auto.

»Du hättest dir für dein Buch wenigstens einen hübscheren Namen für mich ausdenken können«, schimpfte sie, als die Wehe nachließ und wir auf die Autobahn E4 Richtung Klinik einbogen.

»Aber Susanne, du hast doch damals selber gesagt, ich soll …«

»Das war aber nicht ernst gemeint! Und das weißt du auch gen… au… auauau.« Schon wieder eine Wehe.

Was ich genau weiß, ist, dass Susanne meine Buchprojekte neben dem Vollzeitjob als Auslandskorrespondent einer Tageszeitung grundsätzlich nicht besonders schätzt. Und das hat nicht mit irgendwelchen Namen zu tun, sondern einfach damit, dass Susanne stets auf unsere Tochter aufpassen musste, wenn ich am Wochenende Extraschichten einlegte. Und obwohl ich mir wirklich Mühe gab, in meiner Freizeit so viel wie möglich mit meiner Tochter zu unternehmen, so muss ich ehrlicherweise einräumen, dass ich in diesem Bemühen nicht immer ganz so erfolgreich war. Unsere Beziehung entwickelte sich jedenfalls in den vergangenen Jahren nicht so gleichberechtigt, wie ich sie selber gerne gesehen hätte. Seit Lauras Geburt ist mir bewusst geworden, dass eine gleichberechtigte Beziehung mit Kind viel schwieriger zu verwirklichen ist als ohne. Gleichberechtigung ohne Kinder ist in etwa so schwierig wie Alpin-Skilaufen auf einem Rodelhügel. Gut, aus meiner an Skigebieten reichen bayerischen Heimat weiß ich, dass es durchaus Leute gibt, die selbst dabei hinfallen. Aber die meisten kriegen das ganz gut hin – schwierig wird es dann erst auf einem richtigen Abhang. Und da hätte ich mich seit der Geburt unserer Tochter sicher noch ein bisschen mehr anstrengen können. Vielleicht hätte es Susanne ja auch geholfen, wenn ich zumindest hin und wieder mehr die traditionelle Männerrolle ausgefüllt und zum Beispiel mit Hammer und Bohrmaschine unser Haus verschönert hätte – obwohl ich das wirklich nicht besonders gut kann? Vielleicht hätte ich öfter den Rasen mähen, das Auto waschen oder den Apfelbaum beschneiden sollen? Ja, vielleicht hätte ich Susanne schon längst einen Heiratsantrag machen müssen?

Dieser Gedanke ließ mich nicht mehr los, obwohl – wie Susanne so treffend bemerkte – es eigentlich dringendere Fragen gab, über die ich hätte nachdenken können. Darüber, welcher Krankenhausparkplatz am nächsten an der Entbindungsstation liegt, zum Beispiel. Ich lenkte den Volvo schließlich kurzerhand bis direkt vor den Eingang der Frauenklinik. Da ist zwar nur eine halbe Stunde Parken erlaubt, aber das war mir egal, denn Susanne wurde inzwischen von einer Wehe nach der anderen geschüttelt. Sie sah wirklich elend aus. Ihre langen braunen Haare waren zerzaust und ihr Gesicht bleich. Da tat es mir gleich noch mehr leid, dass ich ihr diesen Wunsch nach einer Heirat nicht schon längst erfüllt hatte. Arme Susanne – aber ich nahm mir vor, es wiedergutzumachen. Gleich heute!

Was gibt es schließlich Schöneres, als die Geburt eines Sohnes mit einer Verlobung zu verbinden? Da würde sich Susanne nachher, wenn alles überstanden ist, bestimmt gleich doppelt freuen. Und meine Eltern erst, die würden begeistert sein von so vielen guten Neuigkeiten. Praktisch wäre es auch: Wir müssten uns künftig nur ein Datum für den Geburtstag und den Jahrestag der Verlobung merken …

Beschwingt vom großen Hochzeitsplan ertrug ich dann auch gelassen die Rückschläge, die das schwedische Gesundheitssystem stets für seine Patienten bereithält: die lange Wartezeit neben meiner wehendurchzuckten Partnerin, die unfreundliche Schwester am Empfang, die kalte Atmosphäre im Wehenzimmer. Aber: Ich hatte ja mitten im Tal der Schmerzen schon das Happy End vor Augen.

Nun, kurz vor der Geburt, spüre ich ganz deutlich, wie mein Optimismus sich auch auf Susanne überträgt. Jedenfalls ist sie inzwischen deutlich ruhiger als eben noch im Auto. Gut, das mag vielleicht auch am Lachgas liegen, aber ich habe bestimmt auch einen gewissen Anteil daran. Während drei Hebammen mit geschickten Griffen meinen Sohn ans Licht der Welt befördern, halte ich Susannes Hand. Der große Moment, jetzt ist er gekommen, und als die Nabelschnur durchtrennt ist und Alois in trockene Tücher gewickelt wird, stelle ich endlich die Frage, die mich nun schon den ganzen Vormittag beschäftigt: »Susanne, ich bin so glücklich. Willst du mich heiraten?«

Ja, das will sie, haucht sie erschöpft und wirkt dabei irgendwie erleichtert. Als ich unseren Sohn kurz darauf das erste Mal in den Armen halte, beschließe ich zwei Dinge. Erstens werde ich künftig mehr auf meine Schwiegermutter hören. Und mein wichtigster Vorsatz: Ich werde von nun an öfter probieren, die Dinge aus der Perspektive meiner zukünftigen Frau zu betrachten. Das kann ja wohl nicht so schwer sein.

# 2

Nur noch drei Tage! Ich wache mit einem panischen Gefühl im Bauch auf. Halb sieben – alles schläft. Natürlich bin ich an einem Sonntagmorgen um halb sieben wach, wenn alles ruhig ist. Jetzt, wo einmal Zeit wäre, den jahrelang aufgestauten Schlafmangel abzubauen. Die Sonne geht gerade auf und blinkt durch die Lamellen des Schlafzimmerfensters. Neben mir atmet Gunnar ruhig in tiefem Schlaf. Auf dem Nachttisch stapeln sich wild durcheinander angelesene Bücher: ein Liza-Marklund-Krimi, »Ihre Schwangerschaft – Woche für Woche« und »Trotzkopf – launenhafte Kinder zwischen 2 und 6 Jahren«. Noch eine halbe Stunde hätte ich doch wenigstens weiterschlafen können! Aber das Gefühl von Panik lässt sich nicht abschütteln. In drei Tagen fährt meine Mutter ab, und dann sind wir wieder allein. Erst vor zwei Tagen ist sie angereist. Einen Tag, nachdem Gunnars Mutter Britta wieder nach Deutschland zurückgeflogen war. Die beiden Mütter wollten eben nichts dem Zufall überlassen. Britta war letzte Woche voller Vorfreude hier eingetroffen. Sie wollte da sein, wenn das kleine neue Leben ankommt – ihr zweiter Enkel. Sie wollte sich um Laura kümmern, während Gunnar und ich im Krankenhaus sind. Sie wollte alles für das Baby vorbereiten und uns helfen, wenn wir wieder nach Hause kommen. Doch nun musste sie unverrichteter Dinge wieder abreisen und diese ehrenvolle Großmutter-Aufgabe meiner Mutter überlassen. Wer weiß, wann sie den kleinen Jungen zu Gesicht bekommen wird. Laura hat sehr geweint, als sich ihre Farmor, wie sie ihre Oma väterlicherseits auf Schwedisch nennt, am Flughafen von uns verabschiedete und durch die Schleuse zum Sicherheitscheck verschwand. Auch mir steckte ein Kloß im Hals, als Brittas kurzer grauer Haarschopf zwischen den anderen Reisenden verschwand, denn nicht nur Laura hat ihre Farmor sehr ins Herz geschlossen. Unzählige Male hat sie uns ausgeholfen, und das immer mit einer Engelsgeduld und guter Laune. Egal, ob sie krank war oder zu wenig Schlaf abbekommen hatte – immer behielt sie die Ruhe und hatte alles im Griff. Schaffte es, für beliebig viele Leute leckeres Essen zuzubereiten und gleichzeitig für jeden ein freundliches Wort zu haben. Das hab ich ja alles noch nicht einmal mit einem Kind so gelassen hinbekommen. Wie wird das denn erst mit zweien? Ich versuche mich zu beruhigen. Schließlich ist jetzt ja meine Mutter da.

Gunnar grunzt. Habe ich das laut gesagt?

Meine Mutter kann kein Schwedisch und gerät schnell aus der Fassung, wenn etwas schiefläuft. Aber was sollte denn schieflaufen? – »Schieflaufn«, nuschelt Gunnar, dreht sich um und fängt an zu schnarchen.

Ich sitze stumm da, beobachte die Staubteilchen, die in den goldenen Strahlen der Maisonne im Zimmer tanzen, und hoffe inständig, dass das Baby bald kommt. Denn wenn auch meine Mutter wieder abgereist ist, wäre niemand mehr da, der auf Laura aufpasst, wenn es plötzlich losgeht. Es wäre niemand da, der zu Hause mithilft, wenn ich völlig k. o. aus dem Krankenhaus zurückkomme und ich mich Tag und Nacht um das kleine Würmchen kümmern muss. Es wäre niemand da, wenn sich wieder die Brüste entzünden oder Laura Wutanfälle bekommt oder der Kleine Fieber. Ich bin den Tränen nahe.

Schon seit Wochen leide ich unter ständigen vorzeitigen Wehen, die mich zur Untätigkeit verdammen. Um genau zu sein: Seit sieben Wochen soll ich mich nicht bücken, nichts heben – eigentlich nichts tun, außer liegen oder sitzen.

Damals, vor sieben Wochen, setzten plötzlich die Wehen ein. Nach ein paar Tagen rief ich meine Hebamme an. »Fahren Sie ins Krankenhaus«, sagte sie. Ich weiß noch, wie ich auf dem Spielplatz stand, das Handy am Ohr. Es war kalt. Laura schaukelte, und ich überlegte, wie ich sie möglichst bald, ohne Trotzanfälle zu provozieren, nach Hause bugsieren könnte, um wieder ins Warme zu kommen.

»Reicht es, wenn ich morgen ins Krankenhaus fahre?«, fragte ich die Hebamme zerstreut, während Laura plärrend die Höhe ihres Schaukelns kritisierte.

Gunnar war gerade in Helsinki auf Rechercherelse und würde erst am nächsten Tag wiederkommen.

»Ich verstehe nicht ganz.« Die Hebamme hörte sich verwirrt und beunruhigt an, und ich horchte auf.

»Sie müssen jetzt ins Krankenhaus fahren«, sagte sie mit Nachdruck. Wenn ich etwas in meinen zweieinhalb Jahren in Schweden gelernt habe, dann dieses: Wenn ein Arzt, eine Krankenschwester oder eine Hebamme einmal beunruhigt klingt und den Besuch eines Krankenhauses anrät, dann ist wirklich etwas nicht in Ordnung. Normalerweise wird man in Schweden vertröstet, um die überlasteten Krankenhäuser nicht noch mehr zu strapazieren. Das zeigt auch bei mir inzwischen Wirkung. Ich rufe immer erst bei der Hotline an, versuche ruhig zu bleiben und stelle mich aufs Warten ein. Denn: Vielleicht wird es ja von alleine besser.

»Wie soll ich das denn machen? Mein Freund ist nicht da und meine Tochter …« Aber ich hatte schon verstanden. Das war jetzt alles nebensächlich.

»Ich kann Ihnen nur nochmals sagen: Fahren Sie jetzt ins Krankenhaus und lassen Sie das überprüfen. Ist denn schon Fruchtwasser abgegangen?« Fruchtwasser?!

»Nein, äh, ich glaube nicht«, sagte ich verwirrt und sah an mir hinunter, als ob ich es so besser feststellen könnte. Es folgte ein wildes Herumtelefonieren mit Freunden, Bekannten, dem Babysitter. Schließlich erreichte ich Maria, Gunnars Tante, die in Stockholm wohnt. Sie nahm Laura Gott sei Dank kurzerhand auf. Am Abend desselben Tages kam ich abgehetzt und schweißgebadet, ein Rollköfferchen hinter mir herziehend, im Karolinska-Krankenhaus an und traf zum ersten Mal während meiner bis dato fast acht Monate währenden Schwangerschaft einen Arzt. Auch dieser war beunruhigt und entschied, ich solle zur Beobachtung bleiben. Stunden später fand ich mich auf der Entbindungsstation in einem Kreißsaal wieder. Einen anderen Platz zum Schlafen konnte man mir nicht anbieten, denn wie alle schwedischen Krankenhäuser litt auch dieses unter notorischer Überbelegung. Ich hing am Tropf und sollte mich beruhigen, damit das Baby nicht zu früh kam. Da lag ich im Dunkeln. Um mich herum die Atmosphäre des abgedunkelten Kreißsaals erahnend. Ich war nicht einmal allein. Hinter einer Stellwand lag noch eine zweite Frau. Und die stand kurz vor der Geburt und keuchte alle fünfzehn Minuten wild vor sich hin. Ich versuchte dennoch ruhig zu bleiben und fand tatsächlich irgendwann Schlaf. Doch mitten in der Nacht wurde ich plötzlich geweckt: Ein Bett auf der Pränatal-Station war frei geworden.

Das nächtliche Wecken und Umplatzieren von ruhebedürftigen Patienten ist in schwedischen Krankenhäusern eine beliebte Beschäftigung. Schuld ist die Überbelegung: In den vergangenen 30 Jahren wurden in Schweden nahezu 100 000 Krankenhausbetten abgeschafft – obwohl heutzutage mehr Patienten stationär behandelt werden als noch vor 20 Jahren. Man war davon überzeugt, dass der technische und medizinische Fortschritt die Behandlungszeiten enorm verkürzen würde. Das war offensichtlich zu optimistisch gedacht. Ganz vergessen wurde dabei die demographische Entwicklung: Auch Schweden leidet an einer zunehmenden Überalterung – kurioserweise eben wegen des medizinischen Fortschritts! Laut einer OECD-Studie gibt es pro 1000 Einwohner in Schweden nur 2,1 Krankenhausbetten. Das liegt weit unter dem OECD-Durchschnitt von 3,8 Betten. Im Vergleich dazu sind es in Deutschland 5,7. Und so kommt es, dass Herzinfarktpatienten in der gynäkologischen Abteilung landen und Lungenpatienten in Krankenhäuser anderer Städte gebracht werden müssen. Ab und zu gibt es auch Todesfälle bei dem ständigen Hin und Her zu beklagen. Ich weiß, es ist vielleicht nicht so schlau, sich in meinem Zustand mit solchen statistischen Daten zu belasten. Aber wie viele

Patienten, die sich im Dschungel der Medizin alleingelassen fühlen, habe auch ich in den vergangenen Wochen damit begonnen, intensiv im Internet zu recherchieren, um auf alles gut vorbereitet zu sein. Zum Glück kamen meine vorzeitigen Wehen damals nicht im Juli oder an einem Sonntag, sondern an einem Montag im März. Denn im Juli und am Wochenende haben die meisten Ärzte und Krankenschwestern frei, was die Situation noch einmal verschärft. Als Arzt lebt es sich mit solchen geregelten Arbeitszeiten ganz gut in Schweden, es sei denn, man wird selbst zum Patienten.

Aber ich ertrug die Umbettung damals klaglos. Denn am Ende waren die fünf Tage im Krankenhaus für mich ein Glücksfall. Ich hatte nichts weiter zu tun, als im Bett zu liegen und mir Essen bringen zu lassen. Schon lange hatte ich mich nicht mehr so wohl gefühlt wie in dieser Woche. Nach der Ruhezeit im Krankenhaus war ich perfekt ausgeschlafen und hätte Bäume ausreißen können! Aber das war eben vor sieben Wochen gewesen …

Da ist es schon wieder! Ein dumpfer ziehender Schmerz im Bauch. Ich setze mich auf, und schlagartig verfliegt die Panik. War das eine Wehe? Endlich, dann brauche ich mir keine Sorgen wegen der Abreise meiner Mutter zu machen. Ich wecke Gunnar, um ihm freudig von meinen Schmerzen zu berichten.

Doch dann überwältigt mich eine viel größere Panik. Um Gottes willen! Heute! Geburt! Wie ich das hasse! Schmerzen, Blut, Schweiß, Angst und noch weniger Schlaf. Im Laufe des Vormittags stellt sich heraus, dass ich mit meiner Vermutung richtig lag. Gegen neun Uhr kommen die unverkennbaren Wehen alle 15 Minuten.

Ich rufe in der Klinik an. Die Empfangshebamme am Telefon schnarrt in gelangweiltem Ton: »Ta det lungt – Bewahren Sie Ruhe. Rufen Sie noch einmal an, wenn die Wehen alle zehn Minuten kommen.« Das tue ich gegen elf Uhr. Da reagiert die Empfangshebamme bereits unverkennbar abweisend. »Melden Sie sich noch einmal, wenn die Wehen alle fünf Minuten kommen.« Offenbar haben sämtliche Schwangeren Stockholms beschlossen, ausgerechnet heute ihre Kinder zur Welt zu bringen. Und das Letzte, was die Hebamme im Krankenhaus will, ist eine weitere Entbindung. Schweißgebadet kralle ich mich an der Bettkante fest und kneife die Lippen zusammen. Es ist jetzt ein Uhr, wieder rufe ich auf der Entbindungsstation an. Die Stationsschwester ist kurz vorm Nervenzusammenbruch, denn sie kreischt fast ins Telefon:

»Das dauert bestimmt noch Stunden bei Ihnen. Vor heute Abend kommt das Kind sicher nicht! Bleiben Sie zu Hause und bewahren Sie Ruhe!« Jetzt werde ich wütend.

»Ich komme jetzt in die Klinik. Da können Sie sagen, was Sie wollen. Bei meinem ersten Kind ging es auch überraschend schnell. Und beim zweiten geht es doch noch schneller, oder?« Mein Zorn knistert förmlich in den Sätzen. »Ich komme jetzt. Basta!«

Die Schwester am Telefon resigniert: »Na, dann kommen Sie halt jetzt, wenn Sie unbedingt wollen.«

Gunnar bringt den gepackten Koffer zum Auto, und ich verabschiede mich von meiner Mutter und Laura. »Hier ist noch die Fernbedienung für die Alarmanlage«, erkläre ich meiner Mutter und lege das unscheinbare Gerät mit den zwei großen Knöpfen zum An- und Ausschalten auf den Garderobentisch. Meine Mutter lächelt und wünscht uns Glück. Laura weiß schon, was los ist, und ich höre sie, noch während die Tür zugeht: »Will jetzt was anschaun.« Bei Omas darf man eben auch mitten am Tag eine DVD anschauen.

Endlich! Die Entbindungsstation des Karolinska-Krankenhauses. Während Gunnar mich anmeldet, sitze ich auf einem der knarzenden Stühle im Wartezimmer. Es ist ein quadratischer Raum mit hohen Fenstern zu beiden Seiten, direkt neben der Eingangstür. Durch die schmutzigen Scheiben sieht man die graue zugeparkte Straße und den Eingang der Röntgenabteilung. Hinter dem Fenster nach drinnen erkenne ich die gestresste Empfangshebamme, die mit zu Berge stehendem Haar hin und her hastet. Inzwischen hat sie offenbar beschlossen, das ständig klingelnde Telefon ganz zu ignorieren. Die Entbindungsstation ist durch eine schwere Tür – vermutlich aus Panzerglas – und das Fenster zum Empfang vom Wartezimmer getrennt. Auf den anderen Stühlen warten zwei weitere Schwangere. In stoischer Ruhe blättern sie völlig entspannt in alten Zeitschriften. Dazu gesellt sich ein Grüppchen arabisch aussehender Familienangehöriger. Die Männer tragen lange Kaftane und die Frauen bis zum Boden reichende Kopftücher. Sie reden leise und hektisch miteinander. Während ich noch überlege, ob die Schwangere wohl noch unter ihnen weilt – was aufgrund der wallenden Gewänder schwerlich auszumachen ist –, muss ich mich an meinem Stuhl festkrallen und scharf die Luft zwischen meinen zusammengekniffenen Lippen einsaugen – noch eine heftige Wehe. Einige meiner Mitwartenden sehen mich irritiert an. Ist das hier eine Entbindungsstation, oder was? Mich ärgern die naserümpfenden Blicke der anderen. Die Wehen kommen nun alle drei Minuten. Das Sitzen fällt mir schwer, weil es den Bauch so einklemmt. Warum lässt mich denn niemand auf die Station? Gunnar kommt zurück und wirft sich genervt neben mich auf einen knarzenden Stuhl.

»Was ist? Kann ich jetzt endlich rein?«, frage ich ungeduldig.

»Nein. Ich weiß nicht«, sagt er.

»Hast du denen gesagt, dass ich alle drei Minuten Wehen habe?«

»Ja.«

»Ja – ja und?«

»Ja, ich weiß nicht«, sagt Gunnar resigniert und wirft hilflos die Arme in die Luft. »Die sind da drin total im Stress. Alle rennen durcheinander. Keiner hört zu.«

Wir warten. Meine Hände sind kalt und schweißnass. Ich versuche mir ein Beispiel an den anderen Entbindungsaspirantinnen zu nehmen und auch zu lesen. Nachdem ich fünf Minuten lang auf ein und denselben Satz gestarrt habe, gebe ich auf. Wie machen die das bloß? Nach einer halben Stunde fange ich an, jede Wehe mit lautem Schnaufen zu begleiten. Nach eineinhalb Stunden hänge ich schief und laut stöhnend auf zwei knarzenden Stühlen. Die Wehen kommen in immer kürzeren Abständen. Meine Gesellschaft im Wartezimmer hat sich inzwischen ob dieses ungebührlichen Verhaltens von mir abgewandt und widmet sich ihrer Lektüre nun ungerührt am anderen Ende des Raumes.

Endlich öffnet die garstige Hebamme die Panzertür und ruft meinen Namen. Mir ist schlecht. Ich versuche mich aufzurappeln, doch ich kann mich kaum noch bewegen. Gunnar nimmt den Koffer, als ich endlich auf meinen Füßen stehe, und geht schon einmal Richtung Tür. Nur noch drei Meter, zwei. Dann plötzlich kommt noch eine Wehe. Mein Körper klappt in den rechten Winkel. Ich sehe nur noch, wie diese schreckliche Frau, die ich bis an mein Lebensende innig hassen werde, ungeduldig abwinkt und die Tür vor meiner Nase wieder ins Schloss schnappen lässt. Sie geht jetzt doch lieber erst einmal ans Telefon. Es ist schon Viertel vor drei, als ich endlich hineingelassen werde. Ich komme in ein Wehenzimmer mit einer harten Pritsche. Die genervte Krankenschwester schließt meinen Bauch an den Wehenschreiber an und verschwindet wieder. Bei jeder Wehe zeigt der Wehenschreiber immer eindrucksvollere Zahlen im Hunderterbereich an. Ich schreie wutentbrannt den einzigen Menschen an, der da ist: »Gunnar, tu was!« Er trottet los, um Schmerzmittel, Drogen, Personal, irgendetwas potentiell Hilfreiches aufzutreiben. Endlich, um zwanzig nach drei kommt die Krankenschwester wieder herein und wuselt im Raum herum, ohne mich anzusehen. Plötzlich wird die Tür auf der anderen Seite des Zimmers aufgerissen, und ein Team von drei Hebammen in blauen Klinikkitteln kommt herangerauscht. Zwei von ihnen stellen sich mit Handschlag bei mir vor, die dritte kann ich nur noch anbrüllen. Die Presswehen fangen an. Auf einmal werden hastig alle Kabel von mir gerissen, Schuhe und Hose hatte ich ja auch noch an, und meine Pritsche wird im Laufschritttempo den Gang hinuntergerollt. Ich bete, dass ich ohnmächtig werde. »Noch nicht … pressen. Halten Sie … durch, wir sind … gleich da«, schnauft eine der joggenden Hebammen zu mir herunter. Endlich! Der Kreißsaal. Zwischen zwei Wehen klettere ich auf allen vieren auf das Geburtsbett und zische zwischen den Zähnen nur das Wort »Schmerz« hervor. Keine Pause. Auf dem Geburtsbett geht es gleich weiter. Aber jetzt drückt mir eine der Damen eine Atemmaske mit zwei Schläuchen rechts und links auf Mund und Nase. Ich halte das Ding fest und atme in tiefen Zügen das Lachgas ein, als würde ich sonst ersticken. Ich glaube, mein Kreischen kann man bis ins Wartezimmer hören, wo man bestimmt die Nase darüber rümpft, wie man sich nur so gehenlassen kann. Meine Finger werden von dem Gas ganz taub. Zwei Minuten später halte ich den kleinen, wütend-roten Alois in den Armen. Und dann sehe ich Gunnar, wie er sich erleichtert und nicht minder schweißgebadet über mich beugt und freudestrahlend irgendetwas sagt. Ich bin einfach nur so verdammt froh, dass es vorbei ist. Endlich lässt der Schmerz nach. Matt hauche ich: »Ja … ja«, und überlege, wie lange das Lachgas wohl noch wirkt.

»Wirklich?«, fragt Gunnar ganz aufgeregt.

»Was hast du noch mal gesagt, Schatz?«, frage ich. Aber Gunnar ist ganz aus dem Häuschen: »Ich rufe gleich meine Eltern an! Die werden sich freuen, gleich zwei so tolle Neuigkeiten zu hören!«

Nun hat er meine ungeteilte Aufmerksamkeit, und ich höre mich sagen: »Aber Gunnar, es ist doch nur *ein* Kind«, und schaue verzweifelt zu den blaubekittelten Damen, die Alois gerade auf die Babywaage legen. Ich bin mir meiner Sache wirklich sicher.

Aber Gunnar brabbelt schon ins Telefon: »Ja, Alois ist da! Und wir werden bald heiraten!«

# 3

Vater sein ist herrlich. Besonders in Schweden, dem Mutterland aller segensreichen Neuerungen im Bereich der Familienpolitik. Elternzeit? Vätermonate? Alter Hut – Schweden war ja Vorbild für jenes Modell, das nun auch langsam in Deutschland Fuß fasst. Bei Kindertagesstätten ist Nordeuropa dem Rest der Welt ohnehin um Meilen voraus. Es gibt wohl kaum andere Länder, in denen die Betreuung von Kleinkindern derart flächendeckend und professionell funktioniert. Fast 90 Prozent aller zweijährigen Schweden besuchen eine »Dagis«, wie die Kindertagesstätten für Ein- bis Fünfjährige hier genannt werden. Natürlich geht auch Laura in eine jener Krippen, die in Stockholms Vororten an fast jeder Straßenecke zu finden sind.

Ihre Dagis ist nur etwa 150 Meter von unserem Reihenhaus entfernt, was uns Eltern jeden Morgen wieder aufs Neue freut – denn wer will sich schon gleich in der Früh seine Nerven bei einer längeren Auto- und Busfahrt von nörgelndem Sind-wir-bald-da oder heulendem Ich-will-aber-nicht-in-den-Kindergarten zersetzen lassen? Wir jedenfalls nicht, und darum sind wir überglücklich, dass wir nur ein paar Schritte bis zur Abgabe unseres Kindes tun müssen. Wir hätten in dieser fußläufigen Entfernung sogar noch Wahlmöglichkeiten gehabt. Die nächste Tagesstätte – ein von einem Pädagogenkollektiv betriebener Montessori-Kindergarten mit eigenem Waldstück – liegt nur etwa 500 Meter »weit« weg. Wir haben uns aber aus Bequemlichkeit und weil wir dort zuerst einen Platz bekamen für die kommunale Einrichtung vor unserer Haustür entschieden. Im Prinzip hätten wir aber die Wahl gehabt, und auch bei den Gebühren hätte es keine Unterschiede gegeben: Mehr als 1260 Kronen (ca. 140 Euro) im Monat darf eine schwedische Krippe nämlich nicht kosten. Dieser Betrag ist landesweit per Gesetz festgeschrieben. Er gilt aber nur für das erste Kind von Besserverdienenden, und auch nur, wenn es Vollzeit betreut wird. Für weitere Kinder gibt es Rabatt, Familien mit geringem Einkommen erhalten ebenfalls einen Nachlass. Wir bekommen für Laura einen günstigeren Tarif, weil sie nur sechs Stunden täglich die Dagis besucht, und das gilt in unserer Heimatgemeinde Vällingby als Teilzeitbetreuung. Im Preis inbegriffen sind ein warmes Mittagessen, mehrere Zwischenmahlzeiten, auf Wunsch auch Frühstück sowie die Betreuung durch hervorragend ausgebildete Pädagogen. Die Kindergartenfräuleins, neuerdings sind auch einige Kindergartenmännlein dabei, lassen sich wirklich jeden Tag etwas Neues für ihre Schützlinge einfallen. Sie haben oft sogar Zeit, sich um einzelne Kinder besonders zu kümmern – was daran liegt, dass nicht mehr als fünf Kleinkinder auf einen Erzieher kommen.

Manchmal – meistens so gegen Mitte eines Monats – frage ich mich, wie dieses Kinderparadies eigentlich mit so niedrigen Gebühren finanziert werden kann. Am Ende des Monats fällt es mir dann wieder ein – da muss ich stets fast die Hälfte meiner sauer verdienten Honorare ans Finanzamt überweisen. Doch kann ich mich darüber nicht mehr wirklich aufregen, seit ich Vater bin, denn dank meiner Tochter habe ich fast täglich das Gefühl, zu den ganz großen Gewinnern des Wohlfahrtsstaates zu zählen.

Als Mutter oder Vater ist man ja zunächst ein wenig skeptisch, wenn man sein Kind in fremde Hände gibt. Vor allem wenn man wie wir aus Bayern stammt, wo die Politiker ihren Bürgern jahrzehntelang eingebläut haben, dass nichts, aber auch gar nichts besser für ein Kind ist als die mütterliche Betreuung. »Warum bekommt man überhaupt Kinder, wenn man sie dann in eine Einrichtung abschiebt« – diesen Satz habe ich so oder ähnlich in München schon tausendmal gehört, meist von älteren Semestern, aber manchmal auch von Leuten in meinem Alter. Wie dämlich dieser Satz ist, habe ich aber erst in Schweden vollständig begriffen. Ich hätte wirklich das Gefühl, Laura etwas vorzuenthalten, wenn ich sie nicht in die Dagis schicken würde. Denn dort werden ihr Dinge geboten, die wir daheim nie selber zustande brächten. Wie sollten wir auch in unserem Reihenhaus ein Bauklotzzimmer mit verschiedenen Lego-Systemen, einen Kaufmannsladen, eine Werkbank, ein Kinder-Labor für einfache Experimente, einen Spielplatz mit Klettergerüsten und einem gekachelten Séparée mit allerlei Röhren und Rinnen für Wasserspiele unterbringen? Von einer ganzen Schar von Freunden einmal abgesehen. Besonders beim Gedanken an die Wasserspiele bin ich immer besonders froh über unseren Kindergarten. Und auch langfristig betrachtet wird die Dagis Laura wohl nur Vorteile bringen: Nie hätten Susanne und ich unserer Tochter so schnell fließend und akzentfrei Schwedisch beibringen können.

Wie gesagt: Eltern sein ist hier in Schweden wirklich herrlich. Weil der Staat einem viel von der schnöden Last des Alltags abnimmt, kann man sich auf die schönen Seiten des Familienlebens konzentrieren. Man verbringt »Qualitätszeit« mit seinen Kindern, wie das auf Neudeutsch heißt. Zeit also, die nicht mit Küche, Brei und Windeln verplempert, sondern mit Spiel und Spaß verlebt wird. Solche Qualitätszeit steht nun auch mir und Laura bevor. Denn Susanne ist noch im Krankenhaus. Also werde ich den Sonntag mit meiner Tochter verbringen, und als guter Vater habe ich für unsere Qualitätszeit natürlich schon einen Plan ausgearbeitet. Zunächst steht der Besuch eines Spielplatzes auf dem Programm und danach musikalische Früherziehung beim Kindersingen in der Kirche.

Es ist ein wunderschöner Maimorgen, an dem Lauras Dreirad langsam, sehr langsam – um nicht zu sagen: mit dem Tempo einer halbseitig gelähmten Schnecke – in Richtung Spielplatz rollt.

»Soll ich vielleicht ein bisschen anschieben?«, frage ich. Schließlich haben wir heute noch einiges vor.

»Nein. Kann selber!«, schallt es drohend vom Dreirad.

Nun gut, vermutlich haben Kinder einfach eine andere Vorstellung von Qualitätszeit als Erwachsene. Ich schlendere also Millimeter für Millimeter hinterdrein und lausche den Frühlingslauten. Das Dreirad knirscht im Rest des winterlichen Streusandes, der noch den Fußweg zum Spielplatz säumt. Dank der behutsamen Fahrweise meiner Tochter kann ich jedes einzelne Kieselsteinchen heraushören. Unterlegt wird das vom sanften Rauschen des Windes in den Kastanien über uns und dem eintönig und seltsam fordernd klingenden Zwitschern eines Vögelchens. Nach einem allzu langen nordischen Winter genieße ich diesen wunderbaren Frühlingsmorgen. Es ist, als ginge mir das Herz auf, ja ich meine sogar zu spüren, wie es in meiner Brust leicht erzittert.

»Ich rufe jetzt schon zum dritten Mal an, wo sind Sie denn?«, raunzt es am anderen Ende der Leitung, als ich endlich an mein Handy gehe.

»Unterwegs«, stammele ich verlegen. »Entschuldigen Sie bitte, dass ich Sie nicht gleich gehört habe. Meine Tochter hat wohl meinen Klingelton verstellt – er zwitschert jetzt wie ein Vögelchen. Und den Vibrationsalarm habe ich erst für etwas anderes gehalten.«

»Für was denn?«

Das ist eben das Lästige, wenn man täglich mit Journalisten zusammenarbeitet: die ständige Fragerei.

»Nicht so wichtig«, antworte ich ausweichend. »Ich bin gerade mit meiner Tochter auf dem Weg zum Spielplatz. Was gibt es denn?«

»Sie haben da oben ja einen beneidenswert ruhigen Job, nicht so wie hier bei uns in der Zentrale. Oder recherchieren Sie etwa gerade eine Geschichte über die schwedische Kinderbetreuung?«

Der Kollege gluckst. Ich kichere ebenfalls und verkneife mir die Bemerkung, dass es schließlich Sonntag ist und ich Sonntagsdienst – anders als die Kollegen in der Zentrale – nicht unter der Woche mit freien Tagen abfeiern kann. Denn ein Korrespondent ist immer im Dienst, wenn man ihn braucht. Aber ich behalte diese

Überlegung für mich, denn es gibt Sachen, die man lieber nicht mit der Redaktion diskutieren sollte. Und dazu gehört vor allem die Frage, wer bei der Produktion der Zeitung den meisten Schweiß vergießt. Denn aus der Sicht von Redakteuren sind Korrespondenten unstete Gesellen, die durch die Weltgeschichte lustwandeln und spannende Abenteuer erleben, während sie selbst täglich im Büro die Knochenarbeit verrichten müssen. Aus der Sicht von Korrespondenten sind Redakteure dagegen viel zu selten in ihrem Büro – eigentlich nie, wenn man sie gerade anrufen möchte –, stattdessen verleben sie ihre Tage munter plaudernd auf Konferenzen, wo sie gemeinsam die seltsamsten Ideen aushecken, die ihre ohnehin schon gestressten Mitarbeiter im Außendienst dann ausbaden müssen. In beiden Sichtweisen steckt ein Fünkchen Wahrheit. Das weiß ich, weil ich in den vergangenen Jahren beide Seiten kennenlernen durfte. Tatsächlich aber gibt es nur wenige Kollegen, die freiwillig in die Zentrale zurückkehren, wenn sie einmal eine Korrespondentenstelle ergattert haben – was für die Sichtweise der Redakteure sprechen würde. Auch ich selber genieße es, meine Zeit frei einteilen zu können und selber zu entscheiden, ob ich im Büro, im Café oder zu Hause auf unserer Terrasse meine Artikel schreibe. Aber diese Freiheit hat eben einen Preis: Man ist eigentlich immer im Dienst. Immer, wenn etwas Wichtiges passiert, und oft auch, wenn etwas nicht so Wichtiges passiert, aber in der Zeitung einfach noch Platz zu füllen ist. Das gilt auch und vor allem am Sonntag. Denn an den Wochenenden ist in der Welt meist nicht so viel los, weshalb sich das ständig suchende Auge der Redaktion dann auch auf sonst eher unbemerkte Erdteile richtet.

»Ich hatte mir schon länger vorgenommen, Sie anzurufen«, sagt der Redakteur. »Und heute ist es etwas ruhiger hier, da habe ich endlich die Zeit gefunden. Könnten wir kurz mal über eine Geschichte sprechen?«

»Klar.«

»Ich wollte mal fragen, was wir denn nun wegen der Hochzeit machen. Wir haben neulich schon in der Konferenz darüber gesprochen. Das sollten wir ein bisschen planen. Und wir sollten demnächst schon eine Vorabgeschichte bringen, schließlich naht der Sommer, und da haben wir ja immer viel Platz für solche Sachen.«

Ich bin im ersten Moment verblüfft: Woher weiß er, dass Susanne und ich heiraten wollen? Schließlich haben wir uns doch eben erst im Kreißsaal verlobt. Zum Glück fällt mir dann aber ein, dass es sich eigentlich nur um eine Hochzeit drehen kann: die königliche, die zwischen Kronprinzessin Victoria und ihrem Fitnesstrainer Daniel Westling. Die beiden hatten vor ein paar Monaten ihre Verlobung bekanntgegeben und damit für eine Menge Wirbel gesorgt. Besonders in Deutschland, schließlich ist Victorias Mutter Silvia in Heidelberg geboren und damit ja irgendwie auch »unsere« Königin. Im nächsten Jahr wird die Trauung der Prinzessin den halben öffentlich-rechtlichen Rundfunk und sämtliche Klatschblätter sowie Lokalzeitungen zwischen Garmisch und Kiel in einen royalistischen Taumel versetzen, so viel ist jetzt schon sicher.

»Es ist ja noch ein wenig hin bis zur Hochzeit, ein gutes Jahr, um genau zu sein. An was für eine Vorabgeschichte haben Sie denn gedacht?«

Ich atme jetzt wieder etwas ruhiger, denn dieses Gespräch wird meinen Papasonntag nicht zerstören, sondern zielt eher auf eine langfristige Planung.

»Wie wäre es mit einem Interview? Mit Daniel Westling vielleicht?«

Das ist nun wieder so eine Idee, die am Konferenztisch ausgeheckt wurde. Der angehende Prinz zählt zu den medienscheuesten Geschöpfen des Nordens. Auch die heimische Presse bekommt ihn nur selten, eigentlich fast nie, vors Mikrophon. Manchmal gelingt einem Paparazzo ein Schnappschuss, der den Herzbuben der Prinzessin dann dabei zeigt, wie er aus seinem Fitnessstudio huscht und sich in seinen Geländewagen schwingt. Das mag die Reporter ärgern, ich finde es aber nur zu verständlich. Schließlich ist Daniel Westling jetzt der potentielle Vater künftiger Staatsoberhäupter. Darum würde jedes seiner Worte in den Medien zigfach analysiert und auf mögliche Schwächen hin untersucht werden. Schon der kleinste Fehltritt könnte eine Debatte darüber auslösen, ob die Prinzessin wirklich mit einem Fitnesstrainer den Fortbestand der Monarchie sichern sollte – Liebe hin oder her. Weder der Bräutigam noch der königliche Hof haben ein Interesse an solchen Debatten. Darum bleibt Daniel so stumm, als wäre er bereits ein Porträt in der königlichen Ahnengalerie. Eine Interviewanfrage ist also völlig aussichtslos, erst recht für einen Auslandskorrespondenten.

»Ich denke, das wird eher schwierig, aber ich frage natürlich gerne mal bei Hofe an«, sage ich diplomatisch. »Alternativ könnte man sich dem Mann vielleicht anders nähern? Ich könnte in sein Heimatdorf nach Ockelbo reisen. Da erfährt man vielleicht was über ihn. Möglicherweise sogar mehr, als wenn er selber über sich erzählt.«

Ockelbo ist ein malerisches kleines Dorf an einem See ein paar Autostunden nördlich von Stockholm, und ein

Ausflug dorthin würde mir bestimmt Spaß machen. Der Redakteur kann sich glücklicherweise mit der Idee anfreunden.

»Rufen Sie doch kurz an, bevor Sie losfahren«, sagt er. »Oder besser: Schreiben Sie eine E-Mail, die bekomme ich dann auch, wenn ich gerade in einer Konferenz bin.«

Als ich das Handy wieder von meinem Ohr nehme, hat sich Laura bereits bis zu den Schaukeln auf unserem Spielplatz vorgestrampelt. Wir haben Glück: Obwohl an diesem Sonntag mehrere Väter Qualitätszeit mit ihrem Nachwuchs verbringen, ist noch eine Schaukel frei. Laura nimmt sie gleich in Beschlag und erteilt mir knapp die Anweisung: »Anschubsen!« Ich tue, wie mir geheißen. Und während ich meine Tochter mit der einen Hand in Schwingung versetze, bleibt mir sogar noch eine Hand frei, um kurz mit dem Handy meine E-Mails abzurufen. Wie gesagt: Ein Korrespondent ist immer im Dienst. Während ich ein paar Pressemitteilungen lösche, in denen eine schwedische Zellstofffabrik wortreich ihre neuesten Innovationen auf dem Klopapier-Markt anpreist, stellt sich allerdings schlechtes Gewissen ein. Nicht wegen des Klopapiers, dessen Weichheit unseren Lesern nun verborgen bleiben wird, sondern wegen meiner Tochter. Denn so war das mit der Qualitätszeit wohl eher nicht gemeint. Schuldbewusst blicke ich vom Display auf – direkt in die vorwurfsvollen Augen von Johan, einem Bekannten. Johan Emilsson und seine Frau Anna haben einen Sohn, der Leo heißt und etwa so alt ist wie Laura. Heute ist aber offenbar nur Leos kleine Schwester Emma mit zum Spielplatz gekommen. Sie schaukelt glucksend neben Laura vor sich hin.

Johan erzählt, dass er schon seit einigen Monaten

nach einer neuen Stelle Ausschau hält, seine alte Firma habe er verlassen.

»Also bist du arbeitslos?«, frage ich.

»Nein, so kann man das nicht sagen. Ich mache Elternzeit, bis ich was Neues gefunden habe. Seit fünf Monaten kümmere ich mich schon um Emma – eine gute Erfahrung, ich möchte sie um nichts auf der Welt missen!«

Johan ist wirklich vorbildlich, denke ich mir, während ich mich immer noch ein bisschen dafür schäme, selbst auf dem Kinderspielplatz noch E-Mails zu lesen. In Schweden bekommen Eltern für jedes Kind 480 Tage »Föräldraledighet«. Wörtlich übersetzt heißt das »Elternfreizeit« – was in meinen Ohren irgendwie verlockend klingt, nach endlosen Märchenstunden mit den Kindern, nach ausgedehnten Ausflügen in die nordische Natur, nach Spielplatzbesuchen ohne Mobiltelefon. Die staatliche Sozialversicherung zahlt jedenfalls während dieser Zeit ein Elterngeld, dessen Höhe sich nach dem zuletzt verdienten Gehalt richtet, maximal bekommt man rund 90 Euro pro Tag. Mütter und Väter können die 480 Tage untereinander aufteilen, wie es ihnen am besten passt – und sie haben bis zum achten Geburtstag des Kindes Zeit, um alle Tage aufzubrauchen. Weil die freie Einteilung allerdings selbst in Schweden noch oft dazu führt, dass die Brutpflege vor allem den Frauen überlassen wird, hat man irgendwann festgeschrieben, dass 60 Tage für jeden Partner reserviert und nicht übertragbar sind. Viele Männer kommen nie über diese 60 Tage hinaus. Das weiß ich aus den schwedischen Medien, wo dieser Umstand oft und ausführlich beklagt wird. In manchen Familien werden die Vätertage einfach genutzt, um den Urlaub ein wenig zu verlängern. Und weil die Sozialversicherung auch halbe und viertel Tage »Elternfreizeit« bezahlt, gibt es sogar Väter, die ihre 60 Tage abstottern, indem sie regelmäßig früher von der Arbeit zu Spielenachmittagen mit den Sprösslingen nach Hause gehen. In den ländlichen Provinzen des Landes ist es zudem ein verbreitetes Phänomen, dass die Männer ihre Elternzeit gerne während der Elchjagd-Saison beantragen.

Johan ist da offenbar ganz anders. Während wir nebeneinanderstehen und unsere Kinder auf den Schaukeln anschubsen, berichtet er mir von seinen Abenteuern. Gebannt lausche ich seinen dramatischen Wickeltischgeschichten. Ich fiebere mit, als er davon erzählt, wie er Emma eines Nachts mit einer schweren Magen-Darm-Grippe in die Notaufnahme des Karolinska-Krankenhauses gefahren hat. Ich lache, als er die ersten Gehversuche seiner Tochter schildert. Und ich beneide ihn, wie er da steht: ein glücklicher Vater, der sich um seine Tochter kümmert. Ich habe für Laura nie Elternzeit genommen. Aber bei Alois könnte ich das jetzt ja nachholen.

Johan braucht zunächst ein paar Versuche, bis er den Namen meines Sohnes richtig aussprechen kann. Ich muss schmunzeln. Denn ich wollte ja unbedingt einen bayerischen Namen für meinen Sohn. Schließlich musste ich einst mit einem nordischen Namen in Bayern aufwachsen – warum also, dachte ich mir, sollte er es leichter haben als ich. Mir hat es schließlich auch nicht geschadet, dass mir als Kind ständig mit »Häh?« oder »Wos hast gsagt?« geantwortet wurde, wenn ich mich irgendwo vorstellte. Johan reagiert da natürlich feinfühliger, als weltmännischer Stockholmer ist er offen für fremde Kulturen. Jedenfalls bestärkt er mich in dem spontanen Entschluss, für unseren Neugeborenen Elternzeit zu nehmen.

»Mach das unbedingt, du wirst die tollsten Erfahrungen mit Ällö … äh, Ailo, also mit deinem Sohn sammeln! Und für die Beziehung ist es auch gut – meine Frau Anna konnte sich so viel besser auf ihren Job konzentrieren. Sie findet es toll.«

»Das klingt wirklich gut«, sage ich. »Wo ist Anna überhaupt?«

»Die fährt gleich mit unserem Sohn zum Kindersingen in die Kirche. Sollte Laura da nicht auch hin?«

Fast hätte ich es vergessen! Jetzt krame ich doch wieder mein Handy hervor, diesmal nur, um einen Blick auf die Uhr zu werfen. Das ist das größte Problem mit der Qualitätszeit: Sie verfliegt so verdammt schnell. Weil wir uns jetzt sehr beeilen müssen, kann Laura den Heimweg nicht mehr hinter dem Steuer ihres geliebten Dreirads zurücklegen. Damit sie nicht völlig verstimmt zum Kindersingen kommt, muss ich ihr also einen angemessenen Ersatz für den Fahrspaß bieten: meine Schultern. Mit Schwung hebe ich sie über meinen Kopf, ignoriere die braunen Lehmklumpen, die an ihren Stiefeln und bald auch an meinem Mantel kleben, und greife, Laura im Nacken balancierend, mit einer Hand das Dreirad. Johans »Tschüß, wir sehen uns!« höre ich im Davoneilen kaum noch, weil Laura laut »Schneller! Schneller!« ruft und mir auch noch ihre Zeigefinger in die Ohren bohrt.

Wir schaffen es gerade noch. Es ist Punkt elf, als ich den Volvo vor der kleinen Holzkirche parke, in der Laura seit einiger Zeit ihre ersten musikalischen Gehversuche

macht. Als wir die Eingangshalle des Pfarrhauses betreten, dröhnt aus dem oberen Stock bereits dumpf der Takt des Begrüßungsliedes »Hej, barn« – »Hallo, Kinder«. Die Beteiligung ist wie immer bemerkenswert. Das ganze Pfarrhaus vibriert unter dem Geklatsche und Getrampel von gut vier Dutzend Händen und Füßen. Wüsste ich es nicht besser, ich würde denken, dass im Oberstübchen des ehrwürdigen Gebäudes ein wildes Stammesritual gefeiert wird.
Ganz abwegig ist der Vergleich nicht, denn ähnlich wie bei vormodernen Stammesgemeinschaften ist gemeinsames Singen und Tanzen auch im heutigen Schweden immer noch ein fester Bestandteil des Zusammenlebens. Aus Ikea-Reklame und Bergman-Filmen weiß ja mittlerweile jeder, dass an Mittsommer alle Schweden um laubbeschmückte Baumstämme herumhopsen. Bekannt ist außerdem, dass im Winter der Weihnachtsbaum zum Zentrum ähnlicher Übungen gemacht wird. Aber wer kennt schon die vielen anderen großen und kleinen Gelegenheiten, bei denen die Schweden gemeinsam ihre Stimmbänder in Schwingung versetzen?

Eine der mit Abstand bizarrsten Zeremonien ist in dieser Hinsicht das alljährliche Fernsehereignis »Allsång på Skansen« – die (moderne) schwedische Antwort auf den Musikantenstadl bei uns in Deutschland. Es eint während des Sommers jeden Dienstag die gesamte Nation vor den TV-Bildschirmen, die in dieser Zeit bevorzugt in Sommerhäusern und auf Campingplätzen flimmern. Das ist Tradition – schon seit 1979 –, und die Einschaltquoten legen nahe, dass es wohl noch mindestens ein paar Jahrzehnte so weitergehen wird. Gesendet wird das Programm live aus dem Stockholmer Freilichtmuseum Skansen, das auf einem Hügel hoch über der Metropole thront. Die Kulisse ist phantastisch: Hinter der Bühne des Museums schimmert über der Ostsee die Sonne, die um diese Jahreszeit bekanntlich fast nicht untergeht, die Finnlandfähren tuckern hinaus in den Schärengarten, die Möwen kreisen über der Altstadt. Und die stets gutgelaunten Moderatoren des öffentlich-rechtlichen Fernsehens präsentieren vor dieser Szenerie die Stars der schwedischen Musikszene. Schweden hat ja eine wirklich erstaunliche Menge Popstars hervorgebracht: ABBA, Ace of Base, Roxette, Robyn, Dr. Alban, The Cardigans, um nur einige zu nennen. Vermutlich ist ihr Aufstieg am Firmament der internationalen Musikbranche auch eine Folge des ständigen Tanzens und Singens.

Eine Auswahl dieser gefragten Künstler tummelt sich im Sommer jedenfalls stets bei »Allsång«. Benny Andersson, eines der beiden »B« aus ABBA zum Beispiel, kommt öfter einmal mit seinem Orchester vorbei. Und da zwischen Juni und August immer ganze acht Sendungen gefüllt werden müssen, bleibt neben solchen Größen immer noch Platz für allerlei Sternchen, die in der schwedischen Musikszene natürlich auch in reicher Zahl schillern. Das Wichtigste an der Sendung sind ohnehin weder die namhaften Gäste noch die malerische Kulisse – es sind die etwa 10 000 Schweden, die sich in Skansen vor der Bühne versammeln und als Publikum stellvertretend für Millionen Fernsehzuschauer im ganzen Land dem Spektakel mit leuchtenden Augen und offenen Mündern folgen. Offen sind die Münder nicht nur wegen der Würstchen, die bei diesem Event in großer Zahl gefuttert werden. Sondern vor allem darum, weil die Zuschauer alle Lieder mitsingen, was mit unzähligen Kameraschwenks über das Publikum minutiös dokumentiert wird. Und auch wenn man es im Fernsehen nicht sieht: Die Menschen vor den Bildschirmen zu Hause singen ebenfalls, das habe ich selbst schon oft gehört. Die Liedtexte werden vor der Sendung extra ans Skansen-Publikum verteilt, damit keiner eine Ausrede hat, sich vor dem kollektiven Musikerlebnis zu drücken, denn das könnte ja die schönen Aufnahmen von der singenden Menge verderben. Die meisten Besucher kennen die Stücke aber sowieso auswendig. »Stockholm i mitt hjärta« (Stockholm in meinem Herzen), die Titelmelodie der Sendung, gehört inzwischen so fest zum schwedischen Liedgut wie die Nationalhymne, das Pippi-Langstrumpf-Lied oder der Abba-Hit »Waterloo«, mit dem das Land 1974 einen bis heute unvergessenen Sieg beim Eurovision Song Contest errang.

Kurz gesagt: Wer Schwede ist, der muss einfach singen. Und für mich ist das ein Problem. Denn obwohl ich eine schwedische Mutter habe, ist bei uns zu Hause eigentlich nie sonderlich viel gesungen worden. Das lag übrigens vor allem an meiner Mutter. Mein Vater kann immerhin Klavier spielen. Doch meine Mutter ist, man kann es nicht anders sagen, unmusikalisch. Manchmal habe ich mich schon im Stillen gefragt, ob das wohl ein Grund dafür war, dass sie ihrer Heimat nach dem Studium den Rücken kehrte und nach Deutschland ging, wo Musik ja häufig etwas Ernstes und Feierliches ist, dem man stumm und ergriffen zu lauschen hat. Wie auch immer – ich muss meine Defizite also bei den schwedischen Gesangsorgien notdürftig mit lautlosen Lippenbewegungen verbergen. Manchmal brumme ich auch ein wenig, wenn mich ein Stück besonders mitreißt. An diesem Brummen wird man wohl immer erkennen können, dass ich nur ein halber Schwede bin. Doch Laura, so habe ich mir vorgenommen, soll es einmal besser haben als ihr Papa. Und darum war ich froh, als Susanne im Supermarkt eines Tages diesen Aushang sah, auf dem die benachbarte Kirche alle Kinder zu Singstunden einlud.

Als wir – nach einem Umweg über das Klo – endlich das Obergeschoss des Pfarrhauses erreichen, sitzen die anderen bereits auf grünen Kissen in einem großen Kreis und klopfen wie wild mit den Händen auf den Boden. Es geht wohl darum, das Taktgefühl der Kleinen zu schulen – möglicherweise zielt das Lied auch auf das Gehör der Eltern, das mit dem Lärm abgestumpft wird für die nächsten Teile der Lektion, in der unter anderem noch 20 Bongotrommeln eine ziemlich laute Rolle spielen werden. Laura zumindest fühlt sich wohl. Und weil sie nicht das erste Mal da ist, kann sie auch schon einige der Stücke auswendig. Ja, sie wird es später ganz sicher leichter haben, wenn sie einmal »Allsång på Skansen« besuchen möchte.

Die Stunde endet dann wie jedes Mal mit dem Lied »Gubben i lådan« – frei übersetzt: »Der Onkel in der Kiste« –, bei dem die Diakonin eine Pappschachtel herumreicht, auf die jedes Kind einmal kräftig draufhauen darf. In der Schachtel ist eine Stoffpuppe, der »Onkel«, der schließlich herauskommt und irgendetwas Lustiges erzählt. Die Diakonin achtet allerdings darauf, dass in jeder zweiten Lektion auch eine Tante drin ist, und das Lied »Onkel in der Kiste« wird immer zweimal gesungen, einmal mit männlicher und dann mit weiblicher

Hauptperson. So ist das in Schweden: Keiner wird benachteiligt, keiner wird vergessen. Aber dafür müssen dann, bitte schön, auch alle mitsingen. Oder wenigstens ein bisschen brummen.

Das in meinen Augen Beste am Kindersingen kommt allerdings nach der Musik. Dann nämlich servieren ehrenamtliche Helfer der Kirche Kaffee und Zimtwecken. Für die Kinder gibt es ein Spielzimmer, so dass ich Zeit finde, ein wenig mit Anna zu plaudern. Johans Frau ist zunächst ziemlich einsilbig, und ihre tiefen Augenringe lassen darauf schließen, dass sie zur Zeit nicht wirklich viel Schlaf bekommt.

»Ich habe gerade Johan auf dem Spielplatz getroffen. Toll, dass er sich so viel Elternzeit genommen hat«, versuche ich ein Gespräch zu beginnen.

In Annas Augen meine ich kurz ein gefährliches Funkeln zu erblicken, aber vermutlich bilde ich mir das nur ein.

»Ja, er mag die Kinder wirklich sehr«, sagt sie und seufzt. »Aber ich finde trotzdem, er könnte sich jetzt langsam mal wieder einen Job suchen.«

»Kann er denn nicht wieder in seiner alten Branche anfangen? Er hat doch irgendwas mit Computern gemacht. Solche Leute werden doch immer gesucht.«

»O ja, natürlich.« Jetzt meine ich schon wieder dieses Funkeln zu sehen. »Aber der Herr, also ich meine Johan, er möchte gerne mal was anderes ausprobieren. Hat er das denn nicht erzählt? Er lässt sich zum Sozialpädagogen umschulen. Er möchte lieber irgendwas mit Menschen machen, hat er gesagt.«

»Sind denn Sozialpädagogen genauso gefragt wie Computerexperten?«

»Nein, sind sie nicht«, sagt Anna, und jetzt funkeln ihre Augen ganz bestimmt. »Gut bezahlt werden sie übrigens auch nicht. Und ich verdiene bei meiner Stelle als Buchhalterin derzeit auch nicht so viel. Also hatten wir in den vergangenen Monaten eine etwas angespannte ökonomische Situation, wie du dir vielleicht denken kannst.«

»Was ist mit dem Elterngeld?«, frage ich etwas verzweifelt. Ich hasse wirklich diese Momente, in denen das vermeintlich so perfekte schwedische Wohlfahrtssystem sich doch als lückenhaft erweist.

»Johan hat als Programmierer sehr gut verdient«, sagt Anna, die wie die meisten Schweden keine großen Hemmungen hat, über ihre Privatfinanzen Auskunft zu geben. Kein Wunder: Schließlich sind Steuerbescheide in Schweden öffentliche Dokumente. Ich könnte also jederzeit beim Finanzamt in Erfahrung bringen, wie viel Johan im vergangenen Jahr an den Fiskus abgedrückt hat – ein Traum für jede schwäbische Hausfrau.

»Wir haben uns also auf Johans hohes Gehalt eingestellt, einen ordentlichen Hauskredit aufgenommen, ein großes Auto angeschafft und so weiter«, fährt Anna fort. Das Problem: Die Elternversicherung beträgt zwar etwa 80 Prozent des letzten Gehalts, aber das gilt nur bis zu einem bestimmten Höchsteinkommen. Johan lag mit seinem Programmierer-Lohn vermutlich deutlich darüber, darum bedeutet für ihn das Elterngeld eine ziemlich herbe Einbuße. Ich nicke verständnisvoll. Aber insgeheim wächst mein Respekt vor diesem Mann, der sich für seine Kinder aufopfert und dabei sogar noch finanzielle Nachteile in Kauf nimmt. Außerdem stelle ich erleichtert fest, dass der schwedische Wohlfahrtsstaat den Praxistest wieder einmal bravourös gemeistert hat.

Denn Annas und Johans Sorgen sind ja nun wirklich Luxus-Probleme. Man könnte sogar sagen, dass die großzügige Elternversicherung Johan erst die Möglichkeit gegeben hat, sich beruflich neu zu orientieren und Sozialpädagoge zu werden. Von solchen Freiheiten können junge Eltern in den meisten anderen Ländern der Welt noch nicht einmal träumen. Und da Johan jetzt zwei Berufsausbildungen hat statt nur einer, sollte sich ein neuer Job doch schnell finden lassen – es ist also sicher kein sehr ernstes Problem. Auch Anna scheint es schließlich doch eher gelassen zu sehen.

»Na ja, das regelt sich schon«, seufzt sie. »Was rege ich mich eigentlich auf? Ich kann ja kaum von meinem Mann verlangen, dass er sich täglich in eine Arbeit quält, die ihm keinen Spaß macht.«

Dann muss Anna gehen, denn sie muss noch einkaufen, Wäsche waschen, das Bad putzen und die Großeltern besuchen, wie sie mir vor dem Abgang hastig erzählt. Ich kaue noch ein bisschen an meinem Zimtwecken und denke über ihre Worte nach. Johan und Anna scheinen wirklich der Inbegriff des gleichberechtigten Paares zu sein: Während er sich um die Kinder kümmert, schultert sie ganz selbstverständlich die Ernährerinnenrolle. Genau so hatte ich mir eine gleichberechtigte Beziehung eigentlich immer vorgestellt: flexibel. Mal macht der eine Karriere, mal der andere, mal darf sie die Qualitätszeit mit den Kindern genießen, mal er, mal kann die Frau sich selbst verwirklichen, mal der Mann. Je mehr ich darüber nachdenke, desto mehr beneide ich Johan. Ich möchte ihm nacheifern und werden wie er. Vor meinem geistigen Auge male ich mir bereits in den buntesten Farben aus, was ich in meiner Elternzeit alles anfangen werde: Endlich könnte ich dann mal dieses dicke Buch über die schwedische Geschichte lesen, das seit Monaten auf meinem Nachttisch verstaubt. Ich werde mir einen Blog anlegen und eine Website, so was hat heutzutage fast jeder, bloß ich bin irgendwie nie dazu gekommen. Außerdem werde ich kochen lernen. Und zeichnen – ich hatte mir vor längerem schon mal einen Zeichenblock, Stifte und ein Buch mit dem Titel »Zeichnen lernen in zehn Lektionen« gekauft. Und die neue digitale Spiegelreflexkamera, mit der ich bis jetzt immer nur langweilige Bilder für meine Zeitungsartikel geknipst habe, die werde ich in meiner Elternzeit auch endlich einmal richtig bedienen lernen und in die Amateurfotografie einsteigen – ja, warum nicht ein paar Werke gleich auf der neuen Website veröffentlichen? Nebenbei werde ich natürlich ganz viel Zeit mit Laura und Alois verbringen. Ich freue mich schon richtig auf unsere ersten Spielplatzbesuche zu dritt. Wie wunderbar wird es sein, künftig zwei Kinder zu schaukeln. Ja, Vater sein ist wirklich herrlich in Schweden! Jetzt muss ich bloß noch meinen Chef von der Idee mit der Elternzeit überzeugen. Und Susanne – aber die wird bestimmt nichts dagegen haben, wenn auch ich mir mal eine Scheibe von unserem Familienglück abschneide.

# 4

»Heiraten?! Wieso heiraten? Wer will heiraten?«, frage ich verstört. Gunnar hört gar nicht zu. Er telefoniert noch mit seinen Eltern, die offenbar ganz aufgeregt in den Hörer sprechen. Gerade ist Alois geboren worden. Gunnar, ich und der Kleine sind noch im Kreißsaal – alleine. Ich fühle mich gut. Ehrlich gesagt nicht einmal sonderlich erschöpft. Nichts tut weh. Aller Ärger ist verflogen.

Doch ein bisschen eingeschnappt frage ich mich, wie jetzt die Hochzeit von irgendwem so wichtig sein kann, dass sie noch im Kreißsaal angesichts der Geburt unseres zweiten Kindes so ausgiebig diskutiert werden muss. Und ich, die ich mich hier gerade sportlich verausgabt habe, werde einfach ignoriert! Endlich legt er auf und strahlt mich an: »Susanne, ich bin so glücklich. Wenn ich doch nur schon früher darauf gekommen wäre!«

»Worauf denn?«

»Na, auf das Heiraten!«

»Wer heiratet denn nun?« Gunnar blickt mich verständnislos an, und ich schaue nicht minder verständnislos zurück.

»Na, wir. Du hast doch ›Ja‹ gesagt.«

»Was hab ich?«
»Gerade eben. Du hast doch ›Ja‹ gesagt.«
»Kann schon sein, aber doch nicht auf die Frage hin.«
»Warum hast du dann ›Ja‹ gesagt?«
»Also. Ja. Äh, ich meine, äh …«
»Wann wollen wir denn heiraten«, plappert Gunnar einfach weiter. »Ich glaube, dieses Jahr wird es zu stressig, wenn wir noch im Sommer heiraten wollen, und der ist hier ja so kurz. Das müsste dann spätestens im August sein, und das ist viel zu knapp. Wir haben ja jetzt schon Mai. Dann ist es im nächsten Jahr wohl besser, oder? Sag doch auch mal was.«
Mir aber fehlen die Worte.
Wie ist er denn nur darauf gekommen – und dann noch im Kreißsaal? Ich fühle mich überrumpelt.

Aber warum eigentlich nicht. Wir führen praktisch ohnehin schon eine Ehe. Vielleicht ist das auch aus rechtlichen Gründen einfacher mit dem Sorgerecht und dem Erbrecht und so weiter. Und dann kommen die Bilder in meinem Kopf: ich in einem weißen Brautkleid aus feengleichem Stoff, Gunnar in einem schicken Anzug, meine und seine ganze Familie und all unsere Freunde hier in Schweden versammelt in einer wunderschönen mittelalterlichen Kapelle am Ufer des Mälarsees. Mir schwebt sofort ein bestimmter Platz vor, den wir vorletztes Jahr im Sommer einmal besucht haben. Dort hatte ich zum ersten Mal selbst über eine Hochzeit nachgedacht, den Gedanken aber nie ausgesprochen. Aber wenn wir einmal heiraten würden, dann müsste es hier sein, hatte ich mir gedacht. Geht man unter rauschenden jahrhundertealten Bäumen um die Kirche herum, so kommt man an eine verwunschene Hecke, durch die ein kleines Türchen führt. Auf der anderen Seite der Hecke gibt es eine sonnige Wiese und ein uriges Gasthaus, das aussieht, als würde gleich Madita, die Titelheldin aus Astrid Lindgrens Kinderroman, herausspringen. Die Terrasse offenbart einen wundervollen Blick über den pastellblauen See und die gegenüberliegenden grünen Inseln. Und aus dem Café duftet es nach frisch gebackenen Zimtwecken, saftigem Möhrenkuchen und starkem Kaffee.

Verträumt lächelnd sehe ich Gunnar an, der mit dem kleinen Alois im Arm neben mir auf dem Sessel sitzt. »Ja«, hauche ich noch wie benebelt. Ich greife zu meinem Handy, um endlich auch meine Familie an unserem Kreißsaal-Idyll teilhaben zu lassen. Während ich noch ganz berauscht von dieser romantischen Wendung überlege, wen ich zuerst anrufe, kommt die Harmonie langsam ins Wanken.

Ich starre auf das Display meines Telefons. Es zeigt sieben nicht entgegengenommene Anrufe an. Eine Weile dauert es, bis ich begreife, dass der Anrufer meine eigene Festnetznummer hat. »Warum zum Teufel rufe ich mich selbst an? Siebenmal! Während der Geburt?!« Plötzlich erwacht mein Gehirn wieder.

»Meine Mutter!«, sage ich laut. Gunnar zuckt mit dem Kopf, als wolle er zu mir aufblicken, kann sich aber nicht vom Anblick des kleinen Alois losreißen. »Was ist mit deiner Mutter?«, fragt er mit wolkiger Stimme.

»Sie hat angerufen. Ganz oft.«

»Na, dann ruf sie doch zurück«, antwortet er entzückt.

»Ja, richtig«, sage ich und klicke auf Rückruf. Es klingelt. Und schließlich geht auch jemand dran.

»Hallo?«, sage ich, denn es meldet sich niemand. Stattdessen höre ich Kinderschnaufen und lautes Rascheln am anderen Ende, gefolgt von geschäftigem Drücken wahlloser Telefontasten.

»Laura? Bist du das? Hier ist die Mama.«

»Mama«, sagt Laura streng.

»Gibst du das Telefon mal der Oma?«

»Oma?« Plötzlich erschallt eine ohrenbetäubende Sirene aus dem Hörer. Ich schreie vor Schreck auf und lasse das Handy fallen.

»Was ist?«, fragt Gunnar und blickt nun doch auf.

»Wenn ich das wüsste«, sage ich atemlos, während ich mich vorsichtig aus dem Bett bewege, um das Telefon wieder aufzuheben.

»Laura! Hallo?« Doch ich höre nur noch durch das Sirenengeräusch hindurch Laura quaken: »Oma, die Mama. Die Mama. Die Mamaaa.« Aber meine Mutter scheint nicht zu reagieren. Dann ist die Verbindung plötzlich weg. Ich probiere immer wieder und wieder, dort anzurufen. Aber es ist entweder besetzt oder es geht keiner dran.

»Gunnar, du musst nach Hause fahren. Irgendwas stimmt da nicht.«

Stunden später – Alois und ich sind schon längst auf die Wöchnerinnenstation verlegt worden – rufe ich nochmals zu Hause an.

»Oui?«

»Hallo? Hier ist Susanne. Mama, bist du das?« Sie scheint im Sprachzentrum ihres Hirns gerade unter babylonischen Zuständen zu leiden.

»Ach. Hallo, Susanne. Wie schön, deine Stimme zu hören. Wie geht es dir?«

»Ehrlich gesagt geht es mir super! Ich bin so froh, dass es vorbei ist. Und Alois schläft gerade. Er ist ja so süß! Wie ist es dir und Laura ergangen? Gab es Probleme?

Hast du versucht, mich anzurufen?« Im Hintergrund höre ich Gunnar und Laura laut lachen und herumtoben.

»Ach, das war eine Tragödie, sag ich dir.« Sie klingt erschöpft.

»Was für eine Tragödie?«, frage ich besorgt. »Du hast siebenmal versucht, bei mir anzurufen.«

»So oft? Ach, weißt du, ich hatte in dem ganzen Tohuwabohu tatsächlich vergessen, dass du gerade ein Kind kriegst. Ich weiß eigentlich immer noch nicht genau, was da passiert ist. Jedenfalls war ich gerade in der Küche, als plötzlich ein ohrenbetäubender Lärm losging.«

»Was für ein Lärm? Was war das denn?«, frage ich und erinnere mich an das laute Tuten, als ich nach der Geburt zurückgerufen hatte.

»Na, irgendein Alarm, denke ich.«

Die neue Alarmanlage. Aber warum ist die bloß urplötzlich losgegangen?

»Und was ist dann passiert? Was hast du gemacht?«

»Das ging alles so schnell. Da rief dann jemand an und wollte irgendwas von mir wissen, aber ich habe nichts verstanden. Der Lärm war wirklich zu laut. Und Laura hat geweint und geschrien, und dann habe ich auch geweint und geschrien. Es war fürchterlich.«

»Und weiter?«

»Dann kamen zwei uniformierte Männer und haben geklingelt. Die habe ich auch nicht verstanden, aber sie sind ins Wohnzimmer gegangen und haben den Alarm abgeschaltet. Ich musste noch irgendwas unterschreiben, und dann sind sie wieder gegangen.«

»Das muss ganz schön stressig für dich und Laura gewesen sein«, sage ich. »Aber wann hast du siebenmal bei mir angerufen?«

»Na, als es dann wieder losging.«

Gunnar kommt herein und will auch kurz mit mir sprechen. Er lacht leise in den Hörer, damit es meine Mutter nicht hört.

»Laura hat mit der Fernbedienung für die Alarmanlage gespielt. Hast du sie irgendwo hingelegt, wo sie drankommt?«, fragt er dann etwas strenger. Die Röte steigt mir ins Gesicht. Als wir heute Mittag losgefahren sind, habe ich meiner Mutter noch schnell den Schlüsselanhänger auf das Garderobentischchen gelegt.

»Ähm, ich weiß nicht ...«

»Jedenfalls hat dann der Wachdienst hier angerufen und nach dem Passwort gefragt. Aber deine Mutter kann ja kein Schwedisch.«

Nun kann ich mir den Ablauf erklären. Offenbar hat Laura immer wieder die Fernbedienung und auch das Telefon in die Finger bekommen. Sie liebt alles, was Tasten hat und piepst.

Ich bin froh, dass ich mich noch zwei Nächte im Krankenhaus mit Alois »ausruhen« darf, bevor das Familienleben wieder auf mich eindrischt. Ich darf sogar noch eine Nacht länger bleiben als eigentlich vorgesehen, da Alois wegen des Verdachts auf eine Infektion beobachtet werden soll. Sonst ist es in Stockholm nur Erstgebärenden gestattet, luxuriöse zwei Nächte nach einer Geburt im Krankenhaus zu bleiben.

Als ich wieder zu Hause bin, steht ein kleiner Kuchen auf dem Tisch. Er sieht aus, als wolle er mich anklagen. Meine Mutter hat ihn extra für mich gebacken. Ich sehe ihrem Gesicht an, was sie das gekostet haben muss. Sie sieht abgespannt und übernächtigt aus. Aber auch zufrieden mit sich selbst. Die fremde Umgebung und eine

Sprache, die sie nicht versteht, verunsichern sie. Gleichzeitig will sie aber den eigenen hochgesteckten Erwartungen gerecht werden – nämlich hier den Laden für mich zu schmeißen. Ich bin tief gerührt von all der Mühe, die sie sich gibt. Vor allem, wenn ich sehe, wie sehr es sie anstrengt. Hier, wo sie nicht einmal weiß, wo die Kuchenform steht (und Gunnar ihr dabei auch keine große Hilfe ist), wo sie im Supermarkt-Kühlregal vergeblich nach einem Stück ungesalzener Butter sucht und sie zugleich auf eine äußerst einfallsreiche Zweijährige aufpassen muss. Lauras Ideenreichtum sorgt dafür, dass regelmäßig Handys, Besteck oder Apfelbutzen in Schuhen verschwinden oder Orangen in der Toilette schwimmen. Außerdem malt sie sehr gerne. Dabei schwenkt sie bald von der kleinen Malstaffelei von Ikea auf die danebenliegenden Wände und Türen um, während man gerade damit beschäftigt ist, den penibel zerbröselten Radiergummi aus dem Videorekorder zu pulen. Meine Mutter kann sich meines tiefen Mitgefühls und meiner Dankbarkeit sicher sein.

»Wir mussten eine neue Kuchenform kaufen«, sagt sie nun vorwurfsvoll. »Und warum hast du die Rührstäbe und das Rührgerät nicht in die gleiche Schublade gelegt? Wir haben lange danach suchen müssen.«

Das Gefühl tiefer Dankbarkeit schwindet überraschenderweise schneller, als es gekommen ist. Die restlichen Tage des Aufenthaltes meiner Mutter verbringen wir damit, die letzten Kleinigkeiten für Alois herzurichten. Lauras alter Stubenwagen wird bezogen, der neue Kinderwagen zusammengeschraubt und Laura an das Stehbrett gewöhnt, auf dem sie mit dem Kinderwagen mitrollen kann. Der Tag der Abreise naht. Ich komme diesmal nicht mit zum Flughafen. Es schmerzt mich, dass meine Mutter nun fährt. Offen gestanden auch aus Selbstmitleid, denn nun bin ich ganz auf mich allein gestellt. Gunnar beginnt wieder mit seiner Arbeit und verschwindet den ganzen Tag in seinem Büro am anderen Ende der Stadt. Glücklicherweise darf Laura unter der Woche zwischen neun und fünfzehn Uhr den Kindergarten besuchen. Doch die Nachmittage mit beiden Kindern gestalten sich als wahre Nervenprobe. Nach Lauras Geburt hatte ich wenigstens noch die Möglichkeit, mich tagsüber auszuruhen, wenn sie schlief. Das geht jetzt nicht mehr so leicht. Die sechs Stunden am Vormittag ohne Laura vergehen wie im Flug, denn es gibt so viel zu erledigen. Alois ist anders als seine Schwester. Er schläft weniger und trinkt öfter. Und am Nachmittag habe ich die muntere Laura wieder bei mir, die noch auf den Spielplatz will und Dreirad fahren und mit Mama basteln, aber vor allem: vieles *nicht* will. Und meistens will sie gerade das nicht, was ich von ihr will.

»Abmachn!«, ertönt der Befehl. »Loisi abmachn!« Ich sitze auf einer Bank am Spielplatz und halte Alois im Arm, um ihn zu stillen. Da wird Laura jedes Mal eifersüchtig. »Laura, der Alois hat Hunger«, erkläre ich sanft. »Gleich ist er satt, dann kann ich ihn wieder in den Kinderwagen legen.« Laura guckt zu Boden und denkt nach, denn das kann sie inzwischen schon ganz gut. »Dann will ich schaukeln«, sagt sie, als sie fertig nachgedacht hat, und läuft zu den Schaukeln. Kurz darauf hängt sie protestierend an der Schaukel, auf die ich sie gefälligst unverzüglich setzen soll. Denn auch wenn sie inzwischen in der Lage ist, Alois' Bedürfnisse zu verstehen, heißt das noch lange nicht, dass sie auch warten kann. Also lege ich Alois in den Kinderwagen und gehe zu Laura. Doch sofort fängt er an zu weinen.

Er ist müde und immer noch hungrig. Sobald Laura auf der Schaukel sitzt, beginnt sie wieder lauthals zu schimpfen, weil sie »anders« angeschubst werden will und vor allem nicht will, dass ich wieder zum Kinderwagen gehe. »Nicht soooo!« zetert sie. »Ja, wie denn dann?«, frage ich entnervt. »Naaain. Anders!« Genau in dem Moment kommt ein elternurlaubender Vater zu mir und macht mich wohlmeinend darauf aufmerksam, dass mein Baby weint. Wäre ich nicht so müde, würde ich anfangen zu heulen. Ich beschließe, nach Hause zu gehen. Denn Alois muss gewickelt, weitergestillt und hingelegt werden und ich selbst habe den ganzen Tag noch nichts Richtiges gegessen und fühle mich schon ganz wackelig auf den Beinen. Doch meine Tochter hat da ganz andere Vorstellungen von der Gestaltung des Nachmittags. Sie kreischt immer noch auf der Schaukel herum. Ich wickle Alois auf der Parkbank und merke, wie Tränen auf sein Bäuchlein tropfen. Es ist ausweglos. Niemand hilft. Als Alois – immer noch weinend – wieder im Kinderwagen verstaut ist, nehme ich die strampelnde und um sich schlagende Laura aus der Schaukel. Vor ihr kniend, sage ich:

»Laura, hör mir mal zu. Wir gehen jetzt nach Hause.«

»Naaaaaain!« Ein gellender Schrei schmerzt im Trommelfell, und ich ringe um Fassung, damit ich nicht wieder losheule.

»Laura, schau, der Alois ist ganz traurig und müde. Wir müssen ihn zu Hause in sein Bettchen legen.«

»Wiiill nicht. Will nicht. Hierbleibn!« Sie stampft mit ihrem Füßchen auf und blickt trotzig zu den Schaukeln hinüber.

»Die Mama hat außerdem Hunger. Ich hab heute noch gar nichts gegessen und auch gar nichts dabei.«

Es ist zwecklos. Sie hört mir gar nicht zu. Sie hat sich bereits so in Rage gewütet, dass ich nicht mehr zu ihr durchdringe. Ich klemme mir also kurzerhand das um sich tretende Kind unter den Arm und schiebe mit der anderen Hand den Kinderwagen keuchend und schwitzend den kleinen Hügel zu unserer Straße hinauf. Mein Auftritt mit den zwei Schreihälsen erregt natürlich Aufmerksamkeit, und ich fühle die Blicke der anderen wie heiße Nadeln im Nacken. Warum sieht das bei den anderen immer so einfach und entspannt aus?

Zu Hause beruhigt sich die Lage nur schleppend. Erst nach zwei Stunden Stillen und Herumtragen schläft Alois endlich ein. Laura hatte ich entgegen all meinen guten Vorsätzen vor den Fernseher gesetzt, um wenigstens an einer Front Ruhe zu haben. Während ich völlig ermattet dem »Njötnjööät« von Pingu, dem kleinen Pinguin, lausche, kann ich zum ersten Mal an diesem Tag beherzt in ein Käsebrot beißen.

Ich sauge die einsetzende Ruhe wie ein Schwamm auf. Wo sind Amnesty International oder die Blauhelme, um mich zu retten? Monatelanger systematischer Schlafentzug ist eine weltweit geächtete Foltermethode. Das sollte verboten werden, was ich da jeden Tag im Spiegel sehen muss: eine Katastrophe aus Augenringen, ungewaschenen Haaren und leerem Blick. Für jeden Schlafforscher wäre ich ein höchst dankbares Forschungsobjekt. Wissenschaftlichen Studien zufolge ist man unter anhaltendem Schlafmangel zu keinem vernünftigen Gedanken mehr in der Lage. Außerdem werden Stoffe im Gehirn freigesetzt, die zu erhöhter Reizbarkeit, Niedergeschlagenheit und paranoiden Zuständen führen. Und in diesem Zustand soll man dann auch noch geduldig und sanftmütig zu einem trotzenden Kleinkind sein? Es wird also höchste Zeit, etwas zu unternehmen, bevor ich mich in eine ungewaschene Verschwörungstheoretikerin verwandle.

Ich fange an, in den Pausen, die mir meine kleinen gnadenlosen Folterknechte lassen, Still- und Schreizeiten in Tabellen einzutragen, lese in jeder ruhigen Minute Ratgeber über Kinder, die bestimmt irgendwann durchschlafen und lernen, geduldig zu warten. Trost finde ich vor allem in einem kleinen Ratgeber über das Trotzalter. Immer und immer wieder lese ich ihn, nehme ihn überallhin mit. Lese langsam Satz für Satz. Mein müdes Hirn klammert sich daran fest und wiederholt wie ein Mantra: »Es ist nicht Lauras Schuld. Sie kann noch nicht anders. Nur die Ruhe bewahren. Es wird wieder vorbeigehen.« Solange ich das lese, fühle ich mich sicher und fange nicht an zu schreien oder zu weinen. Gunnar macht sich schon lustig über die herumliegenden Ratgeber. Er kann ja nachts auch schlafen! Das ist das System der Männerwelt: Die Unterdrückung der Frau durch Schlafentzug. Der Schlafmangel verwirrt und schwächt so dermaßen, dass die Frauen zustimmen, die übrige Elternzeit auch noch zu übernehmen. Und dann kommen die Männer von ihrem gemütlichen Tag im Büro abends nach Hause und fragen: »Schatz, wie war dein Tag auf dem Sofa?« Und ... Halt! War das schon eine Verschwörungstheorie?

Ich bin nach einigen Wochen fast ohne Schlaf und gefühlt pausenlosem Kindergeschrei völlig ausgelaugt. Eine Brustentzündung mit Fieber plagt mich. Und hier in Schweden kommt keine Hebamme zu mir nach Hause, um mich und das Baby zu untersuchen und Abhilfe zu schaffen. Niemand, dem ich mein Leid klagen könnte.

Hier pflegen die Hebammen in ihrem kommunalen Büro auf einem bequemen Stuhl zu sitzen, auf dem sie gemächlich hin und her rollen. Und einmal die Woche rollen sie sogar für eine Stunde in die Nähe ihres Telefons – nämlich dann, wenn sie Telefonsprechstunde haben. Da ist dann natürlich grundsätzlich besetzt, weil alle Schwangeren des ganzen Distrikts auf einmal anrufen. Als Hebamme lebt es sich ganz gut in Schweden, es sei denn, man bekommt selbst ein Kind.

Diese einfache Wahrheit habe ich schon während meiner Schwangerschaft hier in Schweden gelernt. Die neun Monate vor der Geburt werden normalerweise von regelmäßigen Kontrollterminen begleitet, bei denen überprüft wird, ob sich alles gut entwickelt. In Schweden bekommt man zu diesem Zweck eine kommunale Distrikthebamme zugeteilt. Die bürokratische Bezeichnung spiegelt hervorragend ihre Arbeitshaltung wider. Eine kommunale Distrikthebamme erachtet es laut eines ungeschriebenen Gesetzes nicht für nötig, sich aus ihrem Sessel zu erheben, um sich die Schwangere einmal anzusehen oder gar genauer zu untersuchen.

Mein erster Besuch im dritten Schwangerschaftsmonat bei Lena Sjöberg vermittelte mir bereits das rechte Bild von den schwedischen Gepflogenheiten. Der Termin wurde mir per Post zugesandt – ohne vorherige Absprache. Das ist hier so üblich, zumindest im Gesundheitswesen des Landkreises Stockholm. Termine werden nicht vereinbart, sondern mitgeteilt. Natürlich kann man anrufen und sie absagen. Aber dann muss man wieder auf eine neue Mitteilung warten. Und das kann dauern.

Ich ging also, im dritten Monat schwanger, zu meinem ersten Termin bei der kommunalen Distrikthebamme. Im Eingangsbereich der Kindergesundheitszentrale von Vällingby erwartete mich eine heimelige Atmosphäre aus beigefarbenem PVC an Wänden und Boden, ein Eimerchen mit blauen Plastiktüten, die man über die Schuhe ziehen sollte, und ein dicker roter Klebestreifen auf dem Boden, der mir förmlich entgegenschrie: »Schuhzone!« Diese Linie mit unbetüteten Schuhen zu übertreten wäre ein unverzeihlicher Fauxpas. Rechts vom Eingangsbereich befand sich ein hübsch eingerichteter Warteraum für Eltern mit Kleinkindern und Babys. Es gab eine kleine Spielküche, eine Rutschbahn, rote Sofas im Ikea-Design, einen Wickeltisch und eine Mikrowelle zum Fläschchenaufwärmen. Aber keine Eltern mit Kindern. Denn ohne vorherige Absprache darf man nur einmal in der Woche während der zwei Stunden offener Sprechstunde unangemeldet kommen. Aber wenn man einen vereinbarten Termin hat, so wie ich jetzt, dann muss man nicht lange warten. Lena Sjöberg holte mich auch schon nach wenigen Minuten im Wartezimmer ab und begrüßte mich freundlich. Sie war eine kleine breite Frau mit grauer Haut und grauen Haaren. Im Behandlungszimmer angekommen, fragte sie mit unendlich leiser Stimme: »Wie geht es dir, Susanne?«

»Gut«, sagte ich.

»Irgendwelche Probleme?«, hauchte sie.

»Nein«, sagte ich.

»Irgendwelche Fragen?«

»Nein.«

Schweigen. Ich fragte mich, wann sie mit der Untersuchung anfangen würde. Dann schob sie mir einen zweiseitigen Fragebogen zu.

»Füll das bitte aus, Susanne.«

Die Fragen bezogen sich ausschließlich auf meinen Alkoholkonsum: »Wie oft haben Sie im vergangenen Jahr Alkohol getrunken?« Und die möglichen Antworten zum Ankreuzen waren: nie; einmal in der Woche; mehrmals in der Woche; täglich. Möglicherweise ist es in Schweden unüblich, weniger als einmal die Woche Alkohol zu trinken – zumal, wenn man schwanger ist. Oder vielleicht gilt man bei einem Alkoholkonsum im Abstand von zwei Wochen schon als Abstinenzler. Einige Fragen weiter unten las ich: »Wie oft mussten Sie im vergangenen Jahr am nächsten Tag morgens Alkohol trinken, um sich besser zu fühlen?« Langsam fragte ich mich nach dem Sinn dieses Bogens und kreuzte überall nie oder nein an.

Lena nahm den Fragebogen mit einem lobenden Lächeln entgegen und sagte dann leise: »Na, dann ist ja alles in Ordnung«, und wollte mir die Hand zum Abschied reichen.

Verdutzt blieb ich sitzen. »Wollen Sie mich denn nicht untersuchen?«

Lena sah mich fragend an. »Aber es ist doch alles in Ordnung, oder nicht?«

»Ja, das möchte ich von Ihnen wissen.«

»Aber das wissen Sie doch viel besser als ich, ob etwas nicht in Ordnung ist.«

Ich überlegte. Vielleicht hatte sie ja recht. Aber was hatte dann mein Frauenarzt in Deutschland jeden Monat gemacht, damals, bei der ersten Schwangerschaft? Jeden Monat wurde ein Ultraschall gemacht, mein Gewicht gemessen und der Hämoglobinwert im Blut überprüft. Wenn man denjenigen Schweden, die im Gesundheitswesen tätig sind, von diesen Zuständen erzählt, schütteln sie meistens den Kopf – sie halten so umfangreiche Untersuchungen für ineffizient und zu teuer. Zugegeben: Das deutsche Gesundheitssystem ist teuer. Aber es ist auch ziemlich gut. Das allerdings ist mir erst nach meinem Umzug nach Schweden wirklich aufgefallen.

»Wollen Sie mich denn nicht wiegen oder mein Blut untersuchen?«, fragte ich die Hebamme.

Mit missmutiger Miene ließ sich Lena wieder in ihren Sessel plumpsen und rollte gemächlich zu einem Ecktischchen, auf dem ein kleiner Apparat stand. Sie desinfizierte meinen Zeigefinger, pikste hinein und schob das aufgefangene Tröpfchen Blut in das Gerät. Zwei Sekunden später erschien ein Wert, den sie mit einem Grummeln quittierte. Daraufhin rollte sie in mittlerer Geschwindigkeit wieder zu ihrem Rechner, tippte etwas ein und rollte dann zum Drucker, der gerade ein Blatt ausspuckte, und rollte damit weiter zu mir. Der nächste Termin: in drei Monaten.

Bei den drei Untersuchungen, die mir als Schwangerer bei der kommunalen Distrikthebamme zustanden, wurde mir daraufhin jedes Mal in den Finger gestochen, um die Blutwerte zu messen. Und einmal durfte ich mich sogar auf die Pritsche legen. Das war der Höhepunkt der ganzen Betreuung. Es sollten die Herztöne des Kindes abgehört werden. Leider war das Gerät dann aber kaputt. Aber es wird ja sicher auch so alles in Ordnung sein, nicht?

Einmal wurde auch ein Ultraschall durchgeführt, zwischen dem fünften und sechsten Schwangerschaftsmonat. Natürlich nicht von der kommunalen Distrikthebamme, denn diese hatte keine Ahnung von derlei

Dingen und vor allem auch kein Ultraschallgerät. Das wird von einer speziell ausgebildeten Krankenschwester in der Ultraschallabteilung des städtischen Krankenhauses übernommen.

In der Frauenklinik gibt es auch eine Stillberatung, die man nach vorheriger Terminvergabe in Anspruch nehmen kann. Nach der Geburt soll man sich ohnehin im Krankenhaus zu einer Nachuntersuchung einfinden, diese ist aber eher für das Kind gedacht und nicht für die Mutter. Ob sich die Gebärmutter zurückbildet oder Nähte verheilen, interessiert niemanden. Lena meinte dazu nur: »Wir vertrauen auf die Selbstheilungskraft des Körpers.« Es hätte mich auch nicht überrascht, wenn sie den Standardspruch des schwedischen Gesundheitssystems gebracht hätte: »Nehmen Sie eine Alvedon und rufen Sie in drei Tagen wieder an.« Alvedon ist in Schweden offenbar das Allheilmittel gegen alles. Alvedon gibt es als Sprudeltablette, Filmkapseln, Saft oder Zäpfchen für Kinder. Es ist nichts anderes als Paracetamol.

Als Gunnar am Abend endlich nach Hause kommt, bin ich erschöpft – wie jeden Abend – und sauer. Eine Welle von Selbstmitleid überflutet mich: Warum muss ich mich um das alles hier alleine kümmern? Was ist mit *meiner* Karriere? Schließlich bin ich nur seinetwegen mit nach Schweden gekommen. Ich habe nur seinetwegen eine neue Sprache gelernt. Ich habe all die körperlichen Strapazen von zwei Schwangerschaften, Geburten und Stillzeiten auf mich genommen, habe auf einen gesicherten Job und steigendes Einkommen verzichtet. Warum kümmert *er* sich nicht einmal zur Abwechslung um die Kinder? Und ich könnte dann wenigstens einmal meine Post öffnen, die seit inzwischen fast sechs Wochen einen staubigen Stapel auf meinem Tisch bildet.

Also stürze ich mich auf mein ahnungsloses Opfer, das von seinem Tag Urlaub mit vernünftigen Erwachsenen im Büro zurück in den Folterkerker kommt.

»Hier, nimm du mal«, motze ich Gunnar an und drücke ihm Alois in den Arm. »Ich muss jetzt Laura ins Bett bringen«, schimpfe ich weiter und finde mich dabei noch viel zu freundlich. Wozu soll ich denn dem Herrn auch noch erklären, was ich gerade mache? Das sieht er doch!

»Was ist denn mit dir los?«, fragt Gunnar, der noch mit einem Fuß im Turnschuh steckt und gleichzeitig den fröhlichen Alois vor seiner Brust hält.

»Nichts!«

»Wir müssen reden, Susanne.«

»Jetzt nicht!«, schnaube ich und bugsiere die protestierende Laura Richtung Treppe, um sie oben in ihr Bett zu bringen.

Da platzt es aus Gunnar heraus: »Ich denke, das ist vielleicht nicht ganz fair, wenn du hier immer alles alleine machen darfst. Ich dachte mir, ich könnte doch auch mal Elternzeit nehmen. Das habe ich bei Laura ja ganz verpasst. Lass mich doch auch mal ein paar Monate übernehmen. Dann kannst du dich endlich wieder um deine Karriere kümmern.«

Wie angewurzelt bleibe ich stehen. Habe ich da durch Lauras »Will nich schlaafn! Wiiiill nich!« hindurch richtig gehört?

»Wie meinst du das, ›ein paar Monate‹? Wann?«

»Ja, ich dachte mir, im Herbst vielleicht. Drei Monate. Oktober bis Dezember, zum Beispiel. Würde dir das passen?«

Ich bin fast schon enttäuscht. Da habe ich mich stundenlang an meinem Zorn des Geknechteten geweidet, und nun sagt er – genau das Richtige. Wie kann er es nur wagen!

»Ähm ja, das, äh, passt mir ganz gut.« Nachdem ich Laura, die sich inzwischen in ihrem Lieblingsversteck hinter dem Sessel im Wohnzimmer verkrochen hat, wieder hervorgescheucht habe, schiebe ich noch ein leises »Danke« hinterher.

# 5

Beflügelt von den neuen Zukunftsplänen, stürze ich mich mit frischem Elan in die Arbeit – und beginne gleich damit, mir nicht nur den Kopf über meine eigene Hochzeit, sondern auch über die herannahende Trauung der Kronprinzessin Victoria zu zerbrechen. Der meiner Redaktion versprochene Ausflug nach Ockelbo ist schnell organisiert. Viel Zeit bleibt mir ja auch nicht, schließlich ist schon bald Mittsommer. Und danach trifft man niemanden mehr an, denn nahezu die gesamte Bevölkerung versteckt sich den Sommer über in entlegenen Ferienhäusern. Auch wir werden bald Urlaub in einer Stuga machen. Aber die Geschichte über den angehenden Prinzen Daniel muss auf jeden Fall noch vorher recherchiert werden.

Wer von Stockholm aus in Daniels Heimatdorf gelangen will, muss erst einmal eine längere Strecke über die Autobahn E4 nach Norden fahren. Schweden ist ja auch südlich von Stockholm für deutsche Verhältnisse nicht sonderlich dicht besiedelt. Aber nördlich der Hauptstadt wird es noch einmal deutlich einsamer. Spätestens hinter Uppsala bekommt man das Gefühl, langsam das vergessene Ende Europas zu erreichen. Das endlose Grün der Wälder links und rechts der Fahrbahn kann einem richtig auf die Nerven gehen. Die Holztransporter, die einem ab und zu entgegendonnern, sorgen auch nicht wirklich für Abwechslung. Einziger Höhepunkt auf dem Weg nach Ockelbo ist ein riesiges chinesisches Konferenzzentrum, dessen pagodenartige Fassade samt Drachenskulpturen und Buddha-Statue sich plötzlich neben der Autobahn erhebt. Unbedarften Reisenden könnte das gewaltige Gebäude direkt einen Schrecken einjagen: Um Gottes willen, bin ich vielleicht einmal zu oft abgebogen? Man hört ja immer wieder, dass der schnellste Weg nach Fernost angeblich durch die Arktis und die Nordostpassage führt. Und hier ist man, zumindest mit mitteleuropäischen Augen betrachtet, schon gefährlich nah am Nordpol.

Ich jedoch habe von der asiatischen Niederlassung im schwedischen Wald schon einmal in der Zeitung gelesen, darum hält sich meine Überraschung nun in Grenzen. Den Berichten zufolge hat ein offenbar leicht schrulliger Geschäftsmann aus China die tempelartige Anlage hier mitten im Nichts aus dem Boden gestampft. Er will damit Reisende aus Fernost anlocken. Angeblich preist er seine exzentrische Herberge mit der idyllischen Lage und der Nähe zur Hauptstadt an. Gut, idyllisch ist es hier trotz der nahen Schnellstraße schon. Aber Stockholm ist mehr als eine Autostunde entfernt – und das auch nur, wenn gerade kein Schnee liegt, was hier ja durchaus nicht immer der Fall ist. Von Peking oder Shanghai aus betrachtet kann das wohl trotzdem noch als »nah« durchgehen. Die Gemeinde, in der dieses Symbol der neuen chinesischen Weltgeltung steht, konnte ihr Glück erst gar nicht fassen. Sie ist eigentlich eine jener schwedischen Provinzstädte, die durch das langsame Sterben der Industrie und durch die Abwanderung ihrer Bürger eine eher triste Zukunft vor Augen hatte. Und dann kommt plötzlich ein Chinese daher und investiert ein paar Millionen. Leidtun können einem dagegen die armen Archäologen, die das Ding in ein paar tausend Jahren einmal ausbuddeln werden und die dann die Existenz der Buddhas und Drachen irgendwie erklären müssen. Man kann nur hoffen, dass keiner dieser bedauernswerten Akademiker je die Wahrheit über das Bauwerk herausfindet, nämlich dass es sich einfach nur um die durchgeknallte Idee eines vermögenden Chinesen handelt. Man würde dem Archäologen wohl nie glauben. Aber sei's drum: Ich gönne der Gemeinde, deren Namen ich leider nicht mehr weiß, diese beachtliche Investition natürlich. So viel Glück hat nicht jeder.

Ockelbo zum Beispiel wurde in den vergangenen Jahren vom Schicksal weit weniger reich beschenkt – bis jetzt zumindest. Der Stolz des Ortes sind bis heute seine Schneescooter- und Plastikbootfabriken. Das ist ein bisschen tragisch, denn diese Produktionsstätten wurden schon vor vielen Jahren geschlossen. Geblieben sind eine Menge Kleinunternehmer, die zwar viele Ideen haben, aber nur wenig Geld. Wer investiert schon in eine Stadt irgendwo in den schwedischen Wäldern, die keiner kennt? Der eine Chinese, der dazu vielleicht bereit gewesen wäre, hat sich ja schon im Nachbarort verewigt. Man sollte aber fairerweise erwähnen, dass Ockelbo nicht ganz so provinziell ist, wie es jetzt vielleicht den Anschein hat. Immerhin genießt das Städtchen eine gewisse internationale Bekanntheit unter Medizinern, vor allem unter solchen, die sich mit ausgefallenen Viruserkrankungen befassen. Denn in den

1960er Jahren wurde eine seltene, von Stechmücken übertragene Infektionskrankheit entdeckt, die nun weithin als »Ockelbo-Krankheit« bekannt ist. Besonders Pilz- und Beerensammler in Mittelskandinavien werden von diesem Leiden befallen. Sie bekommen dann Fieber, Ausschlag und Gelenkschmerzen, die viele Monate andauern können. Ich habe mich vor meiner Reise eingehend informiert und weiß darum, dass die hartnäckigen Viren ausschließlich zwischen Juli und Oktober übertragen werden – derzeit ist die Reise nach Ockelbo also noch ungefährlich. Bedenken könnte man höchstens wegen der Bären haben, die hier in den Wäldern leben. Die greifen aber normalerweise keine Menschen an.

Den Bewohnern von Ockelbo muss Kronprinzessin Victoria jedenfalls wie ein Geschenk des Himmels vorgekommen sein, als sie zum ersten Mal mit ihrem Liebsten durch die Straßen der Gemeinde schlenderte. Dass sich die Thronfolgerin unter all den heiratsfähigen Jünglingen des Landes ausgerechnet jenen Daniel ausgesucht hat, der einst im Smältväg zu Ockelbo aufgewachsen ist, das ist für den Ort schon ein kleines Wunder – und mindestens ebenso hilfreich wie die Millioneninvestitionen des verrückten Chinesen in der Nachbargemeinde.

Die Ockelboer sind an sich sehr gesprächige und überaus lokalpatriotische Zeitgenossen. Man kann in dem Ort kaum zwei Schritte tun, ohne von irgendjemandem auf die Schönheiten der Kommune hingewiesen zu werden. Der Pastor zeigt bereitwillig seine Kirche her und fügt augenzwinkernd hinzu: »Eine königliche Trauung würden wir hier schon hinbekommen, wenn es sein muss.« Es muss natürlich nicht sein – Schwedens Thronfolger werden traditionell im Stockholmer Dom unter die Haube gebracht. Bei der Pizzeria heißt es: »Ja, die Prinzessin geht hier manchmal mit Daniel die Straße entlang.« Und dann erfährt man auch noch, dass die Prinzessin schon mal Ockelboer Pizza gegessen hat. Aber das war es auch schon. Jede weitere Frage wird niedergebügelt mit Sätzen wie: »Ach, wissen Sie, wir hier in Ockelbo kümmern uns nicht so darum.« Oder: »Wahrscheinlich fühlt sich die Prinzessin deshalb so wohl hier, weil sie einfach ganz normal unter Leute gehen kann.« Dies ließe sich jetzt als Versuch der Einwohner deuten, ihr Städtchen als mondäne Metropole darzustellen, vergleichbar etwa mit Cannes, St. Moritz oder Hollywood, wo ja auch Promis aller Art unbehelligt und unbemerkt durch die Straßen flanieren. Was mich allerdings irritiert, ist, dass die Mauer des Schweigens so geschlossen ist. Irgendein Mensch hier muss doch ein paar unterhaltsame Geschichten zu erzählen wissen, die der bislang recht unbekannten Persönlichkeit unseres zukünftigen Prinzen ein wenig Farbe verleihen. Hat der Mann denn keine Exfreundinnen? Hat er nie etwas angestellt? Wenn er im Stadtleben von Ockelbo einmal aufgefallen sein sollte, so scheint dies jedenfalls gründlich aus der kollektiven Erinnerung getilgt worden zu sein. Mich beschleicht der Verdacht, dass die Hofpressestelle das ganze Städtchen zu einem Intensivkurs im Schweigen verdonnert hat. Meine Interviews zumindest verlaufen schleppend bis zäh, die Ergebnisse sind mager. Dabei beginnen die Gespräche meist sehr vielversprechend. Der Bürgermeister zum Beispiel erwähnt nebenbei, dass er in etwa so alt wie Daniel Westling ist und auf dieselbe Schule ging. Ein alter Hockeyschläger und mehrere Pokale im Büro des

Stadtoberhauptes deuten überdies darauf hin, dass er – ebenso wie der berühmte Bräutigam – ein Sportler ist.

Ob er schon mal mit Westling Eishockey gespielt habe?

»Ja.«

In der gleichen Mannschaft?

»Wir haben meist gegeneinander gespielt.«

Und, wie war er so?

»Nett.«

Wie war er auf dem Platz? Er hat doch bestimmt auch mal gefoult?

»Ich erinnere mich nicht so genau.«

Kommen Sie!

»Wir hatten stets ein gutes sportliches Verhältnis.«

Und so weiter … Interessante Details über den künftigen Prinzgemahl sind auch im Rathaus nicht zu erwarten, das wird mir schnell klar. Der Bürgermeister würgt jeden Versuch ab, über Daniel als Person zu sprechen. Als ich ihn frage, ob seine Stadt denn nun von der kommenden Berühmtheit ihres Sohnes profitieren werde, fängt er allerdings an, unruhig auf seinem Stuhl herumzurutschen. O nein!, versichert der Bürgermeister, daran denke man nun wirklich nicht. Überhaupt nicht. Gar nicht. Und das habe man schließlich auch nicht nötig.

»Hier in Ockelbo, da freuen wir uns einfach darüber, dass zwei junge Menschen ihr Glück gefunden haben.«

Ich könnte das jetzt so stehenlassen und für meine Zeitung eine schöne Geschichte über die ach so bescheidenen Leute von Ockelbo schreiben. Aber ich habe ein bisschen vorrecherchiert und weiß deshalb, dass es zumindest ein paar Ockelboer gibt, welche die vornehme Zurückhaltung der Stadtführung nicht teilen.

Ich glaube auch, dass Daniel selbst es mit einem gewissen Wohlwollen sieht, dass Ockelbo von seiner Prominenz profitiert. Jedenfalls hat er selbst schon aktiv dazu beigetragen, den Ruhm der Stadt zu mehren: Sein allererstes Interview gab er der Schülerzeitung seiner alten Grundschule. Da war er schon ein paar Jahre mit Prinzessin Victoria zusammen, und Reporter aller schwedischen Klatschblätter hatten ihn immer wieder vergeblich bekniet, er möge doch einmal etwas von sich preisgeben. Er gab aber nichts preis. Und vielleicht war es eine Art Rache an der lästigen Journaille, dass Daniel Westling letztlich drei Teenagern aus seiner früheren Heimatgemeinde jenes begehrte Interview gab, das er allen anderen zuvor verwehrt hatte. Der Lehrer, der die Schülerzeitung betreute, spielte das Spiel mit. Er sorgte dafür, dass keine Zeile des exklusiven Materials vorab nach draußen sickerte – was gar nicht so einfach war. Angeblich schickten damals einige Boulevardblätter ihre attraktivsten Jungredakteurinnen in das Provinzstädtchen, um die halbwüchsigen Schüler zu becircen, die der Lehrer nachts als Wachen vor dem Redaktionsbüro postiert hatte. Doch die jungen Ockelboer trotzten allen Versuchungen, das Redaktionsbüro blieb verschlossen wie eine Auster, niemand erfuhr vor dem offiziellen Erscheinungstermin irgendetwas über den Inhalt der Schülerzeitung. Das Blatt mit dem allerersten Westling-Interview wurde am Ende, so wie alle anderen Ockelboer Schülerzeitungsausgaben auch, in den beiden Supermärkten des Ortes zum Preis von zehn Kronen verkauft. Und weil der Lehrer sich auch weigerte, den Scoop als Fax zu versenden oder per Post zu verschicken, waren selbst große Nachrichtenagenturen gezwungen, Reporter zu diesen Supermärkten zu entsenden, um eine Ausgabe der Schülerzeitung zu erstehen. Dort konnten sie dann lesen, dass Daniel stolz auf seine Familie ist und 120 Kilo Gewichte stemmen kann. Außerdem erteilte er den Ockelboer Lesern einige exklusive Fitness-Tipps (»Denkt daran, regelmäßig zu essen, Frühstück, Lunch, Abendessen und Zwischenmahlzeiten.«). Der Lehrer, der die Schülerzeitung betreut, ist heute noch sehr stolz auf diese Aktion. »Ja, damit haben wir Ockelbo wohl berühmt gemacht«, erklärt er mir bei einem Besuch in der Schule. Er hat für die Ausgabe mit dem Daniel-Interview damals sogar den »Kleinen Journalistenpreis« gewonnen, den wichtigsten Schülerzeitungspreis Schwedens.

Ich weise den Bürgermeister vorsichtig auf diese Geschichte hin – zumindest die Schülerzeitung hat ja ganz klar von Westlings Berühmtheit profitiert – und füge hinzu: »Außerdem wollte ich jetzt gleich noch in den Elchpark von Ockelbo fahren, und da …«

»Na gut«, lenkt das Stadtoberhaupt ein. »Es stimmt: Einige profitieren natürlich schon von der Hochzeit, vor allem diejenigen, die vom Fremdenverkehr leben. Aber wir im Rathaus haben damit wirklich nichts zu tun.«

Mehr gibt es von ihm dann nicht mehr zu erfahren.

Über den Elchpark von Ockelbo hingegen konnte man in den vergangenen Monaten immer wieder etwas in schwedischen Zeitungen lesen. Eben darum, weil die Betreiber dieser Anlage nicht so zaghaft und höflich mit der nahenden Prinzessinnenhochzeit umgehen, sondern sie vielmehr auf jede erdenkliche Weise ausnutzen. Schon lange bevor sich die Thronfolgerin und ihr Fitnesstrainer verlobten, erkannten die Elchzüchter von Ockelbo das gewaltige Potential dieser Verbindung. Und als sie vor einigen Jahren zwei junge Elchkälber in ihr Gehege aufnahmen, da fiel es ihnen wie Schuppen von den Augen: Natürlich sollten die Tiere Daniel und Victoria heißen.

Mit dem ganzen Stolz eines Mannes, der schon vor allen anderen die Zeichen der Zeit erkannt hat, steht nun der Elchparkbesitzer in dem bewaldeten Gehege neben mir und sagt: »Daniel und Victoria haben mich als Leittier akzeptiert. Darum folgen sie mir.«

Gerade hat er die beiden Tiere mit einem merkwürdigen Lockruf an die Futterkrippe geholt, der so klang, als würde jemand eine Ente würgen. Victoria allerdings ist dann beim Anblick meiner Kamera gleich wieder ins Unterholz verschwunden.

»Ja, sie ist etwas schüchtern«, bemerkt ihr Besitzer. »Hier bei uns hat Daniel die Hosen an.«

Der Elchfarmer lächelt zufrieden, während ich diese wirklich schönen Zitate in meinen Block schreibe. Bei Hofe ist es ja Daniel, der immer bescheiden zurückstehen muss, während seine Verlobte ins Rampenlicht tritt.

Dann setzt der Elchparkbesitzer nach: »Wir hoffen, dass sich die beiden bald paaren und Junge bekommen.« Sein Grinsen wird breiter. Dann darf ich den Elchbullen Daniel noch mit einer Banane füttern. Selig schmatzend schaut er mich aus seinen großen Elchaugen an und lässt sich dann bereitwillig fotografieren.

Das Besucherzentrum des Elchparks ist eine urige Holzhütte mit allerlei Geweihen und ausgestopften Jagdtrophäen. Dort trinken wir dann Kaffee aus Holzbechern, wie sie in Nordschweden gerne an Touristen verkauft werden. Der Elchfarmer ist sehr interessiert an meiner Zeitung. Wie groß sie ist und wie viele Leser sie hat, will er wissen. Er betont mehrmals, wie froh er ist, dass gerade ein deutsches Medium sich für seinen Park interessiert. »Ihr Deutschen seid ja ganz verrückt nach Elchen, nicht wahr? Das wissen hier alle.«

Tatsächlich ist die Zuneigung der Deutschen zum König des Waldes in Schweden inzwischen geradezu sagenumwoben. Die Teutonen verehren die geweihbeladenen Tiere so sehr, dass sie sich nicht nur kleine Elche auf ihre Kofferraumhauben pappen, sondern sogar manchmal gesetzeswidrig die Warnschilder mit dem Elchkonterfei am Straßenrand abschrauben und mit nach Hause nehmen. Letzteres hat allerdings stark nachgelassen, seit die Schrauben mit einem speziellen Schutzmechanismus gesichert sind und überdies ein Geschäftsmann auf die Idee kam, die Schilder schon fertig abmontiert in den Touristenshops der Schwedenfähren zum Verkauf anzubieten. Warum kompliziert, wenn es auch einfacher geht.

Ockelbo ist darum kein Einzelfall: Im ganzen Land versuchen mittlerweile findige Unternehmer zahlungskräftige Urlauber aus dem Süden mit den Großhirschen anzulocken. In der Gemeinde Svansele hoch oben im Norden plant man etwa den Bau eines 45 Meter hohen Holzelches, dessen Bauch ein Kongresszentrum samt Konzertsaal und Restaurant beherbergen soll. Dieses Bauwerk, das ein wenig an das trojanische Pferd erinnert, soll den Fremdenverkehr einer ganzen Region beleben. Und wenn über die potentiellen Gäste dieses verrückten Konstrukts gesprochen wird, kommen immer zuerst die Deutschen ins Spiel. Geradezu berühmt ist in Schweden mittlerweile jener Unternehmer, der auf die Idee kam, aus dem Kot seiner Elche Papier herzustellen. Die Ausscheidungen der pflanzenfressenden Huftiere eignen sich dafür hervorragend, denn sie sind sehr zellstoffhaltig. Mittlerweile gibt es mehrere Firmen, die diesen Einfall kopiert haben. Ein DIN-A4-Bogen Elchpapier (»duftet schwach nach Wald«) kostet in Andenkenläden fünf bis zehn Euro. Manchmal tritt der Erfinder des bizarren Souvenirs im Fernsehen auf und erzählt dann mit einem Augenzwinkern, dass Touristen, und vor allem deutsche Touristen, alles – aber auch wirklich alles – kaufen, was von Elchen stammt. Buchstäblich jeden Scheiß.

Der Einfall der Ockelboer Elchfarmer, dem Märchen von der Prinzessin und ihrem Fitnesstrainer ein breites Schaufelgeweih aufzusetzen, ist vor diesem Hintergrund eigentlich ganz naheliegend. Publicity ist ihrem Wildpark in den kommenden Monaten jedenfalls sicher – auch in meiner Zeitung. Denn was könnte schwedischer sein als eine Geschichte über Elche und eine Prinzessin, die einen Mann aus dem Volk mit ihrer Liebe adelt? Eine Saga wie Aschenputtel, bloß mit umgekehrten Geschlechterrollen, weil in diesem Fall die Frau den Mann zu sich emporhebt. Genau das macht die ganze Sache ja so typisch schwedisch. Und Daniel ist noch dazu in einem roten Holzhaus aufgewachsen – was will man mehr?

Letztlich zufrieden mit der Recherche, packe ich meine Sachen, steige in meinen Volvo und mache mich auf den Heimweg. Während ich durch die Wälder nach Süden rausche, ruft Lars an. Lars ist der Lebensgefährte von Andrea, einer Deutschen, die ich noch von meinem Studium in München her kenne. Die beiden wohnen auch in Stockholm. Und seit wir vor nunmehr drei Jahren hierher gezogen sind, haben sie sich immer rührend um uns gekümmert. Vor allem Lars, der Schwede ist, hat mir unzählige Tipps gegeben, wie man sich in seinem Heimatland am besten zu verhalten hat. Er hat mir das Angeln beigebracht, die schwedischste aller Freizeitbeschäftigungen (behauptet Lars zumindest). Und von ihm weiß ich, dass es wenige Dinge im Königreich gibt, die sich nicht mit dem Spruch »Das regelt sich schon« auf morgen verschieben lassen – und dass das nicht schlimm ist, weil sich in dem gutorganisierten Wohlfahrtsstaat tatsächlich viele Dinge irgendwann wie von selbst regeln, vorausgesetzt, man wartet lange genug.

»Du hast sie doch nicht vergessen, oder?«, fragt Lars nun mahnend. »Die Heringe meine ich.«

»Aber nein«, versichere ich. »Natürlich nicht. Ich komme ganz bestimmt pünktlich, und Laura ist diesmal auch mit von der Partie. Ich freue mich schon – es wird Zeit, sie an die schwedische Kultur heranzuführen.«

»Stimmt«, sagt Lars und lacht. »Mit dem Angeln kann man nie früh genug anfangen. Ich hoffe aber, du fängst nicht allzu viele Fische, du brauchst nämlich noch ein wenig Platz in deinem Kofferraum.«

»Wieso?«, frage ich.

»Na, weil es noch eine Überraschung gibt. Was typisch Schwedisches, das wird dir gefallen.«

»Was denn?«

»Eine Überraschung, du wirst schon sehen.«

Mir schwant Schlimmes – eine typisch schwedische Überraschung, die einen ganzen Volvo-Kofferraum füllt, kann eigentlich nur Probleme bedeuten. Aber gespannt bin ich natürlich trotzdem.

# 6

Die Elternzeit dürfte für Gunnar recht heilsam sein, da bin ich mir sicher. Sobald ihm die Quantität an Windeln auffällt, die täglich zwecks Apokalypsenvermeidung gewechselt werden müssen, werden sich ihm Modewörter wie »Qualitätszeit« unweigerlich als leere Worthülsen entpuppen. Allerdings liegen gerade die drei Monate zwischen Oktober und Dezember für mich nicht gerade günstig. Schließlich ist Alois im Dezember gerade einmal sieben Monate alt, und den Kindergartenplatz bekommen wir möglicherweise erst nach den Sommerferien. Also müssten nach Dezember noch weitere acht Monate Elternzeit folgen, die ja dann wohl wieder ich übernehmen soll. Was für einen Job soll ich denn für drei Monate finden? Natürlich brauche ich Zeit, um mir wieder etwas aufzubauen. Seit einigen Monaten laboriere ich zum Beispiel an einem Fernstudium herum, mit dem ich mich zur Lehrerin für Deutsch als Fremdsprache weiterbilden will. So als zweites Standbein mit schlechtem Verdienst neben dem freien Journalismus mit schlechtem Verdienst. Das könnte ich endlich zum Abschluss bringen und in Gunnars Elternzeit vielleicht ein Praktikum machen. Es ist in jedem Fall besser als nichts.

Da kommt mir die Einladung von Anna Emilsson, meiner ersten echt schwedischen Fast-Freundin, wie gerufen. Anna hat auch zwei Kinder – beide ein paar Monate älter als meine. Und sie arbeitet wieder Vollzeit, während ihr Mann Johan zu Hause den Laden schmeißt. Ihre Erfahrungen interessieren mich brennend.

Sie lädt mich zu einem »Tjejmiddag«, einem »Mädelsabend«, anlässlich ihres Geburtstags ein. Da können wir uns endlich einmal richtig kennenlernen und nicht nur fast.

Unsere bisherigen Unterhaltungen verliefen nämlich ungefähr so:

»Hej, Anna! Wie schön, dich hier zu sehen!«

»Ja, hej, Susanne! Moment … Nein, Leo. Gib das deiner Schwester … nein … gib ihr das … hach … gib her! Johan und ich waren letzte Woche endlich mal wieder im Kino!«

»Was? Entschuldige, ich muss kurz Alois stillen, sonst hör ich dich gar nicht. Er weint so.«

»Was? Jaja. Ja, Emma, du kriegst auch ein Schäufelchen. Und wir haben uns ›Slumdog Millionär‹ angesehen.«

»Nein. Laura, ich kann jetzt nicht mit dir zusammen auf dem winzigen Dreirad fahren. Der Alois hat Hunger, weißt du? Welchen Film habt ihr angeschaut?«

»Du willst zu den Schaukeln? Wollen wir nicht lieber noch hier ein bisschen im Sandkasten spielen? Leo? Leo? Wo ist er denn hin? Warte! ›Slumdog Millionär‹. War ganz gut. Tut mir leid, Susanne, ich muss hinter Leo her. War schön, sich mal wieder mit dir zu unterhalten!«

Es wird der erste Abend seit Alois' Geburt sein, an dem ich ohne Kinder irgendwo hingehe. Ein komisches Gefühl, sich aus diesem Mutter-eines-Säuglings-Kokon wieder herauszuschälen. Die vergangenen zwei Monate kommen mir wie eine halbe Ewigkeit vor.

Noch nie bin ich bei Schweden zu Hause so ganz privat eingeladen gewesen. Ausgenommen natürlich Gunnars Tante Maria. Oder Lars. Aber der zählt nicht, schließlich ist seine bessere Hälfte ja Deutsche.

Am Abend des Festes fahre ich mit dem Bus bis zu der Reihenhaussiedlung am Rande des Nachbarortes Hässelby. Den Weg dorthin kenne ich schon, denn ein paar hundert Meter weiter liegt der große Wertstoffhof Lövsta, dessen Duftschwaden bei Westwind bis auf unsere Terrasse ziehen. Das ist jedoch noch lange kein Grund, auf die Mülldeponie zu schimpfen. Schließlich verdankt die recht große Kommune Hässelby dem Müll ihre Existenz. Denn die Müllverbrennungsanlage war zuerst da. Es folgte Ende des 19. Jahrhunderts eine Eisenbahnlinie, die den Müll aus der Innenstadt Stockholms hierher transportierte. Und dann brauchte man Arbeitskräfte, die den wachsenden Müllberg verbrannten. So gesehen sind also die heutigen Bewohner Hässelbys die Nachfahren von Müllmännern. Aber das hat überhaupt nichts Anrüchiges an sich: Müllmann ist in Schweden dank einer sehr schlagkräftigen Gewerkschaft ein überaus gut bezahlter Job. Einer von Gunnars Verwandten, der Gymnasiallehrer ist, erzählte einmal, dass ein junger Kollege an seiner Schule seine Stelle als Pädagoge kündigte und Müllmann wurde, als er und seine Frau ein Kind bekamen. Nach dem Berufswechsel hatte er mehr Zeit für seine Familie und außerdem mehr Geld – und das stinkt bekanntlich nicht.

Es geht also immer der Nase nach bis zu der Reihenhaussiedlung, in der Anna und ihr Mann Johan mit den zwei Kindern wohnen. Es ist 20 Uhr. Wenn es nach der Sonne ginge, könnte man meinen, es wäre erst Nachmittag. Sie steht strahlend am Himmel. Erst in ein paar Stunden wird sie tief über dem Horizont hängen und die warme Dämmerung ankündigen, die dann bis Mitternacht anhält. Um diese Jahreszeit wird der Himmel nämlich erst gegen Mitternacht dunkel, um dann kurz vor drei Uhr morgens den Beginn eines neuen Tages zu feiern. Ich steige den engen Weg zwischen dichtgedrängten kastenförmigen Holzhäuschen, die weiß, gelb, grün und blau gestrichen sind, hinauf. Es sieht fast genauso aus wie in unserer Siedlung – oder besser: wie in jeder Standard-Vorort-Siedlung Schwedens. Da ist es endlich: Lyckevägen 4. Es ist ein weißes Eckhaus, nur irgendwie weißer als die anderen. Der knorrige Apfelbaum im Vorgarten trägt reichlich grüne Äpfelchen, die in zwei Monaten reif und rot sein werden. Ganz anders als unser Apfelbaum, der unsere mangelnde Sachkenntnis Obstbäume betreffend dadurch zu strafen scheint, dass er wie ein großes »Nein!« an der Ecke des verwahrlosten Blumenbeets steht und keinen einzigen Apfel mehr aus seinen Zweigen presst. Kleine Kerzen und kurzgeschnittenes Gras säumen den säuberlich gefegten Fußweg vom Vorgartenzaun bis zur Haustür. So ist es Brauch in Schweden: Wenn zum »Kalas«, also zu einer Feier geladen wird, stecken die Schweden kleine Lichtlein vor die Tür, als Willkommensgruß für die Gäste. Ich denke unwillkürlich an unseren Vorgarten (ohne Gras) und den Weg zu unserer Haustür (bemooste, schiefe Steinplatten, deren Zwischenräume zur Heimat von Löwenzahnkolonien geworden sind). Annas Haustür steht offen und gibt den Blick durch den Flur und das Wohnzimmer bis zur sonnenbeschienenen Terrasse auf der anderen Seite frei. Im Wohnzimmer stehen bereits einige Gäste.

Unschlüssig bleibe ich an der Tür stehen und winke den anderen zu: »Hej!« Sie winken zurück. Anna kommt mir schon entgegen und begrüßt mich herzlich. Sie sieht ganz verändert aus – so entspannt und ausgelassen. Sie trägt einen luftigen Hosenanzug und hat sich die Haare hochgesteckt. Jegliche Hektik und Müdigkeit scheinen an ihrem Geburtstag von ihr abgefallen zu sein.

»Grattis«, beglückwünsche ich sie. »Du siehst gut aus.«

»Ja, ich fühle mich auch gut. Und weißt du, warum? Johan ist mit den Kindern zu seinen Eltern gefahren. Ich habe den gaaanzen Abend frei!« Und da hüpft sie auch schon wieder wie ein Schulmädchen von dannen.

Es ist mir in Fleisch und Blut übergegangen, mich sofort nach Betreten eines Hauses meines Schuhwerks zu entledigen. Während ich noch im Flur stehe und einen Platz für meine Schuhe im überfüllten Regal suche, frage ich mich, ob Annas Familie vielleicht erst vor kurzem hier eingezogen ist. Denn ich sehe kaum Möbel, keine Bücher, keinen Krimskrams – es sieht alles ziemlich minimalistisch aus.

Ein paar von Annas Freundinnen stehen zusammen mit Anna im Wohnzimmer, ein Glas Sekt in der einen Hand und in der anderen ein Stück Sockerkaka – ein extrem süßer Sandkuchen.

»Du hast es wirklich schön hier«, sagt eine der Frauen,

die mir als Olga vorgestellt wird. Zum Glück tut sie dies, noch ehe ich fragen kann, wie lange Anna eigentlich schon hier wohnt. Anna nickt und lächelt stolz.

»Ja, danke! Wir haben lange gesucht, bis wir die passenden Möbel gefunden haben. Bei Ikea wollten wir ja nicht gerade einkaufen«, fügt sie mit einem Augenzwinkern hinzu. Olga und Anna kichern und verstehen sich anscheinend blind auf der Ebene irgendeines Möbelparalleluniversums. Ich wage nicht zu fragen, von welchen Möbeln eigentlich die Rede ist. Erst nach schärfstem Hinsehen kann ich endlich an den strahlend weißen Wänden weiße Bilder sowie ein paar weiße Möbel erkennen, die annähernd materielos über dem hellen Ahornparkett schweben. Das Funktionelle der Stücke ist so weit wegdesignt, dass schwer zu erkennen ist, ob das, was sich weiß vor weißem Hintergrund links von mir abspielt, ein Sideboard oder ein Tisch sein soll. Die Vase darauf scheint auch eher aus einem unsichtbaren Kraftfeld zu bestehen, das die weißen Blumen darin auf magische Weise zusammenhält. An der Decke erschreckt mich eine Lampe, die wie eine gigantische Scheibe über dem Raum wogt – natürlich in Weiß – und wie ein UFO im Landeanflug wirkt. Das muss Max Goldt gemeint haben, als er sagte: »Wenn Krieg ist, leiden die Kinder am meisten darunter. Wenn Design ist, leiden die Lampen am meisten darunter.« Dann muss ich an unser Haus denken, das irgendwie immer vollgestellt wirkt. Billy-Regale der unterschiedlichsten Lackierungen und Furnierungen, dazu durchgesessene Sessel und zwischendrin Erbstücke oder Flohmarkterrungenschaften – ein Sammelsurium aus den Studentenjahren und verschiedenen WGs. Aber das Schlimmste ist ja nicht dieses Möbeldurcheinander, sondern dass alles unkoordiniert vollgestopft ist mit Dingen, die wir zu 90 Prozent nie brauchen und deren Herkunft mir im Laufe der Jahre immer schleierhafter geworden ist.

Während ich den vagen Plan fasse, zu Hause mal auszumisten, führt uns Anna tiefer in den Raum hinein, und wir spähen neugierig um die Ecke. Nach all dem Weiß überrascht dort ein massives schwarzes Ledersofa vor tief weinroter Farbtapete. Die Sitzecke scheint aus zentnerschweren aufeinandergestapelten Steinquadern zu bestehen, die mir ehrlich gesagt ein bisschen Angst machen. Davor droht ein wirres Stahlgerüst, das versehentlich als Couchtisch abgestellt wurde. Als wir endlich besockt die Terrasse betreten, tränen meine Augen beim Anblick von etwas so Normalem wie grünem Gras und roten Blumen. Zu meiner Beruhigung sind die Gartenmöbel zweifelsfrei erkennbar.

Anna hat auf dem Holztisch kleine Kerzen aufgestellt und die Teller und Tassen aufwendig mit Schleifchen und Schirmchen dekoriert. Sogar Namensschildchen hat sie nicht vergessen. Es ist zehn nach acht und alle Gäste sind schon längst da. Deutsche Pünktlichkeit ist lächerlich dagegen. Zumindest im Privatleben. Bei meinen Freunden wäre nie auch nur ein Drittel der Gäste vor neun da gewesen. Aber hier in Schweden kommt man selbst privat gerne auch mal zehn Minuten zu früh.

Die etwa zehn Frauen – alle so zwischen 30 und 40 Jahre alt – sind sich nur teilweise schon einmal begegnet. Damit wir uns gegenseitig kennenlernen, hat Anna uns bunt gemischt um den Tisch platziert und akribisch vorbereitete Fragekärtchen verteilt. Es hätte mich nicht überrascht, wenn demnächst noch ein Pyrotechniker ein minutiös getaktetes Feuerwerk in dem Gärtchen entfacht hätte. Das Geschenk stelle ich auf einem extra bereitgestellten Seitentischchen ab (ein luxuriöses Entspannungsbad mit Bodylotion). Wir nehmen Platz und das Fest kommt schnell in Gang. Anna trägt reichlich Essen auf. Im Wohnzimmer biegt sich die unsichtbare Tafel unter einem Buffet verschiedener vegetarischer Salate, kalten Fleischbällchen mit Meerrettichdip sowie einem ofenfrischen Himbeerkuchen. Wir schlemmen und lesen uns dabei Fragen vor, wie »Sind Krokodile farbenblind?« oder »Welcher schwedische Song gewann im letzten Jahr bei der Vorentscheidungsrunde zum Melodifestivalen (dem Eurovision Songcontest)?« Alle 30 Minuten muss jede Zweite von uns mit ihrem Teller aufstehen und sich einen anderen Platz suchen. Ich komme mir vor wie beim Speed-Dating. Aber so merkwürdig es klingt, es ist spannend. Ich habe an einem einzigen Abend noch nie so viele neue Leute kennengelernt. Die Fragen auf den Zetteln sind teilweise so blöd, dass sie zu allgemeinem Gelächter führen. Zwischendrin kommen dann wieder Fragen zur Person der anderen, wie »Hast du schon einmal im Ausland gelebt?« oder »Welches Buch hast du zuletzt gelesen?« Und irgendwann, wenn sich die Gespräche schon um ganz andere Dinge drehen, steht wieder ein Platzwechsel an.

Nach Stunden, die wie im Fluge vergehen und in denen ich Olga mit Berit verwechsle und nicht mehr weiß, welche der beiden Idas nun die mit den vier Kindern war, dürfen wir auf unseren Plätzen bleiben. Es ist elf Uhr geworden und die ersten Gäste sind schon nach Hause gegangen, als ich mit Anna und ihrer Freundin Birgitta zusammen eine Tischecke besetze. Die Dämmerung nimmt nun zu, und wir schwenken unsere Rotweingläser auf der Terrasse im lauschigen Abendwind bei Kerzenschein.

»Du hast dir ja wahnsinnig viel Mühe mit der Vorbereitung des Festes gegeben. Respekt!«, sage ich zu Anna.

»Ja, das ist typisch für unsere Anna«, sagt Birgitta und lacht. »Sie kann es nicht lassen mit dem Perfektionismus, nicht wahr?«, spöttelt sie, halb zu Anna geneigt. Irgendwie tröstet mich das. Vielleicht, weil mir das verrät, dass nicht alle Schwedinnen bei einem Besuch bei uns vor Schreck aus den Latschen kippen würden.

»Ach, du weißt doch. Ich habe es gerne perfekt. Und wir sehen uns doch so selten.«

Alle nicken zustimmend.

»Aber eigentlich müsstest du doch jetzt wieder ein bisschen mehr Luft haben. Jetzt, wo doch Johan zu Hause ist?«, frage ich.

»Ha!«, ruft Anna auf einmal scharf aus. »Das habe ich auch gedacht.«

»Was ist passiert?«, will ich wissen und werde nun etwas nervös. »Gunnar will sich demnächst auch eine Auszeit mit den Kindern gönnen. Und ich dachte, ich hätte dann endlich Zeit für so vieles.«

»Ha!«, sagt Anna schon wieder. »Pass bloß auf, Susanne.« Sie fixiert mich scharf und zeigt mit dem Drohfinger auf mich. »Ich war damals total froh und erleichtert, als Johan mir sagte, er wolle für Emma in Elternzeit gehen. Bei Leo habe nämlich ich die ganze Elternzeit genommen, und kaum war ich damals wieder im Beruf, war ich auch schon wieder schwanger. Mein Chef hatte schon gesagt, wenn ich jetzt wieder länger ausfalle, wird das nichts mehr mit meiner alten

Stelle. Also bin ich zwei Monate nach Emmas Geburt wieder arbeiten gegangen, und Johan hat sich um die Kinder gekümmert.«

»Das ist doch super«, sage ich begeistert und auch ein bisschen neidisch. Ich hatte nach meiner ersten Schwangerschaft nämlich keinen Job mehr, zu dem ich hätte zurückkehren können.

»Ja, das dachte ich auch erst«, sagt Anna gereizt. »Aber es war total stressig. Ich dachte natürlich, Johan würde dann all die Aufgaben übernehmen, die ich vorher erledigt habe. Also nicht nur die Kinder, sondern auch den Haushalt: Wäsche, Einkaufen, Kochen, Putzen, ihr wisst schon.«

»Und?«

»Nichts! Wir haben nur gestritten. Er kam dann mit so einem Quatsch an wie Qualitätszeit mit den Kindern oder so. Davon hätte er ja dann gar keine mehr, wenn er ständig Wäsche waschen und putzen müsste.«

Hatte Gunnar nicht auch irgendetwas von Qualitätszeit gefaselt?

»Jetzt hetze ich morgens mit Leo zum Kindergarten, dann in die Arbeit und abends vom Vollzeitjob schnell noch in den Supermarkt, einkaufen, dann nach Hause, Abendbrot machen und Küche aufräumen, oder besser: Haus aufräumen. Und am Wochenende wasche ich und putze das Haus.«

»Das ist ja grauenhaft«, sagen Birgitta und ich gleichzeitig. »Und was macht Johan dann die ganze Zeit?«

»Tja, der hat seine Qualitätszeit mit Emma.«

»Also, bei uns ist das nicht so!«, sagt Birgitta.

»Ja, bei euch ist es ja auch andersherum: Tomas arbeitet und du bist zu Hause«, wehrt sich Anna. Wie ich aus der halben Stunde mit Birgitta beim Fragekärtchen-

Marathon weiß, hat sie sogar drei Kinder, wovon das jüngste mit fast drei Jahren noch immer nicht in den Kindergarten geht. Birgitta ist – für Schwedinnen sehr untypisch – Hausfrau und Mutter und bezieht nun, nachdem sie das Elterngeld aufgebraucht hat, den sogenannten Vårdnadsbidrag, so eine Art Herdprämie für Elternteile, die ihre Kinder auch nach der Elternzeit zu Hause weiter betreuen. Der Erziehungsbeitrag ist sehr umstritten in Schweden. Denn es sind zu mehr als 90 Prozent Frauen, die diese Hilfe beantragen. Dabei ersetzt die Prämie bei weitem kein volles Gehalt.

»Wie läuft das eigentlich bei dir? Bist du zufrieden mit der Aufteilung: Tomas arbeitet Vollzeit und du hast die Kinder und den Haushalt und nur 3000 Kronen im Monat?«, richtet sich nun Anna an ihre Freundin. 3000 Kronen sind wirklich nicht viel. Das entspricht rund 330 Euro.

»Also, ich bin ja nicht für alles allein zuständig«, erwidert Birgitta. »Tomas muss schon auch seinen Teil leisten – auch wenn er Vollzeit arbeitet.«

»Und wie habt ihr das dann aufgeteilt?«, will ich wissen.

»Er bringt zum Beispiel die beiden Großen morgens in den Kindergarten.«

»Na, das hilft ja schon mal«, sage ich. Denn bei uns läuft das nicht so. Da ich in Elternzeit bin, darf Laura nur zwischen neun und drei Uhr in den Kindergarten. Und da habe ich noch Glück gehabt. Das macht nämlich jede Kommune anders. In manchen Kommunen dürfen Geschwisterkinder von Elternurlaubenden nur 15 Stunden in der Woche in die Kita gehen. Bei uns jedenfalls schließen diese Zeiten praktisch aus, dass Gunnar Laura bringt oder abholt.

»Und was macht er noch?«, hakt Anna nach.

Birgitta kratzt konzentriert an einem Kerzenwachsklecks auf dem Tisch herum und antwortet, ohne aufzublicken: »Nun, er spielt am Wochenende mit den Kindern. Und den Rest kann ich doch machen, oder? Ich bin doch nur mit dem Kleinen zu Hause und habe sonst nicht viel zu tun.« Schweigen.

»Aber wo bleibt da die Gleichberechtigung?«, fährt Anna fort. »Du warst doch immer diejenige von uns, die gleich gegen das Patriarchat gewettert hat, sobald eine Frau nur daran dachte, eventuell auf ein bisschen Selbstverwirklichung zu verzichten!«

Birgitta scheint sich bei dieser Unterhaltung immer unwohler zu fühlen. Jetzt stochert sie mit einem abgebrannten Streichholz in einem Teelicht herum und murmelt, ihren Blick nicht von ihrer Arbeit abwendend: »Na ja, weißt du, ich bin inzwischen ganz gerne bei den Kindern. Und die Hausarbeit ist halt der Preis, den ich dafür zahlen muss.«

»Ha!«, ruft Anna erneut aus, als wolle sie sagen: »Ertappt!« »Ich fasse es nicht. ›Die rote Birgitta‹ haben wir dich früher genannt! Damals, als du dich in der Feministischen Initiative engagiert hast. Hat dich Tomas denn total umgekrempelt?«

»Nein«, erwidert Birgitta, »mit Tomas hat das nichts zu tun!« Und gerade als Anna erneut ausholen will, wohl um ihr zu erklären, dass sie ihren Peiniger jetzt auch noch verteidigt, klingelt Birgittas Handy auf dem Tisch. Es ist ihr Mann Tomas.

»Ja?«, antwortet sie, nun etwas selbstbewusster klingend, fast schon barsch. »Wann? Jetzt gleich?« Sie seufzt. »Meinetwegen.« Sie legt auf und sieht uns an. »Tomas kommt gleich vorbei. Er wollte mich um zwölf abholen. Ist das okay, wenn er kurz reinkommt? Er wollte dir auch gern noch gratulieren.«

Anna zuckt kurz mit dem Kopf – fast ein Nicken. Ich bin mir nicht sicher, ob es eine gute Idee ist, wenn Tomas ihr gleich leibhaftig gegenübertritt.

»Ich verstehe dich nicht«, versucht es Anna noch einmal.

»Warum nicht? Du bist doch mit deiner Version der Rollenaufteilung auch nicht glücklich«, sagt Birgitta.

»Ich bin deshalb nicht glücklich, weil Johan seinen Teil nicht erledigt«, presst Anna zwischen ihren Zähnen hervor. »Jahrelang habe ich mich um den ganzen Kram gekümmert, und er konnte sich seinen Job und ein steigendes Gehalt sichern. Jetzt muss ich arbeiten, weil ich sonst meine Stellung verliere – Gesetzesschutz hin oder her mein Chef weiß schon, wie er's anstellen muss. Wir müssen die Zinsen für die Hypothek bezahlen, wir haben jetzt zwei Kinder und ein größeres Auto … Was soll ich denn machen?« Sie schüttelt langsam den Kopf und sieht ihre Freundin verständnislos an.

Da klingelt es an der Tür. Tomas kommt, ein großer, schlaksiger Mann mit dunklen, kurzen Haaren. Er bemerkt die kühle Atmosphäre gar nicht und gratuliert Anna gut gelaunt zum Geburtstag.

»Grattis. Na? Habt ihr schön gefeiert? Birgitta kommt ja kaum noch raus, seitdem sie sich das mit der Kindererziehung eingeredet hat.« Verwundert sehen Anna und ich Tomas an.

»Wie meinst du das?«, fragt Anna. »Kindererziehung?« Sie sagt das, als sei das ein Fremdwort im Zusammenhang mit der roten Birgitta. Tomas zieht sich einen Stuhl heran und setzt sich zu uns.

»Ja, hast du denn Anna nichts davon erzählt?«, fragt

Tomas nun erstaunt seine Frau. Dann fährt er unbeirrt fort, ohne eine Antwort von ihr abzuwarten, denn sie hat schon einen neuen Wachsfleck zum fachgerechten Entfernen gefunden: »Das habe ich mir gedacht. Das ist dir wahrscheinlich doch zu peinlich, was? Birgitta hat nämlich einen Vortrag von dieser Wahlgren gehört. Und seitdem ist sie so …«, er zögert und sieht seine Frau von der Seite an, »so konservativ.«

»Einen Vortrag von wem?«, will Anna wissen.

»Anna Wahlgren«, antworte ich. »Sie kritisiert sogar in deutschen Medien die schwedischen Kindergärten und warnt davor, das schwedische Kita-System als Vorbild zu propagieren. Es sei schlecht für die Kinder, so früh fremdbetreut zu werden. Jedes dritte Kind in Schweden sei deswegen psychisch gestört, meint sie. Beweisen konnte sie das bislang allerdings nicht.«

»Anna Wahlgren. Ist das nicht diese seltsame Buchautorin, die mit ziemlich umstrittenen Methoden Kleinkinder zum Einschlafen bringen will?«, fragt Anna nun. Unter diesem Prädikat ist die Schwedin nämlich in ihrem Heimatland bekannt. Nach der Veröffentlichung ihres Buches »Sova Hela Natten« – »Das Durchschlafbuch« – wird sie in den Medien, von Kinderärzten und in Eltern-Internetforen heftig kritisiert. Ihr werden recht rabiate Methoden zur Beruhigung von Kleinkindern vorgeworfen, bei denen Säuglinge bäuchlings mit dem Kopf nach unten gedrückt oder Kinderwagen immer wieder gegen feste Gegenstände wie Hauswände oder Sofas gerummst werden. Doch Anna Wahlgren hat auch ihre Anhänger – es gibt in Schweden sonst nicht viele, die das Krippensystem so grundsätzlich kritisieren wie sie. Gerade in diesem Punkt herrscht eigentlich ein allgemeiner Konsens. »Ich finde, dass die Wahlgren auch ganz vernünftige und sympathische Tipps gibt«, wehrt sich Birgitta trotzig. »Und mit vielem hat sie doch auch recht.«

»Aber dass du deswegen auf dein Gehalt verzichtest und dann auch noch diese Herdprämie unterstützt, Biggi«, sagt Tomas nun zu ihr. Anna scheint gar nichts mehr zu verstehen. Ist das nun der rote Tomas mit seiner farblosen Frau? »Wir wollten doch immer eine gleichberechtigte Beziehung führen – auch mit Kindern«, fährt Tomas fort. »Ich war und bin immer bereit, alle Aufgaben mit dir zu teilen. Bei den ersten beiden Kindern hat's doch auch geklappt. Warum spielst du jetzt plötzlich verrückt?« Tomas scheint unsere Anwesenheit nutzen zu wollen.

Birgitta erwacht aus ihrer Wachsknet-Passion und blickt uns alle der Reihe nach an. »Verrückt? Jetzt bin ich plötzlich verrückt, nur weil ich wenigstens für ein Kind Mutter sein will? Dieses Abgehetze früher und nie richtig Zeit, die Kinder aufwachsen zu sehen. Mit dem Erziehungsgeld können wir uns das endlich auch mal leisten!«

»So ein Unsinn!«, ruft Tomas. »Meinst du etwa, dass 3000 Kronen dein Gehalt von früher ersetzen? Das setzt mich total unter Druck. Jetzt muss ich fast das Doppelte verdienen, nur damit wir halbwegs so weiterleben können wie bisher! Diesen Obolus haben sich doch die Herren Christdemokraten ausgedacht, um den Migranten in die Hände zu spielen, die ihren Frauen und Kindern keine sozialen Kontakte und kein bisschen Selbständigkeit gönnen. Die Frauen müssen dann für die paar Kronen zu Hause bleiben und die Kinder dann ja folglich auch. Dann lernen sie kein Schwedisch im Kindergarten und werden nie integriert!«

»Ja, genau«, ruft Anna dazwischen. »Und so was unterstützt du?« Dass es zu 70 Prozent Schweden sind, die den Beitrag nutzen, ist eine andere Geschichte.

»Ach, Tomas, jetzt fang doch nicht wieder an, alles zu politisieren. Ich bin doch keine Migrantin, die sich von ihrem Mann unterdrücken lässt. Im Gegenteil: Ich lasse mich eben nicht unterdrücken! Ich will ja zu Hause bleiben. Gegen deinen Willen!«, erwidert Birgitta. »Du willst niemandem die Wahlmöglichkeit gönnen und allen vorschreiben, was du für richtig hältst, nur weil du so ideologisch verbohrt bist. Ich finde es gut, dass man auch die Möglichkeit hat, sich um seine Kinder selbst zu kümmern – eine richtige Familie zu sein.«

»Und was ist mit der Gleichberechtigung? Ich bin nur noch der Ernährer, der sich abrackert, um dir dein Heimchendasein zu finanzieren! Diese Freiheit scheint immer nur für einen zu gelten, oder was?«

Gerade als ich anfange, mir darüber Gedanken zu machen, ob selbst in Schweden eine gerechte Lösung in dieser Sache unmöglich ist, kommt Johan – Annas Mann – mit einem schlafenden Kind im Arm und einem weinenden Kind an der Hand herein. Er sieht müde und genervt aus. Es war offensichtlich ein zu großes Opfer für ihn, sich den ganzen Abend alleine um seinen Nachwuchs kümmern zu müssen.

»Anna, kommst du mal bitte und nimmst mir die Kinder ab?«, schnarrt er übellaunig seine Frau an. Anna erhebt sich mit einem »Mpf« und nimmt ihm die schlafende Emma ab, um sie ins Bett zu bringen. Birgitta springt auf und tröstet inzwischen den weinenden Leo. Wie selbstverständlich lässt Johan dies zu und wirft sich theatralisch auf das quaderartige Sofa. Er winkt Tomas mit erschlaffter Hand zu. »Hej.«

»Hej«, antwortet Tomas, der mit mir zusammen ebenfalls ins Wohnzimmer getreten ist.

»Hej«, sage ich. Johan beachtet mich gar nicht.

»Es ist schon verdammt schwer, ein Feminist zu sein«, seufzt Johan an Tomas gerichtet und lächelt gequält.

»Ja, wem sagst du das«, sagt Tomas und sieht immer noch ärgerlich zu seiner Frau hinüber, die Leo gerade mütterlich das Näschen putzt. »Nichts darf ich mal machen. Egal, was ich anfange, es ist ohnehin falsch.«

»Ja, genau«, sagt Johan. »Egal, wie man's macht, es ist falsch! ›Nimm dir Elternzeit‹, heißt es erst, und jetzt heißt's wieder: ›Warum kümmerst du dich nicht um eine neue Arbeit?‹ Was soll ich denn nun? Arbeiten oder Elternzeit nehmen?«

»Ja, und ich komme extra früher nach Hause, um noch die Kinder zu baden oder wenigstens die Wäsche zu waschen, und was bekomme ich zu hören? ›Das ist doch nicht nötig, Tomas.‹ ›Lass das, du nimmst das falsche Shampoo!‹ ›Nein, nicht die 60-Grad-Wäsche in den 30-Grad-Wäsche-Wäschekorb!‹«, blubbert Tomas resigniert vor sich hin. »Es ist wirklich nicht leicht, Feminist zu sein, wenn die eigene Frau das gar nicht will.«

»Hm? Ja, wahrscheinlich ist es das«, sagt Johan und räkelt sich gähnend auf seinen Quadern. Er legt die Füße auf das Stahlgerüst vor sich, während Anna mit wütendem Gesichtsausdruck nun auch noch Leo ins Bett bringt. »Deswegen lasse ich das lieber gleich ganz mit der Wäsche und so. Ich weiß sowieso nicht, wie man das macht. Dafür mache ich andere Sachen. Reparieren und so, Müll rausbringen. Feminist sein heißt ja nicht, dass es gar keine Arbeitsteilung mehr geben darf, oder?«

Tomas sieht ihn etwas irritiert an. Womöglich dämmert ihm, dass Johan von etwas ganz anderem spricht und so viel mit einem Feministen gemein hat wie Gunnar mit einem Profiangler.

Wir verabschieden uns von Johan und Anna, nachdem sie schon begonnen hat, mit garstigen Bewegungen die Partyreste abzuräumen, während Johan vom Sofa her sein Leid klagt.

Tomas, Birgitta und ich gehen gemeinsam durch die nun fast im Dunkeln liegende Siedlung zum Parkplatz, wo mein Taxi wartet. Da steht auch ein kleiner grüner Opel Corsa. Birgitta setzt sich ganz selbstverständlich hinters Steuer und Tomas nimmt neben ihr Platz. Als sie – mir noch einmal kurz zuwinkend – um die Ecke fahren, sehe ich noch ein großes rosafarbenes und plüschenes Weiblichkeitssymbol am Rückspiegel baumeln. Wem von den beiden das wohl nun gehört?

# 7

Als ich die Angeltasche aus dem Volvo hebe und mein Blick auf die gähnende Leere des großen Kofferraumes fällt, steigt die Spannung. Was da heute wohl noch eingeladen wird? Fische natürlich. Aber es soll ja noch eine angeblich ziemlich sperrige Überraschung geben. Das hat Lars zumindest versprochen, oder angedroht, wie auch immer man es sieht.

Für diesen Samstag haben wir uns also zum Heringsangeln verabredet. Das ist die Art von Angelsport, die mir am allermeisten zusagt. Mit dem Angeln ist es eben wie mit dem Schreiben: Es gibt Leute, die arbeiten Jahre oder Jahrzehnte an einem schweren Wälzer, der dann den ganz großen Erfolg bringen soll. Und dann gibt es Journalisten wie mich, die schreiben ihr Leben lang kurze Texte, ohne vielleicht den ganz großen Wurf zu landen, aber mit immerhin einer Menge kleiner Erfolgserlebnisse.

Beim Fischefangen ist es ähnlich: Man kann etwa mit viel Aufwand und Muße dem ganz großen Hecht, Zander oder gar einer Meerforelle nachstellen, die Fische dabei mit speziell präparierten Ködern zu den ausgefallensten Tages- und Nachtzeiten zu überlisten versuchen. Oder man kann eben Heringe angeln – dazu muss man eigentlich nichts weiter tun, als eine Schnur mit mehreren buntbemalten Haken ins Wasser zu halten und ab und zu wieder herauszuziehen, wenn genügend Fische dranhängen. Und mit etwas Glück hat man schon bald einen ganzen Eimer mit kleinen Fischen gefüllt.

Heringe sind bekanntlich in Schwärmen unterwegs. Und die bewegen sich im Laufe eines Jahres auf einer immer gleichen Reiseroute durchs Wasser. Ein Heringsschwarm befindet sich um diese Jahreszeit stets genau vor einer Bootsanlegestelle im Stockholmer Vorort Nacka – das wissen die meisten Angler der Hauptstadt. An der Anlegestelle ist darum einiges los, als ich dort am Samstagnachmittag mit Laura eintreffe. Die Jagd nach dem Hering vereint in Nacka Jung und Alt, Schweden und Einwanderer, Männer und Frauen. In einer geraden Linie stehen sie am Kai und wiegen ihre Angelruten sanft auf und ab, weil die Fische besser beißen, wenn die mit buntem Glitzerpapier versehenen Haken sich in der Tiefe bewegen. Die Heringe halten das schillernde Plastikzeug offenbar für eine Art Wurm oder sonst irgendwas Essbares. Über dem Kai kreisen Möwen, die darauf hoffen, dass der ein oder andere Fisch sich losreißt und dann verletzt an die Wasseroberfläche treibt – normalerweise tummeln sich die leckeren Happen in einigen Metern Tiefe und sind darum für die Vögel nur schwer zu erreichen. Die Möwen werden offenbar nicht enttäuscht, immer wieder stürzen sie steil in die Fluten hinab. Lars, den Laura und ich am Parkplatz hinter der Anlegestelle treffen, beobachtet die gefiederten Schmarotzer mit Wohlwollen.

»Sehr gut, sehr gut«, murmelt er lächelnd. Und zu mir gewandt: »Das ist ein gutes Zeichen. Die Möwen wissen immer genau, wo es was zu holen gibt. Also heißt das für den Angler: Wo Möwen sind, da sind auch Fische.«

Ich denke noch ein wenig über diese Anglerweisheit nach, während wir alle drei zum Wasser laufen. Laura habe ich bereits in eine dicke Schwimmweste eingepackt. Schließlich ist das Wasser an der Bootsanlegestelle mehrere Meter tief, und ein Geländer gibt es auch nicht. Wir müssen richtig suchen, bevor wir ein freies Plätzchen finden, so voll ist es. Einige ältere Herren laufen umher und verkaufen die fertig montierten Köder, die aus fünf bis sechs bunten seitlich von einem Stück Schnur baumelnden Haken bestehen. Lars und ich haben uns zuvor schon im Angelgeschäft mit diesem Zubehör versorgt. Ich sehe ein paar Jugendliche, die lärmend um die Wette fischen – die Faustregel, dass man mit lauten Geräuschen die Beute vertreibt, gilt für die herumschwärmenden Heringe nicht. Ich beobachte eine vierköpfige Familie, die einträchtig nebeneinanderstehend angelt. Vielleicht werden wir auch eines Tages so dastehen, denke ich. Wenn Alois älter ist und Susanne endlich einmal einsieht, dass Angeln eine schöne Freizeitbeschäftigung ist. Noch ist sie davon nicht so recht überzeugt, aber ich arbeite beständig daran. Neben unserem Platz sehe ich zwei ältere Damen, die ich besonders putzig finde. Erst denke ich, sie seien nur auf einen Spaziergang hier. Aber dann zücken sie plötzlich ausziehbare Teleskopangeln aus ihren Handtaschen. Sie erweisen sich als sehr geschickt und haben nach einer halben Stunde bereits ein veritables Mittagessen zusammengefischt.

Auch wir sind erfolgreich. Schon nach einigen Minuten spüre ich das typische Zucken, die Spitze der Angelrute senkt sich.

»Da ist einer«, rufe ich und hole die Schnur ein. Laura hüpft so aufgeregt herum, dass sie vor lauter Vorfreude auf die Fische wohl im Wasser gelandet wäre, hätte ich sie nicht an ihrer Schwimmweste gepackt. Am Ende hängt nicht nur ein Fisch an meiner Angel, sondern zappeln gleich drei an den Haken. Lars nickt zufrieden und wippt schwungvoll mit seiner Rute – ich merke, wie in seinen Augen die Lust auf einen Wettbewerb aufblitzt.

»Wer weniger fängt, muss das Eis bezahlen«, sage ich.

»Okay, gilt«, sagt Lars.

»Au ja. Will Eis habn«, sagt Laura. Und während der nun folgenden 40 Minuten fragt sie gefühlte fünfzigmal: »Wo is mein Ei-hei-hei-eis?« Zum Glück werden ihre Gedanken immer wieder von den Fischen abgelenkt, die wir mit schöner Regelmäßigkeit auf den Kai ziehen.

Schließlich liegen in meiner Plastiktüte gut zwei Dutzend Heringe – ich breche den Wettbewerb ab. Ich muss die Fische ja später auch noch alle ausnehmen. Außerdem erscheint es mir klug, aufzuhören, wenn es gerade gut läuft. Bei genauerem Nachzählen zeigt sich allerdings, dass Lars noch erfolgreicher war. Er gewinnt das Wettangeln mit einem Vorsprung von drei Fischen. Also muss ich das Eis an dem kleinen Kiosk bezahlen, zu dem uns Laura zielstrebig und unter Aufbietung all ihrer Kraft zerrt. Erst als sie ihr Gesicht in eine große Tüte mit Vanille- und Schokoeis tauchen kann, ist sie zufrieden. Lars ist natürlich ebenfalls zufrieden, immerhin hat er sein – im Übrigen ziemlich großes – Eis ja gratis bekommen. Und ich finde den Tag trotz meiner

Niederlage auch sehr gelungen. Die Sonne scheint, die Möwen kreischen, und heute Abend wird es selbstgefischten Brathering geben – was will man mehr von einem Frühsommertag?

»Wenn wir das Eis gegessen haben, bekommst du noch deine Überraschung«, sagt Lars, das heißt, eigentlich sagt er »Üeaschng«, weil er noch eine halbe Kugel Himbeereis im Mund hat. Laura hat das Wort trotzdem sofort verstanden, sie kennt es noch von Weihnachten.

»Raschung!« Sie wird ganz aufgeregt. »Was für eine Raschung?«

»Es hat was mit der Hochzeit von deinem Papa und deiner Mama zu tun«, sagt Lars und lächelt geheimnisvoll. »Und mit einer alten Tradition aus Dalarna. Dort habe ich gewohnt, als ich so alt war wie du.«

»Wo is Larnanana?«

»Dalarna ist ganz weit im Norden, dort ist es sehr kalt, aber auch sehr schön«, fährt Lars fort. »Und die Fische sind soooo groß.« Jetzt wäre ihm fast eine Kugel von der Waffel gekullert.

Trotz der Idylle ist mir, als würde in meinem Kopf ständig ein rotes Warnlämpchen blinken. Lars war mir hier in Schweden zwar immer ein verlässlicher Führer in Sachen Traditionen, aber manchmal schlägt er mit seinen Geschichten über das Schwedentum doch ein wenig über die Stränge. Eigentlich ist das der Grund, warum wir überhaupt hier sitzen: Lars hatte einst behauptet, alle Schweden würden angeln. Und weil ich mich so gerne wie ein richtiger Schwede fühlen wollte, habe ich mir eben auch eine Angel gekauft (und eine passende Tasche und Köder, ein Angelmesser, einen kleinen Messingknüppel zum Fischetöten, Haken, Ösen, Schwimmer, Schnur, Rollen und später dann noch weitere Angeln, lange, kurze, biegsame, feste, schließlich muss man die Ausrüstung immer der Situation am Ufer anpassen können).

Gut, ich gebe zu, Angeln macht mir auch einfach Spaß, und es ist nicht allein Lars' Schuld, dass meine Tochter ihre Kindheit nun an einer Bootsanlegestelle mit lauter Spinnern verbringen muss, die kleinen, glibberigen Fischen nachstellen. Aber ein bisschen Schuld hat er schon.

Ich bereite mich jedenfalls auf das Schlimmste vor. Traditionen aus der schwedischen Provinz können lustig, schrullig, ekelhaft oder sogar gefährlich sein – und oft auch hochprozentig. In manchen von der Hauptstadt weit entfernten Landstrichen ist es zum Beispiel üblich, einmal im Jahr gemeinsam vergammelten Fisch zu essen, der Surströmming heißt. Die Menschen in diesen Gegenden behaupten zwar hartnäckig, der Fisch sei nicht gammelig, sondern »fermentiert«. Er stinkt aber trotzdem erbärmlich. Ertragen lässt er sich nur mit ordentlich Aquavit. Ich bin mir ziemlich sicher, dass der Surströmming einfach nur die perfekte Ausrede fürs Saufen ist.

Und dann ist da noch die Gemeinde nördlich von Stockholm, in der es Tradition ist, in der Adventszeit einen riesigen Bock aus Stroh in der Ortsmitte zu errichten. So weit, so gut, zum Brauch gehört aber auch, dass Jugendliche regelmäßig versuchen, den Bock abzufackeln. Bei britischen Buchmachern kann man sogar Wetten auf seine Lebensdauer abschließen – diese Kommerzialisierung hat das Tier freilich noch mehr in Gefahr gebracht. Zum Glück hat sich mittlerweile ein Flammschutzmittel-Hersteller bereit erklärt, den Strohbock zu sponsern. Dergleichen Bräuche gibt es unzählige in Schweden, und man weiß nie so recht, was davon wirklich altüberlieferte Traditionen sind und was einfach nur von geschäftstüchtigen Marketingleuten ersonnen wurde. Ich habe schon manchmal das Gefühl gehabt, dass Lars, der irgendwas mit Computern macht, eigentlich auch ganz gut in die Marketingabteilung eines Fremdenverkehrsbüros passen würde, so gut wie er sich mit schwedischen Traditionen auskennt. Während er Laura weiter von Dalarna vorschwärmt, esse ich ruhig mein Eis zu Ende und hoffe inständig darauf, dass die angedrohte Überraschung nicht stinkt, nicht weh tut und auch sonst keine Gefahren birgt.

»Mach jetzt schon mal den Kofferraum auf, die Überraschung kommt gleich«, ruft Lars freudig, als wir auf dem Parkplatz zurück sind. Ich tue wie mir geheißen und sehe mit wachsender Skepsis, wie Lars unter heftigem Schnaufen etwas Großes, Sperriges aus dem Kofferraum seines Kombis hebt und sich damit auf mich zubewegt. Das seltsame Gebilde ist sorgfältig mit Zeitungspapier und Klebeband umwickelt und scheint in alle Richtungen zu wuchern.

»Lars, was ist das?«, frage ich streng, nachdem er das Ungetüm in meinen Kofferraum gewuchtet hat.

»Das«, sagt Lars mit strahlendem Lächeln, »ist ein Elchgeweih.«

»Au ja!«, ruft Laura. »Will auspackn!«

Lars reißt ein kleines Eckchen Papier auf, so dass die Rundung einer Geweihschaufel sichtbar wird.

»Und?«, frage ich Lars. »Was soll ich damit? Ich meine: Unser Reihenhaus ist doch keine Jagdhütte. Meinst du nicht, es würde vielleicht besser woanders hinpassen?«

Lars schüttelt energisch den Kopf.

»Nein, nein, du verstehst nicht. Das ist eben eine alte

schwedische Tradition aus Dalarna: Zur Verlobung bekommt der Bräutigam von seinen Freunden ein Elchgeweih geschenkt. Das hat was mit Männlichkeit zu tun und mit der Aufnahme in die Jagdgemeinschaft, als vollwertiges Mitglied und so. Ich selbst jage ja nicht, aber wir gehen doch immer zusammen zum Angeln, und das ist doch so was Ähnliches. Und die Tradition mit dem Elchgeweih kann man ja trotzdem beibehalten, oder? Das Tier, das dieses Ding mal auf dem Kopf hatte, hat einer meiner Vorfahren eigenhändig im Wald neben dem Haus meines Großvaters erlegt. Mit nur einem Schuss! Altes Familienerbstück. Aber ich möchte, dass du es bekommst, du hast es verdient. Herzlichen Glückwunsch zur Verlobung!« Lars drückt mich an seine Brust.

»Lars, bist du sicher, dass das wirklich eine schwedische Tradition ist?«, frage ich vorsichtig.

»Ehrenwort«, sagt Lars. »Freust du dich nicht?«

»Doch, doch. Es ist nur… Also dieses Männlichkeitsgedöns. Ich meine: Ist das nicht ein wenig unzeitgemäß? Männer und Frauen sind doch gleichberechtigt. Und ich möchte ungern als Macho dastehen.«

Lars überlegt ein wenig. Er ist eben ein richtiger Schwede, und deshalb findet er meinen Einwand wohl erwägenswert. Gleichberechtigung ist in Schweden eine ernste Sache.

»Du hast natürlich recht«, sagt er. »Ich habe gehört, dass in Dalarna inzwischen oft auch Frauen Elchgeweihe zur Verlobung bekommen. Meinst du, Susanne wird enttäuscht sein, wenn nur du eins kriegst? Ich habe mein Geweih dir geschenkt, weil du doch immer so gerne ein echter Schwede sein willst. Weißt du noch, wie du mich in deinem ersten Jahr hier dauernd danach gefragt hast, was ein echter Schwede alles tun muss? Tja, fast ist es mir damals schon auf die Nerven gegangen. Aber ich muss wirklich sagen: Du warst ein gelehriger Schüler. Aus dir ist wirklich ein richtiger Schwede geworden, finde ich. Und da dachte ich: Da brauchst du auch ein Geweih. Wenn Susanne das jetzt ungerecht findet, na, dann würden Andrea und ich ihr natürlich gerne noch ein weiteres Gew…«

»O nein, nein, nein. Ich denke nicht, dass das nötig ist. Susanne wird bestimmt verstehen, dass sie in diesem Fall leer ausgeht. Ihr braucht ihr also kein Geweih zu schenken.« Bloß nicht, denke ich. Es wird sicher schon schwer genug werden, Susanne mit nur einer solchen Jagdtrophäe zu konfrontieren. Ein bisschen stolz bin ich nun aber auch, nach dem überschwänglichen Lob von Lars.

»Also: Vielen Dank!« Nun drücke ich Lars an meine Brust. »Das ist wirklich eine tolle Überraschung. Das alte Elchgeweih eurer Familie – das ist, ja, ich weiß gar nicht, was ich da sagen soll. Eine Ehre. Wirst du es auch bestimmt nicht vermissen?«

Lars blickt nun ein wenig wehmütig und sagt dann: »Nein, ich denke nicht. Denn ich weiß ja, dass es bei dir gut aufgehoben ist. Und wenn mich die Sehnsucht packt, kann ich es ja besuchen kommen.«

»Natürlich, jederzeit«, versichere ich.

Wir verabschieden uns, nachdem wir mit vereinten Kräften meine Kofferraumtür zugedrückt haben. Laura ist während der anschließenden Heimfahrt ganz aufgeregt. Ich auch: Wie soll ich Susanne bloß davon überzeugen, dass wir nun ein Elchgeweih bei uns zu Hause aufhängen müssen. Ich bin mir sehr sicher, dass sie sich über den neuen Wandschmuck eher wenig freuen wird.

Vielleicht ist es am besten, es einfach beiläufig zu erwähnen, so als wäre es keine große Sache (obwohl das Geweih eines Elchs natürlich sehr wohl eine große Sache ist). Etwa so: »Hallo, Schatz. Es war schön beim Angeln, ganz viele Heringe haben wir gefangen. Ach ja, und schau mal hier, was Lars noch für ein kleines Überraschungsgeschenk für mich hatte.«

Nein, so wird es nicht gehen. Vielleicht wäre es besser, Susanne vorsichtig vorzubereiten: »Susanne, wir haben doch schon öfter über diese große kahle Stelle im Wohnzimmer gesprochen und was wir da vielleicht an die Wand hängen könnten. Nun, ich hätte da einen Vorschlag. Er mag dir vielleicht ausgefallen vorkommen, aber hör ihn dir doch einfach mal an.«

Auch das wird nicht funktionieren. Susanne wird am Ende garantiert nein sagen. Und dann muss ich das Ding irgendwie loswerden und mir eine Entschuldigung für Lars ausdenken, damit er nicht merkt, wie stiefmütterlich sein Familienerbstück behandelt wurde. Ich habe ohne Zweifel ein Problem. Vielleicht sollte ich erst einmal gar nichts tun, das Elchgeweih in die Garage legen und hoffen, dass Susanne es vorerst nicht bemerkt. In zwei Tagen wollen wir ohnehin in den Urlaub nach Schonen fahren. Vielleicht fällt mir dort ein Ausweg ein.

Gedacht, getan. Ich lege das Elchgeweih ganz hinten in unserer Garage auf einen Stapel Winterreifen. Dann breite ich noch eine Decke darüber aus, so dass es nicht so auffällt. Daheim angekommen, lasse ich mir nichts anmerken.

»Schau mal, Susanne, wie viele Heringe wir gefangen haben«, sage ich.

»Sehr schön. Aber ausnehmen musst du die selber.«

»Klar, mache ich gleich«, sage ich. »Dann gibt es heute Abend Bratheringe. Laura hat auch welche aus dem Wasser gezogen, oder, Laura?«

Meine Tochter nickt aufgeregt. »Und Mamaaaa? Mamaaaa?«, sagt sie, während sie Susanne am Hosenbein zupft.

»Was ist denn, Laura?«

»Papa hat Weih bekommen.«

»Ein was?«

»Weih, aus Larnanana.«

»Was habt ihr bekommen?« Susanne lacht. Noch.

»Ein Weiiiih.« Laura stampft mit dem Fuß auf. »Aus Larnanana.«

»Was meint sie denn, Gunnar.« Susanne wirft mir einen prüfenden Blick zu, der im Laufe des nun folgenden Gesprächs immer strenger wird.

# 8

»Was heißt hier ›aufschwatzen lassen‹?«, murmelt Gunnar beleidigt. »Das ist ein Familienerbstück. Und ein traditionelles Hochzeitsgeschenk.«

Ich bin sprachlos. Und gleichzeitig frage ich mich, wie es ihm wohl gelungen ist, dieses riesengroße Ungetüm alleine aus dem Kofferraum zu wuchten und ganz oben auf den Stapel Winterreifen zu legen. Es ist an sich ein Wunder, dass die in beinahe alle Himmelsrichtungen ausschlagenden Schaufeln des Geweihs überhaupt in unsere zierliche Garage passen. Diese Garage ist nämlich millimetergenau auf die Breite unseres Volvos zugeschnitten. Wahrscheinlich sind die DIN-Normen mit dem Volvo-Konzern abgestimmt worden. Damit ja keiner auf die Idee käme, mit einem neumodischen SUV einer anderen Marke fremdzugehen. Aber etwas großzügiger hätte die Berechnung doch ausfallen können: Dreimal ist es uns schon passiert, dass entweder Gunnar oder ich die Türen oder Seitenspiegel unserer Familienkutsche mit Schrammen verunstaltet haben. Und nun balanciert auf einem wackeligen Turm von Autoreifen, der in der Garage ohnehin schon kaum Platz hat, ein monströses Elchgeweih. Gunnar hat es auch noch unter einer alten Decke versteckt. Netter Versuch!

»Ist das prähistorisch?«, frage ich, denn ich kann mir nicht vorstellen, dass ein Elch heute so groß werden kann. Die Elche, die wir bislang im Stockholmer Tierpark Skansen zu Gesicht bekommen haben, hatten Geweihe, die maximal halb so groß waren. Gunnar straft meine vermessene Frage mit einem tief beleidigten Blick.

»Es ist ein Geschenk«, wiederholt Gunnar trotzig.

»Glaubst du nicht, dass Lars das ›Familienerbstück‹ einfach nur loswerden wollte? Und du warst höflich genug und hast es dir andrehen lassen.«

»Wieso sollte Lars ein so prächtiges Elchgeweih loswerden wollen?«, fragt Gunnar verständnislos.

Das ist ja wohl offensichtlich. Dieses Ding hätte niemals Platz in der 3-Zimmer-Wohnung von Lars und Andrea gefunden. »Wenn wir uns beeilen, dann schaffen wir es noch bis zur Mülldeponie in Lövsta, bevor sie schließt«, sage ich stattdessen, um diese unnötige Diskussion abzukürzen und auf den Punkt zu kommen.

»Aber das können wir doch nicht machen!«, ruft Gunnar empört. »Es gehört in Schweden dazu, dass man ein Elchgeweih zur Hochzeit bekommt! Wie kannst du nur daran denken, es auf die Müllkippe … Also wirklich!«

»Und was schlägst du vor, soll damit passieren? Spätestens im November müssen wir an die Winterreifen ran.«

Wieder ein fassungsloser Blick.

»Aufhängen natürlich!«, sagt Gunnar.

»Wie bitte?«

»Du weißt doch, diese kahle Stelle an der Wand über dem Sofa. Da haben wir doch schon immer überlegt, was da hinkönnte …«

Ich stelle mir einen kurzen Moment lang vor, wie dieses monströse Teil allabendlich über unseren Häuptern dräut, während wir gemütlich auf dem Sofa sitzen. Ich sage das Einzige, was mir dazu spontan in den Sinn kommt: »Falsch!«

»Falsch?«

»Ich meine, nein! Das Ding kommt mir nicht ins Haus!«

Fest davon überzeugt, ein eindeutiges Machtwort gesprochen zu haben, mache ich kehrt und lasse Gunnar mit seiner schwedischen Tradition in der Garage zurück. Das regelt sich schon.

Außerdem habe ich jetzt andere Sorgen. Für vier Personen und drei Wochen muss noch gepackt werden. In wenigen Tagen wollen wir zu unserem jährlichen Sommerurlaub nach Vitemölla aufbrechen. In dem kleinen Fischerdorf im äußersten Südosten Schwedens steht das Sommerhaus von Gunnars Eltern. 630 Kilometer Autofahrt liegen vor uns. Gunnars Eltern werden dort auf uns warten. Ich freue mich schon darauf. Nicht nur, weil meine Schwiegereltern nette Leute sind, sondern weil das für uns auch eine große Entlastung bedeutet, wenn die beiden Laura betreuen und der Haushalt auf mehrere Schultern verteilt wird.

Die Tage bis zur Abfahrt vergehen rasch. Gunnar scheint die Sache mit dem Elchgeweih erst einmal auf dem Stapel Winterreifen ruhen zu lassen. Doch da ist noch nicht das letzte Wort gesprochen! Aber jetzt, so kurz vor der Abreise, möchte ich auch nicht mehr daran rühren und verzichte schweren Herzens auf die gelegentliche Einstreuung von Kommentaren mit Elchbezug.

Als wir nach endlosen sieben Stunden Fahrt auf schnurgeraden Straßen durch eine eintönige Waldlandschaft bei höchstens 120 km/h endlich den Volvo vor dem gelben Holzhäuschen in Vitemölla parken, springt Laura aufgekratzt hinaus und rennt zu ihrer Farmor und ihrem Opa. Weil Gunnars Vater Deutscher ist, will er sich traditionell Opa nennen lassen. In den kommenden drei Wochen, die wir hier sein werden, wird sich bestimmt Zeit für meinen Poststapel und mein Fernstudium finden, denke ich, als Laura auf Farmors Schoß hopst. Ich habe eigens die seit Alois' Geburt ungeöffnete Post und meine Studienunterlagen eingepackt. Noch am ersten Abend suche ich den einzigen halbwegs abgeschieden stehenden Schreibtisch im Haus auf. Doch ich bin zu spät: Gunnar hat den Tisch schon mit seinem Laptop und einem Stapel Zeitungen markiert. Was bildet der sich eigentlich ein, denke ich wütend. Jetzt bin doch ich dran! Ich will doch nur meine Post öffnen und die letzte Etappe meines Fernkurses abschließen. Mir wird klar, dass nicht nur ich Freizeit in den kommenden drei Wochen für mich und meine Erledigungen eingeplant habe.

Aber irgendwie kommt es weder am ersten noch am zweiten und schon gar nicht am dritten Tag zu der ersehnten Ruhe. Denn immer wieder steht etwas Neues auf dem Programm. Das gute Wetter muss ja schließlich genutzt werden. Ein verregneter und fürchterlich kalter Sommer kann uns jederzeit heimsuchen. Das wäre nicht das erste Mal. Mit Grausen erinnere ich mich an Sommer eins und zwei in Vitemölla. Auf den Urlaubsfotos vom ersten Sommer sind wir vor allem an den unterschiedlichen Farben unserer Regenjacken und Mützen erkennbar. Doch diesmal lacht die Sonne, und Gunnars Eltern haben auch schon einen Schlachtplan ausgearbeitet, wie das gute Wetter zu nutzen sei.

Das großelterliche Familienprogramm sieht zunächst schonische Sehenswürdigkeiten vor.

Die Menschen aus Schonen, dem südlichsten Zipfel Schwedens, können zwar den berühmten Kommissar Wallander zu den Ihren zählen, den der Krimiautor Henning Mankell stets in Ystad ermitteln ließ. Aber leider nicht die Literaturnobelpreisträgerin Selma Lagerlöf. Das quält die Schonen, denn in ihrem Landstrich erinnert doch so vieles an die värmländische Autorin. Ihre bekannteste Figur – Nils Holgersson – ist nämlich Schone. Der Lausbub, der in einen Däumling verwandelt wird und auf dem Rücken einer Hausgans Schweden von oben kennenlernt, stammt aus Västra Vemmenhög, 25 Kilometer westlich von Ystad. Hier soll der kleine Hof von Nils' Eltern gelegen haben. Eigentlich schrieb die ausgebildete Volksschullehrerin Lagerlöf den Roman 1906 für den Geographie-Unterricht. Das Schullesebuch sollte die Landschaften Schwedens durch die spannende Geschichte des kleinen Jungen veranschaulichen. Und ihren Anfang nahm die in 37 Sprachen übersetzte Geschichte in Skåne – in Schonen. Lagerlöf, die selbst zehn Jahre im schonischen Landskrona gelebt und als Lehrerin gearbeitet hatte, kannte die schönsten Ecken der Region. Daher lohnt es sich, in Skåne Nils Holgerssons Spuren zu folgen.

Wir besuchen also eine der ersten Stationen auf seiner Reise nach Lappland: das Renaissanceschloss Vittskövle. Laura, die lieber an den Strand wollte, haben wir die Fahrt mit dem kleinen Nils Holgersson schmackhaft gemacht. Opa hat ihr versprochen, mit ihr zusammen in Vittskövle nach dem kleinen Däumling zu suchen. Nach einer Fahrt von etwa 20 Minuten Richtung Kristianstad erreichen wir das Herrenhaus. Es liegt in einem schönen Park und ist von einem breiten Wassergraben umgeben. Wir packen den Kinderwagen aus und machen uns auf die Suche nach dem kleinen Nils. Opa und Laura sind Feuer und Flamme und gucken hinter jedem Strauch und Stein nach »Is Osson«, wie Laura den kleinen Wicht aus der Geschichte nennt. Dem Schloss aus gelbem Ziegelstein mit den zwei diametral gegenüberliegenden Rundtürmen kommen wir kaum näher. Genau genommen gar nicht. Opa und Laura nehmen es sehr ernst mit ihrer Suche, denn »Is«, wie ihn Laura inzwischen vertraulich nennt, ist ja bekanntlich sehr klein. Ja, sogar noch kleiner als Alois. Das beeindruckt Laura, die Alois schon für viel zu klein hält. Unter jeder Wurzel und hinter jedem Busch wird ausgiebig und mit zunehmender Lautstärke nach »Is« geforscht. Das Knistern der Kinderwagenräder auf dem Sandweg wird immer leiser, bis es ganz verstummt. Ein Zeichen dafür, dass unser kleiner Trupp nun völlig zum Stillstand gekommen ist. »Laura, komm doch, wir wollen uns das Schloss anschauen. Vielleicht ist ja der Nils da drin«, sage ich. Ohne zu ahnen, dass dies ein weiterer fataler Fehler ist. Das aus dem Jahre 1550 stammende Herrenhaus ist nämlich gar nicht zu besichtigen, wie sich herausstellt, als wir dort endlich ankommen. Laura ist tief enttäuscht. »Is«, schnieft sie leise vor sich hin.

Erst als Opa Laura mit der altbewährten und von Pädagogen verteufelten »Du bekommst auch ein Eis«-Methode besticht, verliert sie schlagartig das Interesse an Is.

Am Nachmittag beschließen wir dann, an den Strand zu gehen. Nach dem Mittagessen zu Hause beladen wir den kleinen Bollerwagen mit Handtüchern, Wasserflaschen, Sonnencremes und -schirmen, Eimer und Schaufel, Wechsel- und Wickelsachen und ziehen durch das kleine Fischerdörfchen hinunter zum Wasser. Die Gasse, die wir dazu durchqueren müssen, ist gar nicht mal so ungefährlich, weil sich hier ständig Autos und Wohnwagen um die enge Kurve zwängen. Da wird es mangels Fußweg manchmal ganz schön knapp. Der Turm von Badesachen wankt an den urigen weißen Steinhäuschen vorbei, die aussehen, als hätten ihre Erbauer das Lot nur vom Hörensagen gekannt. Windschief, mit grauen, bemoosten Dachziegeln gedeckt, leuchten sie in der Sonne vor der dunkelblauen Kulisse der Ostsee, und vor ihren winzigen blauen und roten Sprossenfenstern sprießen die farbenprächtigsten Rosen. Farmor Britta zieht den Bollerwagen, und ich schiebe den Kinderwagen mit dem kleinen Alois und Laura auf dem Stehbrett hinterdrein. Am Parkplatz vor dem Strand angekommen, stelle ich fest, dass wir ganz allein sind.

»Wo sind denn Hans und Gunnar?«, frage ich Britta. Sie dreht sich verwundert um und hält Ausschau nach ihrem Mann und ihrem Sohn.

»Ich weiß auch nicht. Ich dachte, wir wollten alle zusammen gehen«, sagt sie stirnrunzelnd. »Na ja, dann machen wir vier uns eben einen schönen Nachmittag am Strand«, sagt sie dann gut gelaunt. Ein kurzer Weg führt über Holzplanken zwischen zwei grasbewachsenen Dünen hindurch und öffnet den Blick auf den fast weißen Sandstrand und das tiefblaue Meer. Es ist nicht viel los am Strand. Es sind vielleicht fünf Familien, die sich mehrere Hundert Meter des breiten Uferstreifens teilen. Laura springt ausgelassen durch den Sand und beginnt, sobald wir uns niedergelassen haben, mit Eifer tiefe Löcher zu schaufeln. »Was baust du denn da Schönes?«, frage ich.

»Für Loisi«, sagt sie dann und zeigt auf ein besonders tiefes Loch.

»Baust du eine Burg für den Alois?« Ich bin über so viel Geschwisterliebe entzückt.

»Da. Für Loisi. Da reintun.«

»Aber was soll denn der Alois in dem Loch?«

»Da wohnt der Loisi jetzt«, schließt sie glücklich. Na ja, Geschwisterliebe … Ich bin trotzdem ein bisschen stolz auf die zielgerichtete Problemlösungskompetenz meiner Tochter. Ich hätte da so manches, für das ich auch tiefe Löcher graben könnte. Aber leider sind die einfachsten Lösungen nicht immer die besten. Stattdessen gehen wir lieber ins Wasser zum Planschen.

Die Ostsee ist nicht das Mittelmeer. Dass es ziemlich kalt ist, merken meine Füße auch so. Farmor hat jedoch ein Thermometer mitgebracht. Wenn man die Quecksilbersäule auf der Temperaturskala bei der 13 verharren sieht, friert man gleich noch mehr. Laura ist da aus anderem Holz geschnitzt. Vielleicht kommt es ihr auch nur zugute, dass sie noch keine Zahlen lesen kann. Auf jeden Fall rennt sie rein und raus und spritzt und hüpft in dem seichten Wasser herum. »Mama, du musst auch hoppen!«, ruft sie. »Hoppa, hoppa!« Eine ihrer Lieblingsbeschäftigungen ist hüpfen. Und Befehle erteilen. Manchmal bekommen Gunnar und ich und sogar Alois langatmige Regieanweisungen, wie wir was wo auszuführen hätten. Am häufigsten ist sie dabei von Alois enttäuscht, weil er sich ganz und gar nicht an das Drehbuch halten will. Als wir nach zwei Stunden wieder nach Hause kommen, sind meine Füße taub.

Weder Hans noch Gunnar sind zu sehen. Das ganze Haus ist wie ausgestorben. Doch ich weiß schon, wo Gunnar steckt, und gehe zu dem Kämmerchen mit dem Schreibtisch. Ertappt! Da sitzt der Drückeberger an seinem Laptop und tippt.

»Du tippst«, sage ich spitz. Gunnar fährt herum und springt vom Tisch auf.

»Ich habe nicht gearbeitet, ich habe nicht gearbeitet«, ruft er schnell und hebt die Hände wie zum Beweis hoch.

»So, darf ich dann mal sehen, was du da gemacht hast?«

»Nichts, nur eine E-Mail. Nichts weiter.«

»So, du hast also in den letzten zwei Stunden nur eine E-Mail geschrieben?«

Langsam drückt er den Laptop-Deckel immer weiter runter, so dass ich nicht auf den Bildschirm sehen kann. Dabei sieht er mich mit großen blauen Augen an.

»Wir haben doch ausgemacht, dass wir hier Familienurlaub machen. Zusammen. Ohne Arbeit«, sage ich vorwurfsvoll. »Und du schleichst dich schon am ersten Tag einfach davon und verschwindest für zwei Stunden.«

Betreten blickt er zu Boden. »Tut mir leid«, nuschelt er.

Das reicht mir vorerst als Zeichen der Reue, und ich lasse ihn vom Haken. Innerlich beneide ich ihn um seine Unverfrorenheit und beschließe, es bei nächster Gelegenheit genauso zu machen.

Aber am nächsten Tag wird wieder nichts daraus. Das Wetter ist gut, und Opa hat Laura schlauerweise gefragt, ob sie denn nicht wisse, dass Nils Holgersson auch einmal im Schloss Övedskloster gewohnt habe. Damit ist klar, was wir den restlichen Tag tun werden. Laura will weiter nach »Is Osson« suchen. Und zwar im Schloss Övedskloster am Vombsee. In der Geschichte von Nils Holgersson verbringt Akka von Kebnekajses Gänseschar eine Woche in dem Klosterpark und nächtigt auf den Eisschollen des Vombsees. Ja, Eisschollen. Die Geschichte beginnt übrigens Ende März. Nils hoffte und bangte jeden Tag dieser Woche, dass die Gänse ihn nicht nach Hause schicken, sondern nach Lappland mitnehmen würden. Doch ebenso wenig wie Nils bekommen auch wir das Innere des Schlosses nicht zu sehen. Denn es öffnet seine Tore nur für spezielle Anlässe wie Konzerte oder Ausstellungen. Also schiebt Gunnar den Kinderwagen in endlos kleinen Schritten durch die Parkanlagen, während ich aus dem Faltblatt Wissenswertes über das Anwesen referiere. »Obwohl es ein weltliches Schloss ist, heißt es Kloster, denn früher stand auf diesem Platz ein Kloster. Es wurde im 12. Jahrhundert vom Erzbistum Lund gegründet und hatte Bestand bis 1536. Dann löste die dänische Krone das Kloster auf und verleibte sich die Ländereien ein.« Farmor hält sich verstohlen die Hand vor den Mund, um ein leichtes Gähnen zu verdecken. Opa versucht Laura, die wieder mit wachsender Verzweiflung nach dem kleinen »Is« sucht, zum Weitergehen zu bewegen. Ich warte schon darauf, dass das nächste unkluge Versprechen gemacht wird. Gunnar nutzt den Augenblick der allgemeinen Trägheit zu einem einschläfernden Vortrag über das Schicksal der Säkularisierung, das im protestantischen Schweden vielen Kirchengütern widerfahren ist. Dieser und ähnliche Vorträge über schwedische Geschichte sind mir schon hinreichend bekannt. Sie beginnen meist mit dem Satz: »Als ich damals in Lund Geschichte studiert habe …« und enden mit der Feststellung: »Das Geschichtsseminar in Lund war das beste, das ich je besucht habe.« Während also Britta und ich nun hemmungslos gähnend neben Gunnar hertippeln, beobachten wir Hans, wie er mit Laura auf allen vieren um einen Walnussbaum kriecht. Dabei versucht er, ihr beizubringen, dass Nils nicht »Is« heißt. Das ist so entzückend wie aussichtslos, dass ich fast das Signal zum Aufatmen verpasse (»… das beste Seminar, das ich je besucht habe.«).

Ich weiß nicht, was Opa jetzt zu seiner Enkeltochter gesagt hat, aber zumindest legt sie nun deutlich an Tempo zu, rast über die Wiese, vorbei an einem kleinen Springbrunnen, und ruft aus Leibeskräften: »Iiis. Iiiis. Kom ut! Vill leka!« – Komm raus. Will spielen.

Ursprünglich wollten wir versuchen, bis an den Vombsee zu wandern. Eine kurze Lagebesprechung in der Erwachsenen-Geheimsprache Englisch kommt allerdings zu dem Ergebnis, dass Lauras beschleunigter Sucheifer in der Nähe eines tiefen Gewässers nicht wünschenswert ist. Deswegen beschließen wir, langsam den Rückweg zum Parkplatz anzutreten. Laura riecht dummerweise Lunte und rennt weinend in die andere Richtung. »Iiis! Iiiiis!« Sie läuft einem älteren schwedischen Ehepaar in die Arme. Als wir näher kommen, hören wir die Frau zu Laura sagen: »Da musst du nach Glimmingehus fahren. Ich habe gehört, dass Nils Holgersson dort ist. Kennst du denn schon die Geschichte von den Ratten, die dort gewohnt haben?«

Laura schüttelt den Kopf. »Was ist Gimmihüs?«

»Glimmingehus ist eine alte Ritterburg. Nils hat da den Schwarzratten geholfen, die Grauratten zu vertreiben. Wenn du jetzt schön brav mit deinen Eltern nach Hause fährst, dann machen sie bestimmt bald mal mit dir einen Ausflug nach Glimmingehus, oder?«, fragt die Frau und sieht Gunnar und mich an, unsicher, ob sie jetzt das Richtige gesagt hat. Mir schwant, dass das hier Folgen haben wird.

»Jaja«, antwortet Gunnar und lächelt. Wir sind erst einmal froh, dass Laura stehen geblieben ist und mit dem Schreien und Weinen aufgehört hat. Auf ihrem Gesicht zeichnet sich während unseres Rückwegs zum Parkplatz schon das Entstehen eines neuen Plans ab. Still sitzt sie auf ihrem Kinderautositz und grübelt. Noch bevor wir in Vitemölla ankommen, teilt sie uns das Ergebnis ihrer Überlegungen mit: »Gestern fahren wir zu Gimmihüs.«

»Wenn das Wetter gut ist …«, antworte ich.

»Netter Versuch«, murmelt Gunnar mir zu.

Zurück im Haus, liegt Alois satt und zufrieden in seinem Bettchen, Laura spielt auf der Terrasse mit ihren Großeltern, die ihr gerade das Planschbecken mit Wasser volllaufen lassen. Eine gute Gelegenheit, sich zum Schreibtisch zu stehlen. Gerade, als ich durch die Tür des Kämmerchens treten will, kommt Gunnar mit einer Tasse Kaffee an und hat das gleiche Ziel. Bei dem Gerangel bleiben wir im Türrahmen stecken, und der Kaffee gewinnt.

»Super.«

»Na toll!«

Beide meckern wir noch ein bisschen herum, bis Gunnar endlich mosernd abzieht, um einen Lappen zu holen. Ich nutze die Zeit und besetze schon mal den mit Kaffee besprenkelten Stuhl. Als Gunnar mit dem Lappen hereinkommt, schaut er mich sauer an, während ich mich am Stuhl festklammere.

Mit fahrigen Bewegungen wischt er seinen Laptop ab und lässt die letzten Kaffeereste von der Zeitung in den Papierkorb tropfen. Dann straft er mich abermals mit einem bedeutungsvollen Blick und dampft ab.

Endlich! Triumphierend wende ich mich meinem Poststapel zu, den ich aus Vällingby mitgebracht habe. Und dann öffne ich feierlich den ersten Brief seit fast zwei Monaten. Er ist von der »Försäkringskassa«, der staatlichen Versicherungsbehörde. Diese Riesenbehörde mit 12 500 Angestellten ist zuständig für die Krankenversicherung aller Menschen mit schwedischer Personennummer, für Elterngeld, Kindergeld, Krankengeld, Wohngeld sowie Unterstützungsleistungen für Behinderte – also für so ziemlich alles, bis auf Rente und Arbeitslosenversicherung. Die werden getrennt organisiert. Die Försäkringskassa hatte mir in den vergangenen Wochen mehrere Briefe geschickt. Am Anfang hatte ich sie noch geöffnet. Darin wurde mir lediglich mitgeteilt, dass ich ein Kind bekommen habe, was ich ja schon wusste, und dass ich nun Anrecht auf mehr Kindergeld habe. Dann kam noch ein Brief mit der Benachrichtigung zur ersten Kindergeldüberweisung. Alles in Ordnung also. Dachte ich jedenfalls.

Nun öffne ich den Brief, der schon am längsten auf meinem Schreibtisch Staub angesammelt hat. Es geht um das Elterngeld, das ich für die ersten zwölf Monate nach Alois' Geburt beantragt hatte. Es würde der niedrigste Satz werden, da ich seit meiner Ankunft in Schweden hauptsächlich in Elternzeit war oder viel zu wenig als freie Journalistin verdient hatte, als dass es sich spürbar auf die Höhe des Elterngeldes ausgewirkt hätte. Ich habe also Anrecht auf rund 420 Euro im Monat.

Statt der erwarteten Zusage für die erste Überweisung lese ich jedoch, dass mein Elterngeld nicht bewilligt wurde. Ich suche mir die anderen Briefe von der Försäkringskassa aus dem Poststapel. Es sind noch drei weitere. Zwei davon belegen die korrekte Überweisung des Kindergeldes. Der dritte aber fordert mich auf, die Elternzeit bis gestern zu beantragen. Sofort werfe ich Gunnars Laptop an, um meinen Kontostand zu überprüfen. Tatsächlich! Ebbe auf dem Konto. Mist! Dem Brief liegt ein Formular zur erneuten Beantragung des Elterngeldes bei. Ich habe keine Ahnung, welcher gravierende Fehler mir da unterlaufen ist, als ich den Antrag ausgefüllt habe. Um nicht noch einmal den gleichen Fehler zu machen, rufe ich bei der Försäkringskassa an. Einen persönlichen Ansprechpartner gibt es nicht. Also wähle ich die Nummer der Hotline. Nachdem ich mich durch ein facettenreiches Tastenwahlprogramm gedrückt und meine Personennummer eingetippt habe, das Allerheiligste in Schweden, werde ich darauf hingewiesen, dass ich nun warten müsse.

»Sie werden in der Warteschlange platziert. Ihre Warteplatznummer ist 456«, sagt die unnahbare männliche Stimme. Pause. »Im Moment arbeiten fünf Telefonisten, um die Gespräche entgegenzunehmen. Die voraussichtliche Wartezeit beträgt eine Stunde und dreißig Minuten.« Pause. »Ihre Warteplatznummer ist 448.« Pause. »Ihre Warteplatznummer ist 440.« Pause. »Ihre Warteplatznummer ist 436.« Pause. Ich lege auf und suche auf der Internetseite nach einer anderen Möglichkeit, Fragen zu stellen. Es gibt einen Elternversicherungs-Chat. Ich stelle meine Frage dort. Während ich auf eine Antwort über den Chat warte, öffne ich schon einmal meine übrige Post und widme mich dann meinem Fernkurs zur Deutschlehrerin. Ich muss nur noch eine Kurseinheit abschließen und kann dann meine Abschlussprüfung schreiben. Außerdem bewerbe ich mich noch für eine Hospitanz beim Goethe-Institut in Deutschland, die ich im Oktober absolvieren will, wenn Gunnar in Elternzeit ist.

Nach einer Stunde kontrolliere ich noch einmal meine Mails und siehe da, die Försäkringskassa hat bereits geantwortet: Alois' Personennummer war falsch. Also fülle ich den Antrag auf Elterngeld noch einmal aus.

Am nächsten Morgen beschließe ich, endlich einmal ein erfrischendes Bad im Meer zu nehmen. So wie Gunnar das im vergangenen Sommer immer getan hat. Gunnar gibt sich keine Blöße und kommt mit. Schließlich hat er doch davon letztes Jahr so geschwärmt. Obwohl es erst sieben Uhr morgens ist, steht die Sonne schon hell und klar am Himmel. Nur ein paar kleine Wölkchen wehen in kräftigen Böen über uns hinweg. Die enge Gasse zum Strand ist um diese Zeit unbefahren. So schlendern wir nebeneinanderher, das Handtuch über die Schulter geworfen. Wir reden nicht und beißen die Zähne aufeinander. Denn keiner von uns will sein verräterisches Zähneklappern zeigen. Und keiner will zugeben, dass es in den Badeklamotten unter den Bademänteln eigentlich viel zu kalt ist und sieben Uhr eigentlich viel zu früh. Der Strand liegt leer und verlassen vor uns. Als wir uns dem Wasser durch den kühlen Sand stapfend nähern, bläst uns eine heftige Bö entgegen, die uns gänsehäutig erschauern lässt.

»So. Na dann ...« Gunnar quält sich ein tatkräftiges Lächeln ins Gesicht. »Das ist doch perfektes Badewetter. Also, für einen Schweden meine ich.« Er wirft mir einen Blick von der Seite zu, der mir wohl sagen soll, dass ich ein deutsches Weichei bin.

»Ja, dann lass uns doch mal loslegen«, sage ich und streife langsam den Bademantel ab. Nun stehen wir unschlüssig in unseren Badesachen da und können die Gänsehaut und das Zittern nicht mehr verbergen. Gunnar geht zögernd auf das Wasser zu. Mir bleibt nichts anderes übrig, als mitzugehen. Schließlich bin ich ja kein Weichei! Vorsichtig tauchen wir die Fußspitzen ins Wasser. Es sticht wie eisige Nadeln.

»Hach«, entfährt es Gunnar bibbernd. »Gar nnn ... nnnicht mmm ... mal ssso kkkalt. Lelletztes Jahr war dddas vivviviviel kkkälter.« Und dann wirft er sich in das feindliche Element, um gleich darauf wieder aufzuspringen und würdelos an den Strand zurückzulaufen. Ich hetze ihm hinterher, ohne »gebadet« zu haben, und wickle mich in den Bademantel. Es ist unser letzter morgendlicher Badeausflug.

Nach einer heißen Dusche und einem Frühstück fühle ich mich dennoch ungewohnt wach und erfrischt.

Heute steht natürlich die alte Feste Glimmingehus auf dem Programm. Selma Lagerlöf beschreibt sie sehr treffend in dem Kapitel, wo Nils Holgersson Bekanntschaft mit den Schwarzratten und Grauratten macht: »Im Südosten Schonens, nicht weit vom Meer, steht eine alte Burg, die Glimmingehus genannt wird. Sie besteht aus einem einzigen hohen, großen und starken Steinhaus, das meilenweit über die Ebene sichtbar ist. Es ist nicht mehr als vier Stockwerke hoch, aber es ist so gewaltig, dass ein gewöhnliches Haus, das auf dem gleichen Hofe steht, sich wie eine kleine Kinderstube ausnimmt.« Mit dem Bau der Feste wurde im Jahre 1499 begonnen. Sie hat verhältnismäßig kleine Fenster und ein treppenartig abgestuftes Spitzdach. Glimmingehus wurde von dem dänischen Ritter Jens Holgersen Ulfstand errichtet – Schonen gehörte damals zu Dänemark, aber offensichtlich fühlten sich die Herren aus dem Süden nicht wirklich sicher dort, sonst hätten sie sich wohl kaum so eingemauert.

Außerdem ist Glimmingehus endlich einmal ein Bauwerk, das wir auch von innen besichtigen können. Wir fahren ungefähr eine halbe Stunde mit dem Auto und durchqueren dabei die kleine Hafenstadt Simrishamn. Ein Stück weiter südwestlich liegt Glimmingehus inmitten unzähliger Felder. Der Hof, an dessen Südseite die Burg emporragt, ist an den anderen drei Seiten eingerahmt von drei länglichen Bauernhof-Gebäuden mit Restaurant, Ausstellungsfläche und Souvenirshop.

Laura ist schon ganz aufgeregt. Kaum hat Farmor den Sicherheitsgurt an ihrem Autositz geöffnet, da springt sie schon aus dem Wagen und rennt auf das 27 Meter hohe Bauwerk aus grauen Steinquadern zu. Britta und ich eilen ihr hinterher – Glimmingehus hat einen ziemlich tiefen Burggraben –, aber da ist sie schon über die Brücke und die Treppe zum Portal hinaufgesprungen und im Haus verschwunden. Die Burg war einst ein Bollwerk der Verteidigung – mit Gängen und Nischen, einem tiefen Brunnen im Keller und Löchern, durch die heißes Pech auf ungeladene Gäste gegossen werden konnte. Ideal also, um ein fast dreijähriges, ungestüm herumlaufendes Kind darin zu verlieren. Britta und ich stolpern durch die muffige Dunkelheit und hören, wie Laura von irgendwoher immer wieder »Iiis! Iiis! Jag kommer!« – Ich komme! – ruft.

Wir steigen die dunkle Treppe empor, suchen in verwinkelten Burgstuben und dunklen Sälen nach Laura, durchkämmen die Wohnstube mit ihrem großen offenen Kamin und sehen in jeden Toiletten-Erker und Blindgang. Farmor und ich teilen uns schließlich auf und versuchen die »Iiis«-Rufe zu lokalisieren. Endlich erwische ich Laura auf der Treppe, als sie noch höher hinaufwill. Sie tritt verzweifelt um sich und weint. »Will Iiis suchn! Will Iiiiiis suchn!«

Ich versuche sie zu beruhigen, als ihr Opa die Treppe heraufkommt. Er beugt sich zu Laura hinunter. »Weißt du, wo der Nils war, als er hier war?« Laura hält einen Moment still und schüttelt den Kopf. »Er hat den alten Storch auf dem Dach besucht«, sagt Opa. Ich stöhne auf.

»Das war vor langer Zeit. Nils ist bestimmt nicht mehr da oben«, beeile ich mich, den Informations-GAU einzudämmen. Doch da ist es schon zu spät. Laura hat verstanden, reißt sich mit einem heftigen Ruck von mir los und rennt die Treppen höher hinauf. Während ich noch hinter Laura herstürme, höre ich oben ein Poltern und »Au! Aiiaaa!«. Panisch nehme ich zwei Stufen auf einmal. Laura sitzt auf der Treppe zum abgesperrten Dachboden und hält sich ihr aufgeschlagenes Knie. Ich nehme sie in den Arm und tröste sie. »Komm. Wir schauen jetzt hier oben ganz genau nach, ob der Nils hier ist, ja?«

Wir finden Nils schließlich. Und zwar unten. Im Souvenirgeschäft – mitsamt einer kleinen Holzflöte, die er dazumal benutzt hatte, um die gemeingefährlichen Grauratten aus der Burg zu locken, damit die Schwarzratten dort wieder in Frieden leben konnten. Genauso, wie wir es jetzt auch wieder können. Na ja, zumindest wenn man von den quietschenden Flötenklängen absieht, die uns den gesamten Rest des Urlaubs begleiten.

# 9

Nach dem Urlaub in Vitemölla kann ich meine Elternzeit nun kaum noch erwarten. Die Formalitäten habe ich inzwischen fast alle geregelt. Überraschend einfach war es, die Sache bei meiner Zeitung durchzubringen. Dabei hatte ich eigentlich mit Widerständen gerechnet. Schließlich bin ich der einzige Vertreter meines Blattes in ganz Nordeuropa, berichte über fünf Länder, und das quer durch alle Ressorts der Zeitung. Klingt beeindruckend, fand ich immer und hielt mich – wie so viele Männer – für unersetzlich. Lange habe ich deshalb gegrübelt, wie ich dem Verlag das mit der Elternzeit denn schmackhaft machen könnte. Schließlich wird meine Abwesenheit bedeuten, dass ein Teil Europas – ein großer, ein wichtiger Teil – korrespondentenlos bleibt. Bevor ich zum Telefonhörer griff, um die Verhandlungen mit der Zentrale in Angriff zu nehmen, stellte ich mir darum eine Menge banger Fragen. Würden meine Kollegen Verständnis für die Bitte haben? Wie würde die Redaktion diesen Schlag verkraften? Würde der Betrieb ohne mich überhaupt funktionieren? Was wäre, wenn gerade während meiner Elternzeit diese große Weltsensation in Schweden einträfe, auf die Journalisten immer warten? Wenn der König abdankt? Der Mord an Olof Palme aufgeklärt wird? Wenn die Regierung per Verordnung alle roten Häuser blau anstreichen lässt? Oder Elchaufkleber verbietet? Was soll ich dann bloß tun? Weiterwickeln, als wäre nichts geschehen?

Mein Chef stellte sich all diese Fragen offenbar nicht. Jedenfalls ließ er sich das nicht anmerken. Nachdem ich umständlich meine Pläne für eine dreimonatige Auszeit dargelegt hatte, sagte er bloß: »Kein Problem.« Drei Monate lang könne man sicher auch von München aus über Skandinavien berichten. Die Details solle ich mit der Personalabteilung klären. Nach wenigen Wochen – nur ein paar Briefe und Unterschriften später – war die Sache mit der Elternzeit dann so rund wie ein Fleischbällchen.

Und mir wurden bei dieser Episode drei Dinge klar:

1. Ich bin gar nicht so wichtig und unersetzlich, wie viele Leute, insbesondere ich selbst, bislang angenommen haben.
2. Das stört mich nicht, im Gegenteil: Ich finde es sogar ganz angenehm.
3. Deutsche Arbeitgeber sind vielleicht lockerer und verständnisvoller, als es in den hitzigen Debatten um die Familienpolitik manchmal den Anschein hat – na ja, zumindest mein eigener …

Bald fällt mir sogar auf, dass der Dienst am Kind bei meinen Kollegen und vor allem auch bei den Kolleginnen ganz gut ankommt. Jedenfalls bekomme ich für die bloße Ankündigung der Elternzeit viel mehr Lob als sonst für meine Texte. Und das, obwohl ich ja überhaupt noch nichts geleistet habe. »Toll, dass du das machst!« – »Mein Mann hat sich für unsere Kinder auch freigenommen, der fand das super!« – »Da können sich andere Väter mal ein Beispiel nehmen.« – »Es ist wirklich vorbildlich, dass du deine Frau das nicht alles alleine machen lässt.« Solche Sätze höre ich jetzt immer wieder, und das freut mich natürlich. Auch wenn ich nicht recht weiß, was ich darauf antworten soll. Denn ich verstehe ehrlich gesagt nicht wirklich, wofür ich all diese Lorbeeren ernte. Schließlich bedeutet Elternzeit ja doch nichts anderes, als dass ich ein Vierteljahr lang nicht arbeiten muss und dafür vom Staat auch noch Geld bekomme. Und ich darf den ganzen Tag mit meinen Kindern spielen! Sicher, ein bisschen anstrengend wird es bestimmt auch manchmal werden mit den Kleinen. Aber alles in allem kann ich doch nun einem geruhsamen Vierteljahr entgegenblicken.

Bis zur Auszeit steht mir jedoch ein kleiner Endspurt bevor, um die Zeit zwischen dem Ende der Sommerferien und dem Beginn der Elternzeit zu überbrücken. Über die Prinzessinnenhochzeit gibt es gerade nicht viel Neues zu berichten. Victoria und Daniel planen ihr großes Fest eher im Stillen. Vielleicht feilen sie an der Gästeliste oder überlegen sich, welche Farbe die Hochzeitstorte haben soll? Wer weiß das schon. So eine Hochzeit macht auf jeden Fall eine Menge Arbeit. Auch Susanne und ich spüren, wie langsam der Druck wächst, sich über all die Kleinigkeiten solch einer Feier Gedanken zu machen, die man schon möglichst frühzeitig erledigen sollte. Dass man sie möglichst frühzeitig erledigen sollte, wissen wir aus diversen Hochzeitsmagazinen, die Susanne jetzt immer wieder mit nach Hause bringt und die sich mahnend in unserem Esszimmer stapeln. Aber auch das wird sich regeln. Denn bald schon werde ich ja jede Menge Zeit haben, neben der Kinderbetreuung.

Da passt es gut, dass mich meine letzte Reise vor der Elternzeit nach Norwegen führt – einem Land, das nicht nur für seine Ölquellen bekannt ist, sondern auch für den unermüdlichen Einsatz seiner Politiker im Kampf um mehr Gleichberechtigung. Um den Einzug der Frau in alle Bereiche der Gesellschaft zu gewährleisten, haben sie per Gesetz eine Frauenquote für die Aufsichtsräte von Börsenunternehmen festgesetzt. So was wird ja auch in Deutschland öfter diskutiert, und deshalb interessiert sich meine Redaktion brennend für das Thema und schickt mich nach Oslo. In Norwegen steht zudem eine Parlamentswahl bevor, so dass die Reise sich gleich doppelt lohnen wird. Denn neben der Recherche über die Frauenquote werde ich auch noch das Standardprogramm vor Wahlen absolvieren: Interviews mit möglichst vielen Spitzenpolitikern, dazu Gespräche mit Politologen, Journalisten, Statistikern. Und natürlich eine Reportagetour durch die Innenstadt zur Befragung von Otto-Normal-Norwegern.

Ich freue mich über den Auftrag, denn Norwegen ist wirklich immer eine Reise wert. Nicht nur wegen seiner Fjorde und Berge, sondern auch, weil die singende Sprache so niedlich klingt (wenn man Schwedisch spricht, kann man sie sogar relativ problemlos verstehen). Und weil die Norweger immer sehr freundlich sind. Eigentlich wollten wir als Familie schon längst mal ein verlängertes Wochenende in diesem idyllischen Nachbarland verbringen. Aber bislang scheiterte so ein Ausflug immer an unserem Geiz. Denn Norwegen hat neben all seinen Vorzügen eben auch jenen Nachteil, dass es nicht ganz billig ist, um es sehr vorsichtig auszudrücken. Oberflächlich betrachtet wirkt das Land zwar typisch skandinavisch, also: bodenständig und ohne unnötigen Luxus. Aber die Preise für Kost und Logis erinnern eben doch eher an die eines arabischen Scheichtums, sie sind einfach sagenhaft hoch.

Mit Schrecken erinnere ich mich an meine erste Reise ins Land der Ölplattformen. Ich hatte lange im Internet vorgeplant und war stolz darauf, in Oslo ein sehr günstiges Hotel ergattert zu haben. Schon dachte ich, die Geschichten über das teure Norwegen seien alle übertrieben. Ich konnte ja nicht ahnen, dass das Hotel gerade neu eröffnet hatte und die Kunden mit Dumpingpreisen anlockte, die es schon bald verdreifachen sollte. Als ich bei dieser ersten Reise am Osloer Flughafen Gardermoen landete, war es schon etwas spät geworden. Und da ich mich in der Stadt noch nicht auskannte, dachte ich mir: Jetzt, wo das Hotel so billig ist und ich das Reisebudget meines Arbeitgebers so vorbildlich geschont habe, könnte ich eigentlich ein Taxi zum Hotel nehmen. Vielleicht hätte es mir zu denken geben sollen, dass der Taxistand am Flughafen völlig verwaist war und niemand sonst die Dienste der wenigen anwesenden Fahrer nachfragte. Wäre ich nicht so müde gewesen, wäre mir vielleicht aufgefallen, dass die Norweger alle zum Zug strömten. Der Taxifahrer war außerdem sehr freundlich. Obwohl er nur einen klapprigen Volkswagen hatte, benahm er sich so zuvorkommend wie der Chauffeur einer Stretchlimousine. Er nahm mir den Koffer ab, öffnete mir die hintere Tür, verneigte sich leicht und strahlte über das ganze Gesicht, als er endlich mit quietschenden Reifen seine Karre in Bewegung setzte.

»Du warst noch nie in Oslo, oder?«, war sein erster Satz.

»Nein«, antwortete ich und fragte mich, wie er das wohl erraten hatte.

»Da hast du aber Glück gehabt, dass du ausgerechnet in mein Taxi gestiegen bist. Ich bin nämlich viel billiger als die anderen Taxifahrer.«

Die Summe, die er dann nannte, war so schwindelerregend hoch, dass ich dreimal nachfragte, ob ich ihn richtig verstanden hatte. Im Kopf überschlug ich schnell, dass mich die halbstündige Taxifahrt etwa doppelt so viel kosten würde wie die Nacht in dem günstigen Hotel. In einem Anflug von Verzweiflung langte ich instinktiv zum Türgriff, aber das Taxi war inzwischen schon auf die Autobahn gerast, so dass eine Flucht leider unmöglich war. Der Fahrer, der aus Ägypten stammte, erzählte mir auf der Fahrt noch ein paar Geschichten aus seiner neuen Heimat. Dabei beschwerte er sich unablässig über den schlechten Zustand der norwegischen Straßen und lobte die tollen deutschen Autobahnen.

»Es ist eine Schande, dass wir im reichsten Land der Welt solche schlechten Straßen haben«, betonte er immer wieder. Ich fand es eine Schande, dass man im reichsten Land der Welt ein kleines Vermögen aufbringen muss, bloß um in sein Hotel gebracht zu werden. Und während der Fahrt verfestigte sich bei mir der Verdacht, dass der Taxichauffeur mich übers Ohr hauen wollte. Von wegen: Die anderen Taxis sind alle viel teurer! Innerlich feierte der Kerl doch bestimmt schon den gelungenen Nepp an dem dämlichen Deutschen. Ziemlich schlecht gelaunt bezahlte ich ihn schließlich, ohne Trinkgeld zu geben. Das schien ihn auch nicht weiter zu wundern oder gar zu stören. Freudig kramte er aus den

Tiefen seines Handschuhfachs eine schon leicht zerknitterte Visitenkarte mit der bunten Aufschrift »Super Oslo Taxi« hervor und reichte sie mir.

»Wenn du mal wieder in Oslo bist, ruf an. Ich hol dich auch gerne vom Flughafen ab – kein Aufpreis, versprochen!«

»Hmmpf«, antwortete ich und ging ins Hotel, fest überzeugt davon, einem Betrüger aufgesessen zu sein. Und einem besonders dreisten noch dazu – wollte der Kerl mich doch beim nächsten Besuch gleich noch mal ausnehmen wie eine Weihnachtsgans! Ich schlief schlecht und überlegte, ob man wohl komische Fragen wegen meiner Spesenabrechnung stellen würde. Das tat natürlich nie jemand, denn im Vergleich zu anderen Erdteilen, wo Korrespondenten Dolmetscher, kugelsichere Westen und Fremdenführer benötigen, um zu recherchieren, ist Skandinavien dann doch vergleichsweise preisgünstig, Taxi-Gauner hin oder her.

Am nächsten Tag besuchte ich das Internationale Pressezentrum, wo ich einen netten französischen Kollegen kennenlernte, der schon länger in Oslo lebt. Ich erzählte ihm von meinem Erlebnis und jammerte über die unverschämt hohe Taxirechnung. Er sagte: »O, là, là, da hast du aber Glück gehabt, die meisten Taxis sind noch viel teurer.«

Dann erläuterte er mir, dass so gut wie kein Norweger ein Taxi vom Flughafen nimmt, es sei denn, er ist fußkrank, Lottogewinner oder Topmanager eines Ölkonzerns. Ich solle beim nächsten Mal besser auf die S-Bahn umsteigen, die koste »nur« etwa die Hälfte. Zum Dank für diesen guten Tipp schenkte ich dem Franzosen die Visitenkarte des Taxifahrers.

Diesmal bin ich also schlauer und lenke meine Schritte zielgenau an allen Taxischildern vorbei, direkt auf die Bahnsteigschranke zu. Verglichen mit anderen Städten ist das Ticket für die 15-minütige Bahnfahrt in die Innenstadt zwar immer noch extrem teuer – aber im Verhältnis zu Taxis ist es tatsächlich günstig. Und deshalb fühle ich mich beim Passieren der Schranke so, als hätte ich gerade ein tolles Schnäppchen ergattert.

Im Zug komme ich mit einem netten Mann ins Gespräch, der aus dem arktischen Tromsö in die Hauptstadt gereist ist, um hier Geschäfte zu machen. Er sei wirklich froh, endlich in einem Zug zu sitzen, erzählt er. Wegen seiner Flugangst wäre er eigentlich viel lieber direkt mit einem Schnellzug von Tromsö nach Olso gefahren, statt mit Herzklopfen ewige zwei Stunden im Flieger zu verbringen.

»Aber das norwegische Schienennetz ist einfach nicht ordentlich ausgebaut. In Schweden oder Dänemark oder Deutschland – ja, da gibt es einen richtigen Bahnverkehr. Aber hier: nichts.«

Nun hat dieser Mangel vor allem geographische Ursachen. Norwegen wird nach Norden hin nämlich recht schmal und erstreckt sich Hunderte von Kilometern über einen bergigen Küstenstreifen, der noch dazu von unzähligen Fjorden zerklüftet wird. Um dort eine Bahnstrecke entlangzuführen, müsste man eine ganze Serie von spektakulären Tunnel- und Brückenbauten errichten.

Als ich diesen Umstand anspreche, winkt der Mann nur ab und schüttelt energisch den Kopf.

»Ach, das sagen unsere Politiker auch immer. Aber das sind doch bloß Ausreden! In dem reichsten Land der Welt sollte es doch wirklich möglich sein, ein anständiges Schienennetz zu bauen. In Schweden geht es doch auch.«

Mein Hotel liegt diesmal neben der Osloer Börse, nicht weit von der neuen Oper entfernt, die sich – ganz in weißen italienischen Marmor gekleidet – wie ein gestrandeter Eisberg aus dem Fjord erhebt. Die Oper ist derzeit der wohl auffallendste Beleg dafür, dass Oslo dank der vielen Petrodollars wirklich die Hauptstadt eines der reichsten Staaten der Welt ist. Die Börse dagegen ist relativ klein. Aber sie ist dafür in gewisser Hinsicht ein Beweis für die vorbildliche Feminisierung des Landes. Denn über das Herzstück der norwegischen Hochfinanz herrscht eine Frau. Sie empfängt mich in einem schicken Besprechungsraum, der über eine weit ausladende Treppe zu erreichen ist. Die Topmanagerin ist – wie viele Wirtschaftsgrößen in Norwegen – keine besondere Freundin der Frauenquote, die den Unternehmen von der Politik aufgezwungen wurde. Ihre Argumente klingen bekannt: Es sei eben schwierig, qualifizierte Frauen für all die Spitzenjobs zu finden, die es wegen der Quote nun zu besetzen gilt. Auch wenn die Börsenchefin einräumen muss, dass es, als die Quote 2008 eingeführt wurde, irgendwie dann doch kein so großes Problem mehr war, genügend kompetente Chefinnen aufzutreiben. Doch bestehe eben auch immer das Risiko, dass Frauen einfach nur deshalb eine tolle Position bekommen, weil sie Frauen sind – Quotenfrauen eben. Und wer möchte das schon sein?

Die smarte Börsenchefin, die mir nun an einem schweren Eichentisch von der Größe einer Tischtennisplatte gegenübersitzt, ist jedenfalls keine Quotenfrau. Schon allein deshalb nicht, weil die gesetzliche Quote in Norwegen nur für die Aufsichtsräte börsennotierter Unternehmen gilt, nicht für deren Vorstände. Mindestens 40 Prozent der Manager in den Kontrollgremien müssen in Norwegen Frauen sein. Eingeführt wurde dieser Zwang übrigens von einem Mann, Ansgar Gabrielsen, der noch dazu der konservativen Partei des Landes angehörte. Er war 2003 Wirtschaftsminister, und als er eines Tages seine Pläne von der Quote verkündete, erhoben sich Norwegens Wirtschaftsverbände zu einem lauten Protest. Zwang sei unnötig, sagten sie, man wolle sich lieber freiwillig verweiblichen. Gabrielsen erklärte, das mit der Freiwilligkeit habe er sich nun schon ein paar Jahrzehnte lang angesehen – aber passiert sei wenig. Darum sei jetzt Schluss mit freiwillig. Auch Wahlen und ein späterer Regierungswechsel konnten seinen Entschluss nicht mehr stoppen, denn die meisten anderen Politiker, egal welcher Partei, fanden wohl, dass Gabrielsen recht hatte. Das mag auch daran liegen, dass die Parteien in Norwegen schon lange sehr penibel darauf achten, dass sie bei der Besetzung ihrer Spitzenjobs und beim Erstellen von Kandidatenlisten immer ein Gleichgewicht von Männern und Frauen halten. Warum also, mögen sich die Politiker gefragt haben, sollen es die Wirtschaftsbosse dann nicht auch können?

Ja, warum eigentlich nicht? Fragt man Feministinnen, was ich bei meiner Recherche natürlich auch tue, dann bekommt man manchmal das Gefühl, dass hinter dem männlichen Übergewicht an der Spitze eine Art Verschwörung steht, die darauf abzielt, wenigstens in der Chefetage noch die kümmerlichen Überreste eines überkommenen Patriarchats zu verteidigen. Ich persönlich glaube aber nicht an eine solche Verschwörung.

Ich denke, die Herren Entscheider sind einfach nur ein bisschen bequem und schieben darum knifflige Dinge wie die Sache mit der Frauenquote einfach vor sich her, solange es eben geht. In ihren lichtdurchfluteten Vorstandsbüros geht es am Ende vermutlich auch nicht viel anders zu als bei uns zu Hause. Wie oft habe ich Susanne nicht schon irgendetwas versprochen und es dann einfach vergessen? Oder vertagt, je nachdem, wie man es sieht.

Neulich zum Beispiel, da musste ich ihr versprechen, das Elchgeweih wegzuschaffen. Eigentlich hatte ich ihr auch ganz fest zugesagt, es am Wochenende vor meiner Abreise nach Oslo ins Auto zu laden und es Lars wieder zurückzugeben – wir waren am Samstag Hechte angeln. Aber dann, als ich so in der Garage stand und das wuchtige Präsent in den Kofferraum hieven wollte, da überkam mich plötzlich eine große Müdigkeit, oder besser: ein Unwille. »Warum nur diese Eile?«, dachte ich mir. Eigentlich stört das Geweih doch gar nicht, dort auf dem Stapel Winterreifen. Und es Lars zurückzugeben war mir auch irgendwie unangenehm. Sicher, Susanne hat schon recht: Wir haben eigentlich keinen Platz für das Ding, und aufhängen werden wir es wohl niemals. Aber vielleicht, so überlegte ich, findet sich ja mit der Zeit eine Lösung, die nicht darauf hinausläuft, dass ich meinem besten Freund sein Verlobungsgeschenk wieder vor die Füße werfen muss. Mit der Zeit regelt sich schließlich das meiste. Also ließ ich das Elchgeweih an seinem Platz. Lars fragte beim Angeln zum Glück nicht weiter nach, ob wir es schon aufgehängt haben. Und Susanne hat gar nicht bemerkt, dass es noch da ist. Bis jetzt jedenfalls.

Es ist jetzt der dritte Tag meines Norwegen-Besuchs, und ich stehe gerade auf einem Osloer Vorortbahnhof und lausche den Klängen einer Blaskapelle, die die letzten Noten eines zackigen Marsches bläst. Es ist ja Wahlkampf, und der Ministerpräsident persönlich ist zu diesem zugigen Bahnsteig gereist, um eine neue Schnellbahnlinie zu eröffnen. Er hat vor dem Intermezzo der Blasmusik versprochen, in Zukunft noch viel mehr Bahnhöfe zu eröffnen, vorausgesetzt, die Wähler lassen ihn noch ein bisschen weiterregieren. Ich muss an den Mann denken, den ich neulich im Zug getroffen habe und der sich so bitterlich über das mangelhafte Schienennetz beklagt hat. Ob er dem Ministerpräsidenten nun wohl seine Stimme gibt?

Es ist kühl auf dem Bahnsteig, ich trete ungeduldig von einem Fuß auf den anderen. Die Pressesprecherin der Staatskanzlei hat mir und einigen anderen Journalisten versprochen, wir könnten nachher ein paar Minuten mit dem Ministerpräsidenten plaudern. Und obwohl ich den Mann vor ein paar Jahren schon einmal interviewt habe, bin ich nun doch etwas aufgeregt – immerhin ist er Regierungschef, und so einen trifft man ja nicht alle Tage. Wobei ich sagen muss, dass ich seit meinem Umzug nach Schweden im Schnitt deutlich mehr Regierungschefs getroffen habe als früher, wo ich noch in München wohnte. Und das liegt nicht nur an meinem Job als Korrespondent, sondern auch daran, dass die Spitzenpolitiker Skandinaviens so viel zugänglicher sind als ihre Kollegen im restlichen Europa. Ein paar Fragen an den Minister? Kein Problem, wie wäre es mit morgen? Ein Treffen mit dem Parteichef? Kommen Sie doch einfach kurz bei der nächsten Parlamentsdebatte vorbei, und warten Sie hinter dem Plenarsaal. Wer schon einmal die festungsartigen Anlagen passiert hat, hinter denen sich das Auswärtige Amt in Berlin verschanzt, der kann nur kopfschüttelnd staunen, wenn er zum Beispiel ins schwedische Außenministerium kommt. Denn das befindet sich in einem kleinen zaunlosen Palais neben dem Königsschloss. Der Eingang wird nur von zwei klapprigen Glastüren versperrt, neben denen ein Pförtner sitzt.

Der isländische Außenminister rief mich sogar einmal aus der Wartehalle eines Flughafens zurück, um mir in einem 15-minütigen Interview zu erklären, warum seine Insel in die EU gehörte. In Deutschland gibt es Bürgermeister, die deutlich mehr Aufwand betreiben, bevor sie weit banalere Dinge absondern. Und den finnischen Außenminister habe ich einmal in einem Einkaufszentrum mit Namen »Grüner Apfel« getroffen, wo er einfach so herumlief und für seine Partei Wahlprospekte verteilte. Nachdem er einer Gruppe von ausländischen Journalisten Fragen in fließendem Englisch und Schwedisch beantwortet hatte, drehte er sich um und verschwand mit seinen Werbebroschüren wieder in der Menge. Sollte er eine Leibwache gehabt haben, dann war sie jedenfalls sehr gut getarnt. Diese Volksnähe hängt bestimmt damit zusammen, dass die skandinavischen Länder klein und relativ sicher sind – aber ein bisschen zeugt sie wohl auch davon, dass die Politiker im Norden einfach eine andere Einstellung zum Volk haben als ihre Kollegen in anderen Ländern.

Nun steht also der norwegische Ministerpräsident vor mir, der Stoltenberg heißt, den die anderen Journalisten auf dem Bahnsteig aber nur »Jens« rufen. Höflich fragt er, in welcher Sprache er denn antworten solle –

ich wähle Norwegisch –, dann lässt er geduldig alle Fragen über sich ergehen. Und nach etwa zehn Minuten klingelt dann mein Handy. Ich werde rot, denn es ist mir wirklich peinlich, dass ich es während des Interviews nicht ausgeschaltet habe. »Susanne« steht auf dem Display. »Meine Frau«, sage ich entschuldigend.

»Ich verstehe. Das ist kein Problem. Ich gehe dann mal dort hinüber«, sagt der Ministerpräsident und deutet auf die andere Seite des Bahnsteiges, wo ein Kamerateam geduldig in der Kälte ausharrt. »Da muss ich nämlich noch ein Fernsehinterview geben. Aber wenn Sie weitere Fragen haben, dann kommen Sie einfach vorbei. Ich bin noch ein wenig hier.« Ich bedanke mich und sage, dass ich wohl keine weiteren Fragen mehr hätte.

Die ausgesuchte skandinavische Höflichkeit, die auf diesem frostigen Bahnsteig zelebriert wird, steht in grellem Kontrast zu den feindlichen Tönen, die nun aus dem Handy an mein Ohr dringen.

»Hör mal zu. Alois ist krank. Ich habe die ganze Nacht in einem Krankenhaus verbracht. Und ich bin sauer! In der Garage steht ja immer noch dieses Ding! Kannst du mir das bitte erklären?«

»Oh. Hallo, Susanne.«

»Wieso steht das da noch? Du hast doch versprochen, es wegzuräumen, bevor du fährst?«

»Ja, ich hab's vergessen. Es tut mir leid.«

»Hast du denn wenigstens schon mit Lars gesprochen? Er nimmt es doch zurück, oder?«

»Ja, also, das ist nicht so einfach, weißt du.«

»Das ist ganz einfach. Soll ich mit ihm sprechen?«

»Nein, nein. Ich kümmere mich schon selbst darum. Nur ... Weißt du, ich bin gerade auf einem Termin.«

Fieberhaft suche ich nach einem Ausweg, das unangenehme Gespräch so schnell wie möglich zu beenden, ohne dabei zu einer Notlüge greifen zu müssen. Schließlich habe ich mein Interview ja eigentlich schon geführt, und der Termin ist damit so gut wie beendet. Doch da kommt plötzlich auf dem Bahnsteig eine Frau mit Kurzhaarfrisur und Brille wie ein rettender Engel auf mich zu.

»Ach, da kommt die norwegische Verkehrsministerin«, rufe ich hastig. »Mit der möchte ich gerne noch ein Interview führen. Ich rufe später zurück.«

»Okay, tschüss. Vergiss es aber nicht«, sagt Susanne.

Sie mag manchmal etwas energisch sein, aber für meine Arbeit hat Susanne eben doch meistens Verständnis, schließlich ist sie ja selbst Journalistin und weiß, wie schwierig es sein kann, wichtige Politiker zu treffen.

Nachdem mir die Verkehrsministerin noch einmal die Pläne zum Ausbau des Schienennetzes erläutert hat, die sie nach der Wahl umzusetzen gedenkt, fahre ich in mein Hotel zurück. Auf dem Weg in die Stadt plaudere ich mit einem norwegischen Kollegen, der auch auf dem Bahnsteig gefroren hat. Ob denn die Finanzkrise, die in diesem Jahr doch alle so beschäftige, gar keine Rolle im Wahlkampf spielte, will ich wissen. Denn das hat mich eigentlich in den letzten Tagen doch ein bisschen verwundert. Der Journalist lacht laut. Nein, sagt er, in Norwegen ginge es bei Wahlkämpfen nie ums Sparen.

»Bei uns wird eigentlich immer nur darüber gesprochen, wie wir das Geld ausgeben sollen. Das kannst du daran sehen, dass politische Debatten in diesem Land stets mit einer von zwei möglichen Floskeln beginnen«, erklärt er und seufzt dabei – vermutlich wünscht er sich manchmal etwas mehr Abwechslung. »Entweder heißt es: Es ist eine Schande, dass man im reichsten Land der Welt dieses oder jenes Problem noch nicht gelöst hat.« Er macht eine Kunstpause und grinst. »Oder aber jemand sagt: Im reichsten Land der Welt sollte es doch wohl möglich sein, dieses oder jenes Problem zu lösen.«

In Schweden machen sich die Leute ja gerne lustig über diese Luxusdebatten der Norweger. Aber eigentlich ist das purer Neid. Denn immerhin zeigen solche Diskussionen, dass die Norweger willens sind, ihre Reichtümer für die Lösung von Problemen auszugeben. Das ist nicht selbstverständlich: In anderen durch Ölreichtum gesegneten Ländern wird das Geld mit der Gießkanne an die Bevölkerung verteilt und dann vor allem in Sportwagen und Privatjets investiert. Dieser Versuchung hat man in Oslo widerstanden. Und die Menschen scheinen damit im Großen und Ganzen recht zufrieden zu sein. Jedenfalls wählen sie diesmal ihren Ministerpräsidenten wieder. Ich schreibe ein paar Berichte und Analysen für meine Zeitung und dann noch einen längeren Artikel über die Frauenquote. Als ich eines Abends damit fertig bin und auf »Senden« klicke, fühle ich mich erleichtert und nervös zugleich: Denn das waren jetzt erst einmal meine letzten Texte für die nächsten Monate. Nun ist Elternzeit.

# 10

Genervt werfe ich mich hinter das Steuer und drehe den Schlüssel im Zündschloss herum. Beim Aufflammen der Scheinwerfer wandert mein Blick wie automatisch über den Stapel Winterreifen. »Arrr!«, entfährt es mir.

»Was is' denn, Mama?«, fragt Laura aufgeschreckt vom Rücksitz.

»Ach, ich ärgere mich nur, weil das Elchgeweih immer noch da ist«, antworte ich ihr.

»Mein Weih«, nuschelt Laura schläfrig, und ich sehe, wie ihr Kopf wieder mit geschlossenen Augen zur Seite rollt. Alois quengelt leise in seiner Babyschale vor sich hin.

Wir fahren durch die schwarze Nacht. Kaum ein anderes Auto ist auf der Autobahn in die Stadt unterwegs. Es ist zwei Uhr morgens, und wir sind auf dem Weg zum Astrid-Lindgren-Kinderkrankenhaus. Alois hat jetzt schon drei Tage hintereinander 40 Grad Fieber, und die Alvedon-Zäpfchen helfen fast gar nicht mehr. Eigentlich wollte ich den Krankenhausbesuch ja noch hinauszögern, bis Gunnar aus Norwegen zurück ist, doch jetzt ist das Fieber auf beinahe 41 Grad gestiegen. Ich habe mich auf langes Warten im Krankenhaus eingerichtet und neben Proviant auch noch meinen Laptop und die Dornröschen-DVD eingepackt.

Laura sitzt jetzt wie sediert im Warteraum der Kindernotaufnahme vor dem Bildschirm und schaut Dornröschen beim Einschlafen zu, während ich mit dem weinenden und vor Fieber glühenden Alois auf- und ab gehe. Er will nicht trinken und nicht schlafen. Und so habe auch ich die vergangenen drei Tage praktisch gar nicht geschlafen. Selbst wenn einmal Ruhe war, konnte ich aus Sorge um Alois kein Auge zutun. Ich hatte beschlossen, Gunnar wenigstens nicht auch noch zu beunruhigen, und ihm darum die dramatischen Details verschwiegen. Auf seinen Reisen ist er meistens im Stress, hetzt von einem Termin zum nächsten. Was bringt es da, wenn er auch nicht schlafen kann?

Nach etwa einer Stunde werden wir aufgerufen. Das überrascht mich, obwohl der Wartesaal so gut wie leer ist. Wenige wartende Patienten in einem Warteraum bedeuten nämlich noch lange nicht, dass man schnell drankommt. Bei den Notaufnahmen in den großen Städten ist eine Wartezeit von sieben bis neun Stunden keine Ausnahme. Sie sind deshalb so überlaufen, weil es keinen ärztlichen Bereitschaftsdienst gibt. An Wochenenden oder nachts sollte man in Schweden halt einfach nicht akut krank werden. Wer trotzdem so dumm ist, muss eben warten – egal, wie krank er ist.

Alois wird schließlich von einer Kinderärztin untersucht, die eine Mittelohrentzündung diagnostiziert. Bevor wir allerdings entlassen werden, müssen wir noch das Ergebnis eines Bakterientests abwarten. Eigentlich dauert der nur ein paar Minuten, doch die Wartezeit ist länger. In einem kleinen Behandlungszimmer mit einer harten Patientenpritsche und einem Tisch verharren wir, bis Dornröschen sich schon zum zweiten Mal mit ihrem Prinzen vermählt hat. Gerade singt Prinzessin Aurora zum dritten Mal mit den Vögeln um die Wette – Laura fallen die Augen immer wieder zu –, da kommt die Ärztin zurück.

»Entschuldigung, dass es so lange gedauert hat. Aber es sind ein paar Notfälle reingekommen und ich bin die einzige Ärztin in der Nachtschicht.« Ich bin schockiert. Das Astrid-Lindgren ist das größte Kinderkrankenhaus Schwedens.

»Wie kann das sein, dass nur eine Ärztin während der Nachtschicht da ist?«, frage ich.

»Einige sind noch im Urlaub, und dann gab es Krankheitsausfälle. Tja. Also, Ell…lli…os«, sie versucht den Namen auf dem Krankenblatt zu entziffern, »hat eine Mittelohrentzündung. Der Bakterientest ist positiv ausgefallen. Ich verschreibe ihm jetzt ein Antibiotikum.« Ich bin erleichtert. Denn damit wird sich die Sache hoffentlich schnell bessern.

Und so kommt es auch. Alois schläft am folgenden Tag viel und ruhiger und das Fieber geht zurück. Laura ist dafür den ganzen Tag knatschig, weil sie – ganz anders als Dornröschen – nicht genug geschlafen hat. Und so übermüdet will ich sie auch nicht in den Kindergarten schicken. Dafür gelingt es mir, alle beide am Abend zeitig ins Bett zu legen.

Endlich ist es still! Ich werfe mich fix und fertig auf das Sofa. Die Augen fallen mir sofort zu.

»Na, hier ist es ja schön ruhig.« Gunnar ist aus Norwegen heimgekehrt und schaut zur Wohnzimmertür herein.

»Wie spät ist es?«, nuschle ich und richte mich mühselig auf.

»Acht Uhr.«

Mir kommt es vor, als sei ich schon seit Stunden ohnmächtig, dabei habe ich erst zwanzig Minuten geschlafen.

»Ich würde mich auch mal gerne so früh schon auf dem Sofa ausruhen. Das kann ich ja dann hoffentlich endlich, wenn ich in Elternzeit bin«, sagt Gunnar und verschwindet wieder, um seinen Koffer auszupacken.

»Ja, darauf freue ich mich auch schon«, murmle ich und döse wieder ein.

Zwei Wochen später: Die Sonne lässt ihre herbstlichen Strahlen über meine Bettdecke wandern. Der Stapel angelesener Bücher auf meinem Nachttisch ist weiter angewachsen. Die Ratgeber für ein glückliches Familienleben sind inzwischen von anderen Werken verdeckt. Ganz obenauf zunehmend feministische Literatur wie »Bitterfittan« – »Bitterfotze« – von Maria Sveland, in dem in galligen Worten das Leben einer Mutter in einem Stockholmer Vorort beschrieben wird, und »Das andere Geschlecht« von Simone de Beauvoir. Vielleicht haben Maria Sveland und Simone de Beauvoir auch gerade Säuglinge gestillt, als sie ihre Bücher schrieben. Denn meine übernächtigten Verschwörungstheorien waren nicht weit von ihren Thesen entfernt. Maria Sveland bringt es zumindest auf den Punkt: Die Frauen sind immer die Dummen, weil sie ein schlechtes Gewissen gegenüber den Kindern haben und auch gegenüber dem klagenden Mann. Sie stellen sich und ihre Bedürfnisse deswegen hintenan. Sie lassen sich erpressen. Diese Erkenntnis hat mir die Augen geöffnet.

Ich blinzle in das Licht. Gunnar grunzt neben mir tief und fest, was ich aber erst höre, als ich die Ohropax herausgenommen habe. Seit einer Woche schon schlafe ich jede Nacht einen gesunden Schlaf von sieben bis acht Stunden. Ich habe nämlich vor zwei Wochen, als Gunnar seine Elternzeit angetreten hat, auch mit dem Abstillen begonnen. Und damit ist es endlich so weit: Ich kann nachts schlafen. Also durchschlafen. Ohne Unterbrechung. Ich fühle mich um Jahre verjüngt. Ein schlechtes Gewissen habe ich mir dabei übrigens verboten. Gunnar scheint meine Verjüngung aber überhaupt nicht zu bemerken. Ich betrachte ihn ein Weilchen. Sein Gesicht wirkt merkwürdig eingefallen und grau. Vielleicht liegt das nur an dem Mehr-als-Dreitagebart. Oder an den violettfarbenen Augenringen. Was zwei Wochen Schlafmangel so anrichten können … Mein Leben scheint dafür nun wieder an Fahrt zu gewinnen. Endlich sitze ich wieder am Steuer und nicht mehr auf dem Rücksitz. Und ich gedenke die kurzen drei Monate, die mir nun zur Verfügung stehen, optimal zu nutzen. Bloß keine Zeit mit Mitleid verplempern. Das Fernstudium zur Deutschlehrerin habe ich bereits abgeschlossen. Und nächste Woche geht es los zu meinem zweiwöchigen Praktikum am Goethe-Institut in Freiburg. Ich werde über München fliegen und am Wochenende meine Familie besuchen. Nur ein kleines bisschen wehmütig bin ich. Noch nie war ich von Klein-Alois getrennt. Na ja, in der letzten Woche ein paarmal für einige Stunden am Tag. Aber jetzt sind es ganze zwei Wochen. Wird er es gut haben, wenn ich weg bin? Wird Gunnar das alles schaffen? Er ist schon jetzt so kaputt, obwohl ich ihn immer wieder entlastet habe. Schließlich hatte ich ja keinen Vollzeitjob, sondern habe in unserem Arbeitszimmer gesessen und meine Fernstudieneinheit abgearbeitet, die Abschlussprüfung geschrieben sowie Bewerbungen abgeschickt und das Praktikum organisiert. Zweimal war ich für Bewerbungsgespräche an Sprachinstituten und Schulen auch in der Stadt. Doch im Prinzip war ich immer zu Hause, falls es Fragen gab. Und die gab es.

Nicht, dass Gunnar etwa Fragen gestellt hätte. Nein. Er hatte ja alles im Griff. Es war eher so, dass ich auf mystische Weise zu erfühlen hatte, was er nun an ergänzenden Informationen brauchte. Wie zum Beispiel gestern: »Mist!«, tönte es von unten aus der Küche. Knall! Eine Schranktür wurde zugeworfen. »Warum ist denn hier alles … Mist!«

Ich nahm die Hände mit einem leichten Seufzer von der Tastatur und ging hinunter, um nachzusehen. »Ist was?«

»Nein! Geh wieder hoch. Du musst doch dein Studium da fertigmachen.«

»Mach dir darum mal keine Sorgen. Suchst du was?«

»Nein! Ich hab alles im Griff«, brummelte er. Auf dem einen Arm trug er den vor sich hin nörgelnden Alois und in der anderen Hand hielt er ein Milchfläschchen ohne Deckel und Sauger.

»Die Sauger für die Fläschchen habe ich abgekocht. Deswegen sind sie noch hier in dem Sterilisator.« Ich öffnete ihn und zeigte die desinfizierten Sauger. Mit einem »Hrmpf« nahm sich Gunnar einen heraus und stöpselte ihn auf das Fläschchen, ohne mich noch einmal anzusehen. Hätte er mir gleich zugehört, hätte er gewusst, wo alles steht. Am Anfang seiner Elternzeit hatte ich ihm eine gründliche Einweisung gegeben: über Essens- und Schlafenszeiten, über den Verbleib von

Windel und Fläschchen und über die Kunst des Muttermilchauftauens. Aber damit hatte ich wohl seinen männlichen Stolz gekränkt, solche Kinkerlitzchen auch alleine herauszufinden. Er hört mir halt nie richtig zu.

Später, ich sitze noch am Frühstückstisch und öffne die Post, kommt Gunnar mit halbgeschlossenen Augen die Treppe heruntergeschlurft. Er bietet noch immer einen erbärmlichen Anblick – unrasiert, im schmuddeligen Bademantel und mit einer vollen Windelmülltüte in der Hand lässt er sich auf den Stuhl mir gegenüber fallen.

»Willst du die nicht erst mal entsorgen?«, frage ich.

»Hä?«

»Na, die Windeltüte. Du musst sie nicht ständig mit dir herumtragen«, sage ich und grinse. Er blickt an sich hinunter und stellt befremdet fest, dass er das stinkende Ding immer noch in der Hand hält.

»Ach so. Ich stell sie mal weg.«

Ich fühle mich fast ein bisschen gemein, als ich höre, wie er die Tüte raus zum Müll bringt und ich derweil in meinen Toast beiße. Doch die Strafe folgt auf dem Fuße: »Aua!« Mein Zahn schmerzt plötzlich unglaublich, und ich spüre irgendetwas Hartes auf meiner Zunge, was bestimmt nicht zum Toastbrot gehört. Schnell renne ich ins Bad und sehe im Spiegel in meinen Mund. Eine recht große Füllung ist aus meinem Backenzahn gefallen. Ein riesiges Loch klafft im Schmelz. Der Zahn wackelt, und ich traue mich kaum noch, den Mund zum Sprechen zu bewegen.

»Was ist denn?«, fragt Gunnar, der gerade wieder hereinkommt.

»Mischt. Isch musch tschum Tschaanaatscht«, nuschle ich.

»Hä?«

»Mein Tschaan. Isch musch tschum Tschaanaatscht!«

»Was?«

»Ach, nie höascht du mia rischtisch tschu. Dasch isch wie mit den Fläffschen und dem Schauga!«, rüple ich ihn an und renne die Treppen hoch. Hinter mir höre ich noch ein völlig ratloses »Hä?«

Ich rufe also bei meiner Zahnarztpraxis in Vällingby an. »Guten Tag. Sie sind mit den Zahnärzten Vällingby verbunden. Sie werden in einer Warteschlange platziert. Ihre Wartezeit beträgt voraussichtlich fünf Minuten.« Nach gefühlten sieben Minuten nimmt endlich jemand das Gespräch entgegen. »Die Zahnärzte Vällingby. Hej.«

»Hej. Isch heische Schuschanne Schusch. Ein Notfaj. Kann isch heute noh komm?«

»Waren Sie schon einmal bei uns, Frau Schusch?«

»Nein. Schusch heische isch. Esch Tsche Ha U El Tschett. Und isch war schon ma bei Ihnen.«

Die Dame fragt mich nach meiner Personennummer. Es ist ein hartes Stück Arbeit, aber nach dem dritten Anlauf versteht sie sie richtig. Dann lässt sie mich lang und breit erklären, was denn passiert ist.

»Ja, Frau Schulz, da kann ich Ihnen einen Termin am 20. November anbieten.«

»Wasch? Dasch ischja erscht in vier Wohen! Isch habe doh geschagt, daschesch akut isch. Alscho jetsch, heute!«

Pause. Irritiert antwortet die Empfangsdame: »Akute Fälle nehmen wir grundsätzlich nicht an.«

Ich bin baff. Wozu habe ich denn dann einen Zahnarzt? »Und wasch scholl isch jetsch mit meim Tschahn mahen? Isch habe Schmertschn.«

»Dann nehmen Sie doch Alvedon«, rät sie mir entrüstet, als sei das völlig klar, vier Wochen lang gegen akute Zahnschmerzen Paracetamol zu nehmen. »Also, vielleicht kann ich Ihnen auch schon eine Woche früher einen Termin geben. Wenn da etwas frei wird, rufen wir Sie an. Wie ist denn Ihre Telefonnummer?«

»Schie verschehn nisch. Isch brauhe jetsch Hilfe.«

Pause. »Soll ich Sie nun auf die Warteliste für einen früheren Termin setzen oder nicht?« Ich gebe auf.

»Ja, dann geben Schie mir Bescheid, schobald Schie wasch früheresch haben. Vielleischt kann der Aatscht dann gleisch alle Tschähne unterschuschn und auh noh eine proffeschionäe Tschahnreinigung mahen.«

»Was?«

»Isch scheibe Ihnen eine E-Mail«, sage ich resigniert und lege auf. In der E-Mail beantrage ich einen Termin zur generellen Untersuchung aller Zähne und professionellen Zahnreinigung.

Dann google ich nach einer anderen Zahnarztpraxis in Vällingby. Die nächste ist der Folktandvård – der Volkszahnpflegedienst – in Vällingby Centrum. Das hört sich ziemlich staatlich an. Vielleicht nehmen die ja Patienten mit akuten Problemen.

»Guten Tag. Sie sind mit Folktandvården in Vällingby verbunden. Zur Zeit sind viele Anrufer in der Leitung. Sie werden in einer Warteschlange platziert. Es ist ein Gespräch vor Ihnen. Im Moment arbeiten zwei Telefonisten. Ihre voraussichtliche Wartezeit beträgt eine Minute.« Ich empfinde fast Ehrfurcht davor, wie formvollendet die Ankündigung von nur einer Minute Wartezeit in zwei Minuten Monolog verpackt wurde. Nun bin ich mir sicher, dass es sich um eine staatliche Organisation handelt. Ohne dass ich weiter auf die Uhr gesehen hätte, nimmt eine Dame das Gespräch entgegen: »Folktandvården Vällingby. Hej?« Ich nuschle erneut mein Anliegen und meine Personennummer. Die Dame ist geduldig mit mir und meinem Sprachfehler, bis sie alles richtig verstanden und eingetippt hat. Doch plötzlich scheinen Gewitterwolken am andern Ende der Leitung aufzuziehen. »Ich sehe gerade, Sie sind gar nicht bei uns angemeldet, sondern bei einem« – sie schnappt nach Luft – »privaten Zahnarzt.« Jetzt ist ihre Geduld mit mir am Ende. Als hätte ich ihr Wohnzimmer ohne blaue Plastikpuschen an den Schuhen betreten. Als anständiger Mensch hätte ich natürlich das staatliche Angebot dem privaten vorgezogen. Aber so halte ich mich offenbar für etwas Besseres als all die anderen, die brav zum Folktandvård gehen. So etwas verzeiht man hier nicht so schnell. Dabei werden private und staatliche Zahnärzte gleichermaßen von der Försäkringskassa bezahlt, zumindest teilweise – wer in Schweden sein Gebiss in Schuss halten möchte, der muss meist einen recht hohen Eigenanteil für die Behandlung bezahlen. Außer man ist unter 18 Jahre alt, dann ist der Zahnarzt gratis. Aber so jung sehe ich trotz meines guten Nachtschlafs dann wohl doch nicht aus. Grundsätzlich darf man in Stockholm zwischen privaten und öffentlichen Gesundheitsanbietern wählen, die liberalkonservative Stadtregierung wirbt sogar in großen Kampagnen für diese Wahlfreiheit. Bei den staatlichen Institutionen, die früher ein Monopol auf die Medizin hatten, werden diese neumodischen Ideen aber überaus skeptisch gesehen. Und mitunter auch regelrecht torpediert.

»Also, so geht das nicht«, schimpft die Dame vom Volkszahnpflegedienst empört weiter. »Sie können nicht erst zu einem Privatarzt gehen, und wenn der Ihnen plötzlich nicht mehr passt, zu uns kommen.«

»Awa wo schoj isch denn dann hin mit meim Tschaan?«

»Wenn Sie bei uns wären, könnte ich Ihnen heute Nachmittag noch einen Termin geben. Aber so müssen Sie sich schon an die Zahnnotaufnahme am Sankt Eriksplan wenden.« Ich lege auf und rufe bei der Notaufnahme am Sankt Eriksplan in der Innenstadt an.

»Guten Tag. Sie sind mit der Zahnnotaufnahme am Sankt Eriksplan verbunden. Sie werden in einer Warteschlange platziert.«

Bei der Zahnnotaufnahme werde ich aufgefordert, doch einfach vorbeizukommen. Einen Termin könnten sie mir nicht geben. Auch nach einer voraussichtlichen Wartezeit frage ich vergebens. Es bleibt mir also nichts anderes übrig, als mich auf einen langen Tag mit Zahnschmerzen einzurichten. Aber ich habe Glück. Nach nur vier Stunden komme ich dran und bekomme eine provisorische Füllung verpasst.

Am nächsten Tag bekomme ich eine SMS von meiner Zahnarztpraxis in Vällingby, worin mir ein Termin noch diese Woche angeboten wird. Kurz bevor ich nach Deutschland abreise, bekomme ich also doch noch eine richtige Füllung in meinen Zahn.

Endlich sitze ich im Flieger nach München. Ich kann es kaum fassen – und bin hin- und hergerissen zwischen dem schlechten Gewissen, das ich mir eigentlich verboten hatte, und der Vorfreude: Zwei Wochen nur für mich! Keine Kinder! Ich werde nach einem Wochenende in München bei meiner Familie und meinen Freunden mit dem Zug weiterfahren nach Freiburg, um dort bei meiner Tante zu wohnen und eine Vollzeithospitanz beim Goethe-Institut zu machen. Die Vorfreude ist so riesig, dass das schlechte Gewissen mehr und mehr nachlässt, als das Flugzeug über Stockholm nach Süden schwenkt. Die Bilder vom Abschied verblassen. Die weinende Laura, der aus müden Augen schielende Gunnar, der kleine Alois, der stets unbegreiflich vergnügt ist. Mit jeder Flugmeile lasse ich sie ein Stück mehr hinter mir.

Am Münchner Flughafen fühle ich mich schon wieder richtig zu Hause. Gleich am ersten Semmelstand kaufe ich mir eine lang ersehnte Butterbrezen und ein Schokocroissant noch dazu. Die Verkäuferin ist klein und sehr jung und sieht mich verschüchtert an. Ihre Hände zittern, als sie die Gebäckstücke in eine Papiertüte packt. Ich bin leicht irritiert, denn so furchteinflößend bin ich doch gar nicht, bis mir zwei weitere Angestellte des Semmelstandes auffallen, die in der Ecke stehen. Ein großer wuchtiger Mann, kaum älter als ich, unterhält sich mit einer weiteren Verkäuferin. Die beiden sehen immer wieder kichernd zu meiner Bedienung herüber. Ich will bezahlen. Da kommt der Mann zu uns und baut sich massig hinter der verhuschten Verkäuferin auf. »Na? Kriegst des hin?«

Sie sieht verunsichert zu ihm auf.

»Ja, des kannst noch net, gell?«, sagt ihr Vorgesetzter. »Da tippst jetzt du den Preis ein. Ah, geh, des mach ich schnell.« Der Hüne tritt an die Kasse heran, und in der Bugwelle seiner Bewegung wird die Verkäuferin beiseitegespült. Er muss ungefähr doppelt so groß sein wie sie und dreimal so schwer. Der Mann tippt mit seinen Wurstfingern den Preis ein. »So, da schaugst jetzt amoi her, Madl. Drei fünfzig, bittschön, die Dame.« Ich reiche demonstrativ der Verkäuferin einen Zwanzig-Euro-Schein über die Theke.

»Und jetzt bekommst du zwanzig Euro von der Dame. Das gibst du hier ein. Ja, also des mach ich jetzt mal schnell. So. Und da steht jetzt, was du rausgeben musst. Des musst jetzt aber mal selber machen, gell? Sechzehn Euro fünfzig. Na«, er stupst sie mit dem Ellenbogen an und sieht mir dabei augenzwinkernd ins Gesicht, »des wirst ja noch zamzählen können, oder?« Offensichtlich erwartet dieser Testosterongorilla von mir, dass ich auch noch über seinen blöden Witz lache. Ich starre ihn entsetzt an. In Schweden wäre der Mann vermutlich im nächsten Moment von einer Delegation der Semmelverkäuferinnengewerkschaft zur Ordnung ermahnt worden, und wenn er Pech hätte, würde er am nächsten Tag in der Zeitung landen: »Diskriminierung am Arbeitsplatz – Bäckereibranche im Visier der Behörden«. Diesen rüden Ton bin ich von meiner neuen Heimat einfach nicht mehr gewöhnt. In was für ein Jahrhundert bin ich hier eigentlich gereist? Ich ahne noch nicht, dass das nicht das letzte Mal sein wird, dass ich mir diese Frage stelle.

Am Abend treffe ich mich mit meiner Schwägerin und einer ihrer Freundinnen in einer Pizzeria. Wir bestellen wagenradgroße Pizzen und trinken rubinroten Wein. Ich bin glücklich und fühle mich so frei. Frei von quälenden Gedanken oder Verpflichtungen.

»Und dein Mann bleibt jetzt am Wochenende ganz allein mit den Kindern zu Hause?«, fragt Luise, die Freundin meiner Schwägerin Miriam. »Mit meinem könnte ich das ja nicht machen«, setzt sie hinzu und lacht. »Das würde ein Chaos geben, sag ich dir.«

»Na ja, eigentlich bin ich jetzt zwei Wochen lang weg. Gunnar hat ja Elternzeit genommen«, erkläre ich.

»Wie lange hat er denn eigentlich Elternzeit?«, will jetzt auch Miriam wissen.

»Drei Monate«, antworte ich und nehme lächelnd einen Schluck von meinem Wein. Die anderen sehen mich mit großen Augen an.

»Wow«, sagt Luise. »Das ist ja wirklich mal ein fortschrittlicher Mann, den du da hast.«

»Ich finde das auch total super«, wirft meine Schwägerin ein. »Da kann man glatt neidisch werden, nicht wahr?«, sagt sie, an ihre Freundin gewandt.

»Ja. Das ist wirklich großzügig von ihm. Echt toll!« Luise kann sich vor Bewunderung kaum bremsen.

»Na ja. Es sind ja nur drei Monate«, beschwichtige ich. »Ich habe allein schon für Alois inzwischen sechs Monate Elternzeit hinter mir – ganz zu schweigen von der Geburt und allem –, und ab Januar sind's dann auch noch mal acht weitere Monate. Und für Laura hatte ich ein Jahr Elternzeit ganz alleine genommen. Außerdem habe ich auf eine unbefristete Festanstellung in Deutschland verzichtet, bin mit Gunnar nach Schweden gezogen und habe eine neue Sprache gelernt.« Ich blicke die beiden stolz an und erwarte entsprechend noch viel mehr »Toll!« und »Wie großzügig von dir!« oder »Da hast du ja ganz schön was für ihn aufgegeben.« oder mindestens ein »Das muss wahre Liebe sein!«

Stattdessen fragt Luise: »Hab ich eigentlich richtig gehört? Du bist jetzt ganze zwei Wochen nicht da?«

»Ähm, ja.« Ich bin ein bisschen enttäuscht. Meine ganzen Heldentaten sind offenbar nicht einmal ein klitzekleines »Gut gemacht!« wert. Gunnar gibt ja bei seinen lächerlichen drei Monaten gar nichts auf. Er kann danach einfach in seinem Job weitermachen. Ohne Gehaltseinbußen. Und dann bekommt er auch noch von allen Seiten so überschwänglich Lob und Bewunderung.

»Ja, aber kann er das denn überhaupt? Hast du denn da gar kein schlechtes Gewisse?«, fragt Luise.

Ich muss einen Moment darüber nachdenken. Sollte ich denn ein schlechtes Gewissen haben?

»Nein, hab ich nicht«, antworte ich wahrheitsgemäß. »Warum sollte ich? Ich habe die Kinder ja nicht irgendwie im Stich gelassen, sondern in der Obhut ihres eigenen Vaters.«

Luise schüttelt leicht ihren Kopf und nimmt noch einen Schluck von ihrem Wein. »Hast du nicht Angst, dass irgendwas schiefläuft, während du weg bist?«, fragt sie schließlich.

»Ich hoffe, dass alles glattgeht und Gunnar auch nachts zum Schlafen kommt. Aber ich werde mir jetzt nicht die kommenden zwei Wochen den Kopf darüber zerbrechen, ob Gunnar zu Hause wirklich den richtigen Sauger auf die Milchflasche steckt oder ob er Laura auch die warme Mütze aufsetzt. Das bringt doch nichts.«

»Das stimmt. Und ich glaube auch nicht, dass er sich darüber Gedanken gemacht hat, während er im Büro saß und du zu Hause warst«, sagt Miriam und prostet mir zu.

»Genau«, stoße ich lächelnd mit ihr an. »Wie läuft es eigentlich bei dir gerade? Hat Toni endlich einen Kindergartenplatz bekommen?«, frage ich Miriam. Meine Nichte Antonia ist jetzt dreieinhalb Jahre alt, und es war schwierig für meinen Bruder und Miriam, einen Kita-Platz für sie zu finden.

»Ja, endlich haben wir einen! Da kann Toni von acht bis eins hingehen. Ich bin so froh!«

»Von acht bis eins? Was machst du denn in so kurzer Zeit? Da kann man doch gar nicht arbeiten, oder?«, frage ich etwas verstört.

»Doch, doch. Ich habe doch jetzt eine Teilzeitstelle. Da arbeite ich an zwei Vormittagen die Woche von halb neun bis eins. Und da wird dann Toni von ihrer Oma abgeholt«, erklärt Miriam strahlend.

»Und, bist du zufrieden mit der Kita?«, will Luise wissen. »Ich fand es damals nicht leicht, einen passenden Kindergarten für meinen Theo zu finden.«

»Ja, der ist super. Ganz neu. Und auch ganz in der Nähe. Nur zehn Minuten mit dem Auto«, sagt Miriam begeistert. Zehn Minuten mit dem Auto, das wäre für mich ein K.-o.-Kriterium für einen Kindergarten. Ich beiße mir aber auf die Lippen. »Es ist nur manchmal ganz schön stressig morgens«, erzählt Miriam weiter.

»Warum?«, frage ich.

»Na, wegen dem Singkreis.«

»Wegen dem was?«

»Dem Singkreis. Morgens um acht versammeln sich die Kinder zum Singkreis. Da sitzen sie alle im Kreis und singen das Guten-Morgen-Lied und noch ein paar andere Lieder.«

»Und wo ist da der Stress?«, will ich wissen.

»Die fangen immer Punkt acht an. Dann wird die Tür zugesperrt und geht erst wieder auf, wenn der Singkreis zu Ende ist«, erklärt Miriam.

»Wie, die Tür wird zugesperrt?«

»Ach, das war bei uns auch so«, ruft Luise dazwischen. »In Theos Kita gab es allerdings ein Morgengebet. War ein christlicher Kindergarten. Da durfte man dann auch nicht reinplatzen.«

»Was heißt das denn jetzt, ›die Tür wird zugesperrt‹?«, frage ich nochmals.

»Das heißt, dass ich Toni dann nicht abgeben kann. Wir müssen dann vor der Tür warten, bis der Singkreis zu Ende ist. Und der dauert immer eine Viertelstunde.«

»Was?«

»Ja, und ich komme dann zu spät zur Arbeit. Und Toni weint, weil sie nicht mitsingen darf. Aber an manchen Morgen ist es halt wie verhext. Da kommen wir einfach nicht rechtzeitig los.«

»Warum sperren die denn die Tür zu? Die armen Kinder, die zu spät kommen!« Ich bin entsetzt.

»Das ist das pädagogische Konzept«, sagt Miriam.

»Was ist das denn für ein pädagogisches Konzept, wo Kinder dafür bestraft werden, dass sich ihre Eltern verspäten?«

Miriam zuckt mit den Achseln. »Das ist halt so. Aber ansonsten ist die Kita wirklich super. Nur Öko-Essen, ein großer Garten mit tollem Spielplatz, nette Kindergärtnerinnen. Und die machen auch viel. Gehen mit den Kindern ins Puppentheater und ins Museum oder fahren auf den Bauernhof. Und im Winter gibt's einen Skikurs. Toni ist begeistert.«

Neidvoll muss ich anerkennen, dass Lauras Kindergarten nicht in allem mithalten kann. Von Öko-Essen kann man in Schweden nur träumen. In Lauras Kindergarten gibt es jeden Tag Tiefkühlnahrung mit Fleisch. Wenn es was Vegetarisches gibt, dann sind es Pfannkuchen mit Erdbeermarmelade. Der Garten ist zwar ganz nett, aber alt und marode. Viele Spielgeräte wurden von engagierten Eltern gebaut und instand gehalten, weil die Kommune zu wenig Geld für solche Dinge hat. Und Ausflüge zu Puppentheatern oder Museen hat noch keine der Gruppen in unserem Kindergarten unternommen.

Am nächsten Tag auf der Zugfahrt nach Freiburg, wo ich die kommenden zwei Wochen verbringen werde, hänge ich in Gedanken noch meinem Besuch in Deutschland nach. Bin ich hier wirklich noch zu Hause? Die vergangenen drei Jahre in Schweden haben mich offenbar irgendwie umgepolt. Viele Dinge betrachte ich jetzt einfach anders. Während es hier in Deutschland noch normal ist, dass ein Kindergarten nicht dazu da ist, eine Vollzeittätigkeit beider Elternteile zu ermöglichen, ist es in Schweden völlig klar, dass das Dagis-Angebot kundenfreundlich sein muss – das heißt, mit den Arbeitszeiten der Eltern irgendwie kompatibel. Andererseits sind in Deutschland die Ansprüche höher, was im Kindergarten geschehen soll. Die Qualität des Essens ist wichtiger. Aber auch da scheine ich mich angepasst zu haben, ohne es zu merken. Ich erinnere mich nun wieder gut daran, dass ich mich am Anfang noch beklagt habe, wie schlecht das Essen in Schweden doch sei. Und nun setze ich meiner Familie selber oft Pfannkuchen und Fleischbällchen vor. Oder das Mobbing am Semmelstand. So etwas empört mich über die Maßen. Ich bin es einfach nicht mehr gewohnt, dass es tatsächlich noch Menschen gibt, die sich so verhalten. Ich blicke aus dem Fenster, lasse die wohlvertraute bayerische Landschaft an mir vorüberziehen und frage mich, wie lange es wohl dauern wird, bis auch hier die Gleichberechtigung Normalität geworden ist.

Viel weiter komme ich mit meinen Gedanken nicht. Die nächsten zwei Wochen bin ich vollauf damit beschäftigt, mich in die Lehrmethoden des Goethe-Instituts zu vertiefen. Nur manchmal, wenn ich abends in Vällingby anrufe, mache ich mir ein kleines bisschen Sorgen. Gunnar klingt zunehmend gestresst und abgekämpft. Er tut mir dann doch ein bisschen leid. Trotzdem kann ich mir den Gedanken nicht verkneifen: Da kann er einmal sehen, wie das für mich immer gewesen ist, während er auf seinen Dienstreisen zu all den Orten düsen durfte, die andere Leute als Urlaubsziele betrachten.

# 11

»Geht es dir gut? Du siehst ziemlich müde aus.« Lars blickt mir besorgt ins Gesicht, während ich mich aus meinem Wintermantel schäle, Schal und Mütze in den Ärmel stopfe und das ganze Knäuel dann auf der Sitzbank neben ihm ablege.

»Ach, halb so schlimm«, sage ich.

»Na, dann erzähl mal!«, sagt Lars gespannt. »Wie waren denn nun die ersten Wochen Elternzeit? Anstrengend? Ich habe dich ja gar nicht mehr gesehen seitdem.«

»Moment, Moment. Ich erzähle ja alles. Lass mich nur erst mal ein Bier holen.«

Es ist mein erster freier Abend seit Wochen. Und er wird ziemlich teuer werden, denn Laura und Alois musste ich für das Treffen mit Lars der Obhut einer Babysitterin übergeben. Jede in der Bar verbrachte Stunde kostet mich Bares. Aber das ist mir egal. Ja, vermutlich wäre ich sogar bereit, Lars zu bezahlen, damit er mit mir ausgeht, denn ich brauche nach einem knappen Drittel meiner Elternzeit wirklich dringend eine Auszeit. Und was würde sich da besser eignen, als ein Kneipenabend in männlicher Gesellschaft? Neben Lars wird etwas später auch mein alter Bekannter Werner zu uns stoßen. Ein Schwedenromantiker aus Deutschland, der gerade versucht, seinen Traum vom Auswandern zu verwirklichen, und darum vor einigen Wochen nach Stockholm gezogen ist.

Wir befinden uns in einer jener Bars in der Stockholmer Innenstadt, die ein skandinavischer Designer mit glatten, glänzenden Flächen und klaren, geschwungenen Linien auf nordische Eleganz getrimmt hat. Die würfelförmigen Tische, die kahlen, perfekt gestrichenen Wände, der gläserne Tresen – alles wirkt so modern, als hätte der Wirt ursprünglich vorgehabt, hier Mikrochips zu produzieren. Beim Anblick der seltsam gewölbten Sitzmöbel aus blankem Kunststoff fühle ich mich irgendwie schmutzig und unrein. Ich fürchte fast, an den Stühlen abzuperlen wie altes Bratenfett an einer Teflonpfanne. Aus Erfahrung weiß ich allerdings, dass die Dinger doch recht gemütlich werden, wenn man ein bisschen was getrunken hat. Zum Wohlbefinden trägt heute außerdem bei, dass der Wirt sich dankenswerterweise dazu entschlossen hat, das futuristische Raumschiff-Ambiente mit samtiger Soulmusik zu beschallen.

Für mein erstes Bier muss ich mich natürlich – wie überall in Schweden – in eine Schlange einreihen. Was ich aber diesmal eigentlich ganz gut finde. Denn damit gewinne ich Zeit, um in Ruhe über Lars' Frage nachzudenken. Ja, wie ist sie denn nun eigentlich, die Elternzeit?

Während ich an die vergangenen Wochen zurückdenke, stößt James Brown im Lausprecher über meinem Kopf einen Brunftschrei aus, der jede Elchkuh umhauen würde. »This is a man's world«, singt er. »But it would be nothing without a women.«

Nun weiß ich nicht, ob Herr Brown – pardon: James, wir sind ja in Schweden –, also, ich weiß nicht, ob der

Patenonkel des Soul jemals Elternzeit genommen hat. Und ob dabei vielleicht auch seine Frau mit dem Flugzeug abgehauen ist, um irgendwo in einer fernen Stadt ein Praktikum zu machen. Aber jedenfalls vertont er mit seinem wehleidigen Gesang in diesem Moment ziemlich genau meine Stimmung.

Während Onkel James also in seiner ollen Kamelle den Mann besingt, der Autos und Eisenbahnen baut und Geld verdient, ziehen vor meinem inneren Auge all jene Bilder vorbei, die mein Unterbewusstsein eigentlich schon in die hintersten Ecken meines Gehirns verbannt hatte, zusammen mit dem roten Schnuller, den mir meine Mutter weggenommen hatte, als ich drei war. Gleich in der Nähe des Lateinunterrichts und des fiesen Physiklehrers, der Führerscheinprüfung und all der anderen traumatischen Erlebnisse liegen jetzt auch die Bilder meiner Elternzeit. Es sind vor allem Bilder von Windeln. Windeln, die mächtig groß sind, aber eben trotzdem immer noch ein ganz kleines bisschen zu klein für ihren massigen Inhalt. Ich kann diese Bilder sogar riechen, wenn ich die Augen schließe. Aber das lasse ich lieber. Außerdem gibt es dort im Schreckenskabinett des Unterbewusstseins jede Menge Münder. Offene Münder, die Brei essen, die Brei wieder ausspucken und die vor allem schreien, immer wieder schreien, so als wollten sie gerne einmal im Osloer Munch-Museum ausgestellt werden. Am allerschlimmsten aber sind die unterbelichteten Bilder. Das sind jene, die sich nachts in mein Bewusstsein gebrannt haben. Es sind ziemlich viele. Sie zeigen mich – oder besser gesagt einen verhärmten Schatten, der mir ähnelt –, wie ich meinen Sohn sanft im Arm wiege, weil er aufgewacht ist. Wie ich frierend vor dem Wasserkocher zittere, darauf wartend, dass er endlich ein bisschen Flüssigkeit aufwärmt, mit der ich die nächste Portion Välling zubereiten kann, um den schreienden Mund zu füttern. Välling ist dickflüssige Milchsuppe, die zu einer betonartigen Kruste erstarrt, wenn sie trocknet. Sie wird mit einem Pulver zubereitet, das die ekelhafte Eigenschaft besitzt, in kleinste Zwischenräume einzudringen, um dann beim geringsten Kontakt mit Feuchtigkeit klebrig zu werden. In meinem Unterbewusstsein findet sich darum auch eine ganze Galerie von Aufnahmen, die mich mit einem Putzschwamm in der Hand beim Reinigen von allen nur erdenklichen Ritzen und Oberflächen in unserer Küche zeigen.

Ja, es war eine harte Zeit.

All die Pläne, die ich mir vorgenommen hatte, sind genau das geblieben: Pläne. Ich habe immer noch keinen Blog, die digitale Spiegelreflexkamera verstaubt weiter vor sich hin und keinen Strich habe ich gezeichnet. Und die lange Liste mit den immer dringender werdenden Hochzeitsvorbereitungen liegt unter einem Stapel Werbeprospekten begraben. Neulich, als Alois einmal einen besonders ausgiebigen Mittagsschlaf hielt, wäre ich fast einmal dazu gekommen, dieses Altpapier wegzuräumen. Aber dann klingelte das Telefon, und die Kindergärtnerin bat mich, Laura sofort abzuholen, weil sie krank sei. Was genau sie hatte, wusste keiner. Sie schien unter Schwindelanfällen zu leiden, mehrere Male war sie umgefallen und außerdem klagte sie über Übelkeit. Ich verbrachte den Rest des Nachmittags in der Notaufnahme eines Krankenhauses, wo schließlich ein pfiffiger Arzt das Rätsel löste, indem er einen Alkoholtest machte und feststellte, dass meine

Tochter betrunken war. Ich war natürlich schockiert, so früh schon geht das los ... Der Arzt aber versicherte mir lächelnd, so etwas komme bei den Kleinen öfter vor in diesem Herbst. Das schockierte mich noch mehr – bis der Arzt mir erklärte, dass in Schweden gerade die Angst vor einer Grippewelle umgehe und deshalb das ganze Land seine Hände mit sogenanntem »Handsprit« desinfiziere, einer alkoholischen Lösung. Jetzt fiel es mir ein: In vielen Läden ist das Zeug bereits ausverkauft, ein Notstand, über den in den Zeitungen ausführlich berichtet wurde. Unser Kindergarten hat aber offenbar noch einen kleinen Vorrat ergattern können, um sich vor den vielen Viren am Arbeitsplatz zu schützen. Meiner Tochter und ihrer Gang von drei weiteren Rabauken war es anscheinend gelungen, ein vermeintlich sicher verwahrtes Fläschchen zu klauen. Nach meiner eindringlichen Frage, wo Laura wohl ihren Rausch herhaben könnte, fand sich das Zeug dann in einem Puppenwagen unter dem Kopfkissen einer Puppe, die bereits eine verdächtige Fahne ausdünstete. Die Kindergärtnerinnen waren wirklich beschämt und versprachen, ihren Hygienefusel künftig wegzusperren. Ich bin nicht weiter nachtragend – das hätte uns auch passieren können. Laura stibitzt ständig irgendwelche Dinge, die sie besser nicht haben sollte, und versteckt sie dann an Orten, wo sie nicht hingehören. Neulich hätte ich mir beim Anziehen meiner Gummistiefel beinahe ein Küchenmesser in den Fuß gerammt.

Beim Gedanken an die chaotischen Zustände zu Hause wird mir ganz schwindelig. Ich brauche jetzt erst einmal einen Schnaps. Also bestelle ich zu meinem Bier einen schwedischen Wodka, der sicherlich vom Geschmack her an Handsprit heranreicht, aber deutlich teurer ist. Ich kippe ihn in einem Zug hinunter, während James Brown mit klagender Stimme sein Lied von der Männerwelt mit den Worten beendet: »He's lost in wilderness. He's lost in bitterness.« Der Alkohol steigt mir in Sekundenschnelle zu Kopf und hilft mir dabei, mich ein wenig zusammenzureißen. Schließlich muss ich jetzt gleich Lars von meiner Elternzeit erzählen, und da kann ich nicht nur jammern. Man will ja nicht als Weichei dastehen. Und außerdem: Es gab auch schöne Momente. Eigentlich sogar viele davon.

Neulich, ich lag gerade erschöpft auf unserer Wohnzimmercouch, kam Laura mit einem Blatt Papier zu mir, auf das sie mit Filzstift zwei rosa Knäuel gemalt hatte. »Titta, Papa – schau mal«, sagte sie strahlend. »Das bist du.«

»Danke, Laura«, antwortete ich. »Das hast du wirklich toll gemacht. Ich hab dich lieb.«

»Hab dich auch klieb«, rief sie bestimmt und nahm dabei meine Hand. Ich musste mir eine kleine Träne aus dem Augenwinkel wischen. Ich war unglaublich stolz, ihr Vater zu sein.

»Komm«, sagte Laura. »Komm! Titta!«

Dann zog sie mich ins Esszimmer. Dort waren überall rosa Papa-Knäuel: Auf dem Fußboden, dem weißen Schränkchen, der Tapete, auf dem wichtigen Formular, das ich an meine Bank schicken wollte … Stopp – ich wollte ja an die schönen Momente denken und nicht an das Chaos, das sich immer mehr in unserem Heim breitmacht! Ich nehme noch einen tiefen Schluck aus dem Bierglas, bevor ich zu Lars in den weißen Plastikstuhl zurückkehre.

»Na endlich«, sagt er. »Jetzt aber los, erzähl! Ich kann es gar nicht erwarten zu hören, wie es dir bislang in deiner Elternzeit ergangen ist. Das war doch bestimmt eine ganz neue Erfahrung für dich?«

»Auf jeden Fall«, sage ich und blicke in mein Glas. »Aber lass uns doch erst einmal anstoßen: Skål!« Ich erhebe das Bier und nicke meinem Freund zu. Die Gläser aufeinanderzudreschen wie in Deutschland ist in Schweden unüblich. Vermutlich weil dabei das Risiko zu groß ist, von dem hochbesteuerten Nass ein paar Tropfen zu verschütten.

»Skål!«, ruft Lars. »Auf alle gleichberechtigten Väter. Ich muss ehrlich sagen, ich finde es toll, was du da machst – andererseits, so ein paar geruhsame Monate ohne Arbeit würden mir sicher auch gefallen.«

Lars lacht laut über seinen eigenen Witz. Ich lächele stumm. Andrea hat neulich einmal erwähnt, dass sie auch gerne ein Kind hätte. Während ich noch einen tiefen Zug aus dem Glas nehme, denke ich mit geheimer Schadenfreude: Ja, ja, du wirst noch sehen, lieber Lars, wie geruhsam das ist. Bei Ikea steht bestimmt auch für dich schon ein Windeleimerchen bereit.

Dann lehne ich mich in mein Plastikschälchen zurück und höre mich dabei laut sagen: »Du hast recht: Es ist wirklich phan-tas-tisch. Ich hätte ja nie gedacht, dass es so viel Spaß machen würde. Man lernt seine Kinder auf diese Weise völlig neu kennen, von ganz anderen Seiten, weißt du?«

»Das klingt spannend, wie genau meinst du das?«

Ich leere mein Bierglas in einem Zug.

»Also, es ist doch so: Wenn man arbeitet und abends nach Hause kommt, dann erlebt man die Kinder eigentlich nur morgens beim Frühstück und abends beim Ins-

Bett-Bringen. Na ja, und da sind sie dann meistens verschlafen oder müde, gedämpft, wenn du verstehst, was ich meine, ruhiger. Aber wenn man sie den ganzen Tag hat und auch nachts alleine mit ihnen zu Hause ist, so wie ich jetzt, wo Susanne in Deutschland ist, also dann erlebt man sie auch, äh, anders.«

»Aha. Und wie sind die Kinder so, wenn sie anders sind?«

»Ja, phantastisch eben, das habe ich doch schon gesagt!«

Etwas gestresst von diesem Kreuzverhör nehme ich noch einen Schluck aus dem Bierglas – aber das ist ja leer. Mir wird klar, dass es keinen Sinn hat, Lars etwas vorzuflunkern. Er kennt mich einfach zu gut.

»Gut, ich will ehrlich sein«, seufze ich. »Es ist natürlich schön, viel Zeit mit seinen Kindern zu verbringen. Aber manchmal, und eigentlich sogar oft, ist es ziemlich anstrengend. Ich bin völlig übernächtigt, mein Rücken tut weh, unser Haus droht zu einer Müllhalde zu verkommen. Und das Schlimmste ist, dass man das alles eigentlich niemandem erzählen will! Alle denken doch sofort, du wärst ein Rabenvater und ein Weichei, das sofort losjammert, wenn es mal beim Windelnwechseln ein bisschen nach Scheiße riecht. Und vielleicht bin ich ja auch ein Weichei und ein Rabenvater, wer weiß. Schließlich habe ich erst heute meine Kinder einer Babysitterin anvertraut, um mich in einer Kneipe zu betrinken. Ach, Vater sein ist manchmal wirklich schrecklich. Und jetzt ist auch noch mein Bier alle.«

Lars lacht. »Also, das Problem mit dem Bier lässt sich jedenfalls sofort lösen. Ich glaube, ich hole am besten gleich zwei für jeden von uns, sonst müssen wir uns ja gleich wieder anstellen.«

Das liebe ich so an diesem skandinavischen Pragmatismus. Ich grüble noch schwermütig über die vielen Probleme dieser Welt nach, da hat mein schwedischer Freund schon begonnen, das erste Problem zu lösen. Und er hat dabei sogar schon ein weiteres Problem mitbedacht, das erst in naher Zukunft auftreten könnte. Ein Deutscher würde erst einmal darüber nachdenken, ob das zweite Bier nicht schal wird, während es auf dem Würfeltisch in der mittlerweile ziemlich stickigen Wärme der Kneipe auf seinen Verzehr wartet. Aber einen echten Schweden belasten solche Gedanken nicht, er ist eben praktisch veranlagt.

Während ich auf Lars warte, muss ich an Johan denken, meinen vorbildlichen Nachbarn, der mich damals auf die Idee mit der Elternzeit gebracht hat. Der lässt sich bestimmt nie so gehen, hat alles im Griff, schmeißt den Haushalt, wird von Kindern und Frau verehrt. Wie macht er das nur?

»Weißt du, was dein Problem ist?«, sagt Lars, nachdem er sich mit den vier Biergläsern wieder zu mir gesetzt hat. »Du hast die falsche Einstellung.«

»Wie meinst du das?«

»Du legst zu hohe Maßstäbe an dich selbst an. Du erwartest, dass du einfach so in die neue Vaterrolle hineinwechselst und alles glatt und reibungslos verläuft. Dabei ist doch eigentlich klar, dass man so eine Herausforderung nicht einfach mit links bewältigen kann.«

»Aber Susanne hat es doch auch immer geschafft. Das ging alles ganz locker. Okay, sie hat ab und zu angedeutet, dass es manchmal anstrengend ist. Aber sie hat immer alles gut hingekriegt. Besser als ich.«

»Woher weißt du das?«

»Wie bitte?«

»Du warst doch meistens bei der Arbeit und nur beim Frühstück und abends zu Hause. Hast du selber gerade gesagt. Also: Woher weißt du, dass Susanne das alles besser hingekriegt hat? Vielleicht hatte sie genau die gleichen Sorgen wie du, hat aber nichts gesagt, weil sie nicht als Weichei dastehen wollte und als Rabenmutter.«

Mich verblüfft der Gedanke, aber Lars könnte natürlich recht haben. Er scheint sich mit diesem Thema ziemlich intensiv befasst zu haben, jedenfalls mehr als ich. Doch das fällt mir bei anderen Schweden auch immer wieder auf. Mehrere Jahrzehnte intensiver Geschlechterdebatten haben in den Köpfen der Leute eben doch ein paar deutliche Spuren hinterlassen. Auch im Kopf meines Freundes Lars.

»Die weibliche Dominanz, die heute noch in vielen Haushalten vorherrscht – übrigens auch in meinem, das gebe ich zu…« Er nimmt einen tiefen Schluck. »Also diese weibliche Vorherrschaft ist doch durch nichts zu rechtfertigen. Sie gründet sich allein auf geschicktes Blendwerk. Die männliche Dominanz in den meisten Büros hat ja übrigens die gleiche Ursache – das weiß ich aus eigener Erfahrung. Mein Chef ist wirklich ein Idiot.« Lars schüttelt den Kopf und beginnt mit dem nächsten Bier. Ich merke, dass der Alkohol ihn langsam richtig auf Touren bringt. »Unsere Frauen«, fährt er fort, »bestimmen jedenfalls im Haushalt, weil sie überlegen wirken. Aber das ist nur schöner Schein, dahinter regiert das Chaos, genau wie bei uns. Und du!« Lars zeigt mit dem Finger auf mich und grinst. »Du hast bei deiner Elternzeit endlich die Chance, einmal hinter diese Fassade zu blicken und diese jahrhundertelange Dominanz zu untergraben. Du bist ein Vorkämpfer für die Rechte unseres Geschlechts.«

»Wirklich?«

»Ja, du bist unser Mann an der Staubsauger-Front. Also reiß dich gefälligst zusammen!«

»Jawoll!«

»Denk dran: Du bist unser Held am Herd!«

»Der Bezwinger der Breireste!«, rufe ich.

»Genau, das ist die richtige Einstellung: Du bist der oberste Befehlshaber der Puppen! Der Bürgermeister von Schnullerbü! Ein Milchsuppen-Matador, ein Windel-Wikinger!«

»Prost!«

»Skål, zum Teufel! Auf den neuen Mann, der im Stahlgewitter scheppernder Bratpfannen geboren wird!«

»Möge er die Frauen besiegen und ihr Reich erobern«, rufe ich.

Lars wird plötzlich still und blickt jetzt etwas betrübt drein.

»Du hast nicht wirklich verstanden, was ich sagen wollte«, seufzt er. »Du sollst deine Frau doch nicht besiegen. Dann musst du ja am Ende alles alleine machen.«

»Also, du hast doch mit diesem Militärjargon angefangen!«

»Das ist wieder typisch deutsch. Kaum redet man vom Militär, denkst du gleich ans Erobern. Denk doch mal an die schwedische Armee – die hat seit mehr als 200 Jahren nicht mehr versucht, irgendwas zu erobern. Und seitdem ist sie unbezwungen! Egal. Was ich eigentlich sagen wollte, ist, dass du mit der Elternzeit zu Hause endlich in den Offiziersrang aufsteigen kannst, statt immer nur Gefreiter zu sein. Aber kämpfen sollst du natürlich Seite an Seite mit Susanne, alles andere ist Meuterei!«

Lars hat natürlich, wie viele schwedische Männer, Wehrdienst geleistet. Im Gegensatz zu mir. Ich war Zivi und habe in einer Caritas-Sozialstation gedient, was viele Schweden etwas suspekt finden – Katholiken statt Kommiss, das klingt in skandinavisch-protestantischen Ohren irgendwie nach doppelter Desertion. Ich möchte das Thema mit der unbezwungenen schwedischen Armee deshalb lieber nicht vertiefen und bin ganz froh, dass sich in diesem Augenblick endlich der Werner an unseren Tisch setzt. Wir haben uns schon länger nicht mehr gesehen und begrüßen uns freudig.

»Na, worüber unterhaltet ihr euch denn so angeregt?«, fragt er schließlich.

»Lars versucht mich gerade in die Geheimnisse des gleichberechtigten schwedischen Familienlebens einzuweihen.«

»Gunnar macht doch gerade Elternzeit. Da braucht er ein bisschen Zuspruch, damit er am Wickeltisch seinen Mann stehen kann.«

»Das klingt ja spannend. Das ist wieder so ein typisches Beispiel dafür, dass die schwedische Gesellschaft weicher ist. Im Vergleich zu unserer ist sie irgendwie so sanft, eher weiblich eben«, sagt Werner und gibt damit ein gängiges Klischee wieder, das man sich in Deutschland gerne über den Norden erzählt. Lars, der mit einer Münchnerin zusammenlebt und darum den Hang der Deutschen zu esoterischem Geschwafel eigentlich gut kennt, ist trotzdem ehrlich perplex über diese unvermittelte Kastration seines Vaterlandes. Aber er fängt sich gleich wieder.

»Was bitte ist weiblich daran, wenn wir Männer unsere Söhne selbst erziehen wollen, häh?«, poltert er. »Ich finde uns eigentlich viel männlicher als euer überkommenes Hausfrau-und-Ernährer-Modell. Überhaupt stärkt diese ganze Elternzeit-Sache vor allem die Stellung des Mannes im Heim. Dank Männern wie Gunnar dürfen wir vielleicht auch einmal mitbestimmen, in welche Farben die Kinder sich kleiden! Wie die Töpfe im Küchenschrank sortiert werden! Welche Sachen wir an unsere Zimmerwände hängen!« Lars seufzt einen tiefen Seufzer und nimmt nachdenklich noch einen kräftigen Schluck aus dem Glas.

»Da fällt mir gerade ein ganz anderes Thema ein«, fährt er fort, »wie gefällt euch eigentlich mein Geschenk? Hast du das Elchgeweih schon aufgehängt?«

Ich verschlucke mich an meinem Bier und bekomme einen Hustenanfall. Jetzt könnte es peinlich werden: Wenn Lars vom traurigen Schicksal seiner Trophäe erfährt, wird er mich bestimmt nicht mehr als heimischen Helden sehen. Aber zum Glück ist ja der Werner da.

»Du hast ein Elchgeweih?«, staunt er mit leuchtenden Augen. »Toll. So etwas hätte ich auch gern. Wie bekommt man das?«

Eifrig erläutere ich sogleich, was es mit der schwedischen Verlobungstradition auf sich hat. Und weil ich wirklich froh bin, dass er da ist, lade ich Werner auch gleich zu unserer Hochzeit ein. Dann erkundige ich mich nach seinem eigenen Liebesleben, um elegant das Thema zu wechseln. Das klappt ganz gut. Den Rest des Abends kreisen die Gespräche unserer Männerrunde nicht mehr um Elchgeweihe und Gleichberechtigung, sondern um Frauen.

Es stellt sich heraus, dass Werners Umzug nach Stockholm mit dem Ende einer langjährigen Beziehung in Deutschland zusammenhängt. Er war ja schon immer ein typischer Bullerbü-Romantiker, und als seine Freundin sich von ihm trennte (nach einem verregneten Urlaub in Småland), ergriff er die Chance, seine langgehegten Auswandererträume zu verwirklichen. Eigentlich wäre er ja gerne irgendwo aufs Land gezogen, aber er fand schließlich einen Job in Stockholm, als PR-Berater in der schwedischen Tourismusbranche. Er hat schon eine Wohnung ergattert und seinen Volvo aus Deutschland mitgebracht. Jetzt fehlt ihm nur noch eine Gefährtin, um das Schwedenglück perfekt zu machen. Und dafür sei Stockholm nun wirklich genau richtig, sagt er, noch nirgendwo seien ihm so viele hübsche Frauen begegnet wie hier.

Er ist in der Tat nicht der erste ausländische Besucher, dem das ins Auge fällt. Auch meine anderen deutschen Freunde und Bekannten sind regelmäßig beeindruckt, wenn sie zu Besuch kommen. Und selbst Susanne war erstaunt, als sie neulich den Beginn meiner Elternzeit mit einem längeren Einkaufsbummel in der City gefeiert hatte.

»Also, ich muss schon sagen, die Leute hier kleiden sich wirklich anders als bei uns in Deutschland«, meinte sie danach. »Alle sind so gepflegt und durchgestylt. Findest du nicht? Dir ist doch sicher auch schon aufgefallen, wie viele gutaussehende Frauen hier in Stockholm unterwegs sind?«

Ob Frauen wohl geheime Kurse besuchen, in denen sie lernen, ihrem Partner gezielt solche Fragen zu stellen, auf die es keine richtige Antwort geben kann? Denn was soll ich da schon sagen: »Ja, natürlich ist mir das aufgefallen, Schatz. Am schönsten ist es im Frühling, wenn sie ihre Miniröcke aus den Schränken holen.« Da würde man dann schnell als lüsterner Spanner dastehen. Aber: »Nein, Schatz, das ist mir nicht aufgefallen, denn ich lese in der U-Bahn stets den Wirtschaftsteil, und da sind ja fast nur Männer abgebildet«, das wäre auch falsch. Dann würde es wieder heißen: »Typisch, du interessierst dich bloß für deine Arbeit.« Ich hatte an jenem Tag Glück, denn Laura begoss Susannes Einkäufe spontan mit Himbeersaft, und damit war die Frage vergessen. Zum ersten Mal hatte ich das Gefühl, dass dieses innere Band zu den Kindern durch meine Elternzeit irgendwie enger geworden ist. Ich schimpfte mit Laura nur ganz wenig und gab ihr dann heimlich ein Bonbon.

Werner jedenfalls erfüllt das Stockholmer Straßenbild mit großer Abenteuerlust. Schließlich ist er gerade frei und ungebunden und plant, diesen glücklichen Umstand nach Kräften auszukosten.

»Hier ist es bestimmt auch viel leichter, jemanden kennenzulernen«, frohlockt er. »Die Schwedinnen sind ja viel offener und freizügiger als die Deutschen.«

Ich muss daran denken, wie ich den Werner kennengelernt habe. Das war in einem Hotel in Kiruna, mitten im Winter, und kurz darauf begab er sich auf eine abenteuerliche Wanderung ins Gebirge. Er wäre dort oben am Polarkreis beinahe den Kältetod gestorben, weil er in seiner Natur-Romantik die Gefahren der arktischen Realität leichtsinnig unterschätzt hatte. Jetzt fürchte ich, dass die Stockholmer Weiblichkeit ihn für seine Blauäugigkeit ähnlich hart bestrafen wird wie einst die lappländische Wildnis. Denn die Geschichten von den freizügigen Schwedinnen sind ziemlich übertrieben. Dennoch halten sie sich erstaunlich hartnäckig, in Deutschland und auch anderswo.

In San Francisco etwa suchte Anfang der 1990er Jahre einmal eine Werbeagentur nach Wegen, das Bier »Old Milwaukee« zu vermarkten. Die männliche Zielgruppe fest im Blick, gelangte die kreative Energie der vermutlich ebenfalls männlichen Werbefuzzis damals auf schlüpfrige Abwege direkt nach Nordeuropa. Dort, so meinten sie, fänden Männer eine passende Ergänzung zum kühlen Blonden – willige Blondinen. Das »Swedish Bikini Team«, eine Horde leichtbekleideter Frauen, warb fortan für die Brauerei. Die Kampagne war ein durchschlagender Erfolg. Die Damen – übrigens allesamt aus Amerika – traten im Playboy und in der TV-Serie »Eine schrecklich nette Familie« auf, weshalb man sie auch in Deutschland kennt. In Deutschland wurde die Vorstellung von den freizügigen Schwedinnen ja ohnehin schon etwas früher in Bahnhofskinos genährt. Dort konnte man in den 1980er Jahren gleich eine ganze Reihe von Schmutzfilmchen sehen, deren Hauptpersonen »Sechs Schwedinnen« waren, die wahlweise »im Pensionat«, »auf Ibiza«, »an der Tankstelle« oder »auf der Alm« ihre Hüllen fallen ließen. Die Streifen vermittelten den Eindruck, ein Flugticket nach Stockholm sei die beste Voraussetzung für einen Seitensprung.

Aber dieses kurvenreiche Bild ist natürlich in Wahrheit ziemlich flach: Schweden ist eigentlich ein tief protestantisch geprägtes Land mit klaren Moralvorstellungen und einem sehr nüchternen Verhältnis zur Sexualität, das aus deutscher Sicht manchmal sogar an Prüderie grenzt. Ich war zum Beispiel einmal beim schwedischen Fernsehen eingeladen, um dort als Studiogast über die Berichterstattung deutscher Medien zu den schwedischen Parlamentswahlen zu plaudern. »Bring ein paar deutsche Zeitungen mit, die machen sich gut, wenn wir sie ins Studio legen«, sagte der TV-Redakteur vor der Sendung. Also kaufte ich eine Auswahl deutscher Printprodukte am Stockholmer Bahnhofskiosk. Beim Anblick der BILD-Titelseite wurde der Mann dann ganz blass. »So was können wir bei uns aber nicht zeigen«, stotterte er. Ich bot an, das Seite-eins-Girl wegzufalten, aber selbst das war ihm zu riskant. Schon ein kleiner Windhauch im Studio könne die Zeitung ja wieder entblättern – und einen Sturm im Büro des Gleichstellungsbeauftragten auslösen. Das Blatt wanderte also ungefilmt ins Altpapier.

Trotz dieser eher biederen Wirklichkeit prägen die Entgleisungen der Bahnhofskino-Blondinen offenbar nach wie vor das Schwedenbild breiterer Schichten, wie mir nun beim Gespräch mit Werner auffällt. Lars und ich müssen ihn unbedingt vor den Fettnäpfchen warnen, die seinen Weg in dieser Stadt pflastern werden. Vorsichtig versuchen wir ihn aufzuklären.

»Weißt du, was schwedische Frauen sich vor allem von ihrem Partner wünschen?«, fragt Lars. »Trygghet – Sicherheit, Geborgenheit.«

Das ist nun nicht weiter überraschend. Das gleiche wünschen sich Schweden nämlich auch von ihren Autos, die ja bekanntlich besonders breite Stoßstangen haben. Und aus diesem Grund tragen Schweden auch beim Fahrradfahren stets einen Helm. Ja, das gesamte Volksheim mit seinen Sozialversicherungen und Behörden ist vor allem nach dem Prinzip »Trygghet« eingerichtet. Und ein Mann muss da natürlich entsprechend ins Bild passen.

»Du musst seriös sein, verlässlich, bodenständig. Damit wirst du am meisten Erfolg haben«, rät Lars. »Schau dir zum Beispiel den da drüben an. Der macht es genau falsch.«

Lars deutet zum Tresen, wo ein Mann mittleren Alters gerade seinen Arm um eine junge Frau legt, was ihr erkennbar unangenehm ist. Mit einem zwielichtigen Grinsen streicht er ihr langsam über den Rücken, bis seine Hand schließlich auf ihrer Pobacke landet. Die Frau reagiert schnell. Ihre Ohrfeige übertönt sogar die Musik, die mittlerweile ziemlich laut aus den Lautsprechern wummert. Der Mann, der schon recht angetrunken ist, taumelt rückwärts von seinem Barhocker, mit elegantem Schwung schleudert die Frau ihm noch den Inhalt eines Bierglases in die Augen. Vorübergehend seiner Sehkraft beraubt, stolpert der Pograpscher dann über einen Tischwürfel und schlägt mit einem lauten »Faaaan!« (Zum Teufel!) direkt neben meinem Stuhl auf.

Zu meinem Entsetzen ist mir der Mann nicht ganz unbekannt: Es ist Johan. Jener vorbildliche Vater vom Spielplatz, der mich vor einigen Monaten für die Idee mit der Elternzeit begeistert hat. Mein Held ist von seinem Sockel gestürzt.

Nur mit Mühe kann ich in den folgenden Minuten den Wirt davon überzeugen, nicht die Polizei zu rufen, die Johan wohl in eine Ausnüchterungszelle sperren würde. Und auch die von ihm so rüde betatschte Frau verzichtet schließlich großmütig auf eine Anzeige wegen sexueller Belästigung, nachdem ich ihr erklärt habe, dass das da ein Bekannter von mir ist, der zwei Kinder hat, die unter einem Gerichtsverfahren bestimmt schrecklich leiden würden. Ich muss dem Wirt aber versprechen, Johan sofort aus seiner Bar zu entfernen, weil er das Ambiente stört. Da es spät ist und ich ohnehin wieder nach Vällingby zurückwill, übernehme ich die undankbare Aufgabe. Johan wohnt ja im Nachbarort und muss in die gleiche Richtung wie ich. Während der Taxifahrt versinkt er zum Glück in jene düstere Schweigsamkeit, die Skandinavier oft befällt, wenn sie viel zu viel getrunken haben. Eigentlich will ich auch lieber gar nicht so genau wissen, wie seine Hand auf den Po der jungen Frau gelangt ist, die er – wenn man ihren wütenden Tiraden glauben darf – in dieser Bar zum ersten Mal getroffen hat. Im Vorgarten seines Reihenhauses überlasse ich Johan schließlich seinem Schicksal. Künftig werde ich wohl ohne leuchtendes Vorbild eines skandinavisch-emanzipierten Vaters auskommen müssen.

# 12

Die zwei Wochen »Freigang« vergehen viel zu schnell, schon sitze ich wieder im Flieger zurück nach Stockholm. Mein Gefühl im Magen ist erstaunlicherweise genau dasselbe wie auf der Hinreise. Abschiedsschmerz, gemischt mit großer Vorfreude. Und je näher ich meinem Ziel komme, desto größer wird die Freude. Erst jetzt merke ich, wie sehr ich Gunnar und die Kinder vermisst habe.

Schwer bepackt mit zwei Koffern voller deutscher Kinderbücher, Spiele, Kräutertees und Dinkelkeksen stehe ich endlich wieder vor unserer Haustür im Marsvinsväg. Die Stockholmer Finsternis hat mich wieder. Obwohl es erst vier Uhr nachmittags ist, ist es bereits stockdunkel. Die Fenster sind hell erleuchtet. Und ich sehe schon einen wunderschönen Willkommensblumenstrauß auf dem Tisch stehen. Gerade als ich die Klingel drücken will, höre ich von drinnen lauter werdendes Getöse.

»Neiiiiiiiiiiin! Lauraaaaaa! Was machst du denn da!« Rumms! »Warum hast du das denn jetzt gemacht? Du sollst doch nicht die ganze Klopapierrolle abrollen und ins Klo stopfen.« Fußgetrappel. Ein gellender Kinderschrei. »Was ist denn jetzt wieder? Laura, lass los.

Lass los. Lass looos, hab ich gesagt! Der Alois wollte damit jetzt spielen.«

Ich warte noch etwas ab und drücke dann entschlossen den Klinkelknopf. Stille. Dann ein hastiges Rascheln und Hin-und-her-Rennen. Noch mehr Rascheln und Flüstern. Dann geht endlich die Tür auf.

»Hallo, Susanne! Da bist du ja endlich!« ruft Gunnar freudestrahlend und irgendwie auch erleichtert. Er sieht etwas abgehetzt und rot im Gesicht aus, die Haare stehen ihm zu Berge. Es duftet im ganzen Haus nach einem leckeren Pastagericht. Gunnar hat wohl extra gekocht, er hat noch meine Kochschürze umgebunden. Laura kommt hinter ihm hervorgesprungen: »Mamamamamamamamaaa! Schau mal. Für dich bepastlt!« Dabei wedelt sie mir mit einem ausgeschnittenen Schmetterling vor der Nase herum, der über und über mit bunten Glitzer-Pailletten beklebt ist. Alois sitzt friedlich auf seiner Decke im Wohnzimmer und spielt mit seiner Babyrassel. Ich bin perplex.

»Was war denn gerade eben?«

»Wieso? Was meinst du?«, fragt Gunnar mit Unschuldsmiene und schiebt mit dem Fuß unauffällig ein paar Klopapierreste unter die Badezimmertür.

»Ach nichts«, sage ich und schmunzle. »Es ist einfach schön, wieder daheim zu sein.«

»So, du warst doch gerade daheim, dachte ich«, sagt Gunnar mit einem Augenzwinkern.

Ich überlege kurz. »Nein«, lache ich. »Nein, wirklich daheim bin ich nur bei euch dreien!« Und wir liegen uns in den Armen.

Als die Kinder später endlich im Bett sind, sehe ich Gunnar tief in die Augen. Sie sehen müde aus. Und ich frage ihn: »Sei ehrlich. Wie ist es gelaufen? War es sehr anstrengend?«

Er betrachtet seine Hausschuhe, bis er nach einer Weile sagt: »Ja. Es war ziemlich anstrengend.« Er sieht mich an. »Bei dir sah das immer so leicht aus. Wie machst du das?«

»Aber, Gunnar, bei dir sah das jetzt auch leicht aus. Ich kam hier rein, du hattest Blumen besorgt, Essen gekocht, und die Kinder waren zufrieden.«

Er stutzt und schaut mich erstaunt an. Dann strahlt er und murmelt etwas, was so klingt wie: »Unbezwungen im Reich der Windeln.«

»Wie bitte?«

»Ach nichts. Aber du hast recht. Es muss nicht immer wirklich leicht sein, auch wenn es leicht aussieht.«

»Genau. Ich bin stolz auf dich, dass du das so gut hinbekommen hast.« Jetzt wird alles anders werden. Jetzt, wo Gunnar mit der Familienarbeit vertraut ist, wird er auch nach seiner Elternzeit mehr mithelfen. Jetzt, wo er gemerkt hat, wie sehr man auf die Hilfe und Unterstützung des anderen angewiesen ist. Ja, es wird alles so werden, wie es sein soll. Hier, wo die gleichberechtigte Zukunft schon heute Wirklichkeit ist. Wo Frau und Mann Seite an Seite stehen, in Freud und Leid gemeinsam dem Wickeln und Weinen trotzen. Und wir werden ein Ehepaar sein, Partner für das Leben, die sich all die Aufgaben und Freuden einer Familie gerecht teilen. »Komm, Gunnar, darauf müssen wir anstoßen«, sage ich freudig. Doch da ist er schon auf der Couch eingeschlafen.

Am Montag nach meiner Rückkehr in die Zukunft geht es auch gleich schon los. Ich soll meine Stelle als Krankheitsvertretung für eine Deutschlehrerin an einem privaten Gymnasium antreten. Am Morgen treffe ich mich mit Lena Halmström, der Deutschlehrerin, die die kommenden drei Wochen bis zu den Weihnachtsferien wegen einer Bandscheibenoperation krankgeschrieben ist.

»Das ist fast das Gleiche, wie Erwachsene zu unterrichten«, beruhigt mich Lena. »Die Schüler sind ja schon zwischen 15 und 18 Jahre alt. Und es sind alles sehr engagierte Schüler, die gerne lernen«, erklärt sie, während sie mir die Lehrbücher heraussucht. Lena ist eine kleine Frau um die fünfzig, mit wachen dunklen Augen und einem kurzgeschnittenen Haarschopf. Flink huscht sie in dem kleinen Büro, das sie sich mit einer Kollegin teilt, hin und her und sucht Unterrichtsmaterialien zusammen. Drei Wochen lang soll ich fünf Klassen der Niveaustufen eins bis fünf in Deutsch unterrichten. Eigentlich wollte ich ja nur in der Erwachsenenbildung arbeiten. Doch diese Chance will ich mir nicht entgehen lassen – zumal das private Gymnasium gut zahlt. Lena ist voll des Lobes für ihre Schüler. Es fallen mehrmals die Begriffe »Eliteschule«, »handverlesen« und »sehr engagiert«. Damit brüsten sich übrigens so ziemlich alle Freischulen.

Freischulen sind privat geleitete Schulen, die genauso wie die kommunalen Schulen gratis sind. Es gibt freie Kindergärten, Grundschulen und Gymnasien. Sie werden von einem privaten Träger betrieben und bekommen die gleiche Schülerpauschale von der Kommune gezahlt wie ihre öffentliche Konkurrenz. Und dennoch schaffen sie es, Gewinn zu erwirtschaften. Seit der Einführung der Freischulen in den 1990er Jahren boomt das Geschäft mit der Bildung in Schweden wie in kaum einem anderen Land. In Stockholm gibt es mittlerweile Hunderte Schulen unter privater Regie. Manche werden von regelrechten Bildungskonzernen betrieben, die Hedgefonds oder Risikokapitalgesellschaften gehören. Nicht alle Schweden finden diese Entwicklung begrüßenswert, immer wieder gibt es mahnende Debatten, in denen es darum geht, ob man das dürfe: mit der Ausbildung von Kindern Gewinn erwirtschaften. Vor allem Gymnasien lohnen sich für die Schulunternehmen. Die findigen Bildungsmanager haben inzwischen eine ganze Reihe von Sparmöglichkeiten entdeckt, mit denen sie ihre Profite steigern können. Und alles, ohne die Qualität des Unterrichts zu verschlechtern – das zumindest behaupten sie selbst, aber auch darüber wird gestritten. Manche Ideen sind wirklich ganz simpel: So verzichten freie Gymnasien zum Beispiel oft auf teure Schulgebäude. Sie mieten sich einfach in Bürokomplexe ein: Keine verschwenderisch breiten Gänge und Pausenhöfe schmälern den Gewinn. Und einen schönen Nebeneffekt hat die Sparsamkeit auch noch: Schon das Aussehen der Unterrichtsräume vermittelt den Eindruck, dass Schüler hier nicht einfach nur lernen, sondern auf das Berufsleben vorbereitet werden.

In Schweden gehen alle Kinder von der ersten bis zur neunten Klasse gemeinsam in die Grundschule. Danach besucht man für die letzten drei Jahre das Gymnasium. Wobei das Wort Gymnasium für uns Deutsche irreführend ist. Hier gibt es kein geteiltes Schulsystem wie in Deutschland. Und das Gymnasium ist hier auch nicht automatisch Hort akademischer Hoffnungen. Ein Gymnasium kann in Schweden alles sein: Berufsschule, Auffangbecken für Unmotivierte sowie eine echte Vorbereitung auf die Universität. Und hier hat sich also eine regelrechte Freischulen-Industrie etabliert, die in Stockholm sogar auf einer jährlichen Messe um die Gunst der Schüler wirbt. Zehntausende pilgern jedes Jahr auf diese Bildungsschau. Die freien Gymnasien locken ihre junge Kundschaft mit offenen Klassenkonzepten, eigenem Laptop und jeder Menge anderer Extras. Freischulen dürfen sich nämlich zusätzliche Gelder besorgen, aus Sponsoring oder Nebentätigkeiten wie der Vermietung von Räumlichkeiten. Am Tierpflegergymnasium zum Beispiel darf jeder Schüler während der drei Jahre dauernden Ausbildung sein eigenes Schulpferd pflegen. Ponyhofromantik statt büffeln. In Kiruna lockt das Raumfahrtgymnasium mit einem abenteuerlichen Berufsprofil. Nahezu für jeden aufregenden oder nicht so aufregenden Beruf findet sich eine passende Freischule, manchmal wird der Unterricht mit einer Lehrlingsausbildung verbunden, wie zum Beispiel bei den Friseurgymnasien, Pädagogikgymnasien oder Hotelfachgymnasien. Daneben gibt es noch eine große Anzahl an etwas allgemeiner ausgerichteten Gymnasien, die etwa einen naturwissenschaftlichen, einen sozialwissenschaftlichen oder einen humanistischen Zweig anbieten und damit eher dem entsprechen, was man in Deutschland unter dem Begriff gymnasialer Allgemeinbildung versteht. So auch das Gymnasium, an dem ich nun unterrichten soll. Es liegt am Stockholmer Stadtrand in einem Viertel mit lauter Bürotürmen. Lenas Büro ist im vierten Stock eines solchen Büroturms am Ende eines schmalen Gangs.

Sie stapelt ein Buch nach dem andern auf meinen Arm. »Das hier ist das Lehrbuch für die Niveaustufe drei und das dicke hier ist das Lehrerhandbuch und dann natürlich noch die CDs für Hörübungen«, plappert sie und stapelt weiter. Meine Knie knicken bereits unter der Last ein. Sie erklärt mir noch ihren Laptop, auf dem ich PowerPoint-Präsentationen vorbereiten kann, denn jedes Klassenzimmer ist mit Beamer und Leinwand ausgestattet. »So, nun muss ich aber los, sonst komme ich zu spät zu meiner OP. Viel Glück, und ruf an, wenn was ist. Heute Abend bin ich wieder zu Hause«, sagt sie und wuselt schon davon. Ich bin nur wenig überrascht, dass jemand nach einer Bandscheibenoperation am Abend wieder zu Hause ist. Schließlich müssen die Krankenhäuser ja ihre wenigen Betten nicht auch noch mit frisch Operierten blockieren.

Ich stelle den Stapel mit Büchern und CDs auf ihrem Schreibtisch ab, den ich nun die nächsten drei Wochen benutzen werde. Gerade als ich die Bücher für meinen ersten Kurs, den ich gleich nach der Mittagspause geben werde, heraussuche, kommt Lenas Kollegin herein. »Hej! Ich heiße Solveig. Du bist sicher Susanne. Herzlich willkommen.«

Wir schütteln uns die Hände, und sie fängt gleich an, in einem sympathischen Singsang zu plaudern. Ich verstehe nur jedes dritte Wort, weil sie sehr schnell spricht und, wie mir dann auffällt, auch noch Norwegisch. Ich muss mich schrecklich konzentrieren, um wenigstens halbwegs zu verstehen, was sie sagt, und habe nach wenigen Sätzen ihren Namen schon wieder vergessen. Obwohl ich sie sehr nett finde, blicke ich doch immer öfter auf meine Uhr. Eine halbe Stunde von den zwei Stunden Zeit, die ich habe, um die allererste Unterrichtsstunde meines Lebens vorzubereiten, ist schon vergangen.

Gerade als ich mir überlege, wie ich den Wortschwall

meiner neuen Kollegin höflich abwürgen kann, hört sie ganz von alleine auf. »So, jetzt muss ich meine nächste Stunde vorbereiten«, sagt sie zackig und verstummt mit plötzlich ernster Miene.

Verwirrt, aber dankbar wende ich mich wieder meinen Büchern zu. Heute werde ich die Niveaustufe vier 60 Minuten lang unterrichten. Es ist eine Gruppe von 20 Schülern. In dem Kurs sind Schüler, die jetzt im vierten Jahr Deutsch haben, egal ob sie das Fach seit der sechsten, siebten oder achten Klasse belegt haben. Ich habe seit meiner eigenen Jugend keinen nennenswerten Kontakt mehr mit Teenagern gehabt. Deswegen habe ich keine Ahnung, was auf mich zukommt.

Die Gruppe soll Anfang nächsten Jahres eine Klassenfahrt nach Berlin unternehmen. Wohin auch sonst – alle Skandinavier lieben die Hauptstadt, weil es da so viel lockerer zugeht als im gut organisierten Norden und weil alles so billig ist. Bei schwedischen Jugendlichen gibt es zurzeit kaum ein angesagteres Wochenendausflugsziel als die deutsche Metropole, was möglicherweise auch mit den günstigen Bierpreisen und der nicht vorhandenen Sperrstunde zusammenhängt. Beim Gedanken daran bin ich froh, dass ich nicht mit auf die Klassenfahrt muss. Aber vielleicht gelingt es mir ja, den Eleven zu vermitteln, dass Berlin mehr ist als eine riesige Ansammlung von Kneipen. Gut, als Münchnerin fällt mir das nicht ganz leicht, aber ich werde mich bemühen.

Jeder sollte sich als Reisevorbereitung ein Thema über Berlin aussuchen und dazu einen Aufsatz schreiben, hatte mir Lena gesagt. Also will ich mit ihnen zu vier übergeordneten Berlin-Themen Gruppenarbeit machen, so wie ich es in meinem Praktikum schon oft gesehen habe. Doch da waren die Kursteilnehmer eben Erwachsene gewesen und hatten viel Geld für den Kurs bezahlt, an dem sie freiwillig teilnahmen. Ganz im Gegensatz zu meinen jetzigen Schülern.

Pünktlich fünf Minuten vor Beginn stehe ich in dem großen Raum, der im Wesentlichen einem Klassenzimmer aus meiner Schulzeit gleicht. Allerdings gibt es kein Lehrerpult mehr, sondern ein rundes Stehtischchen in der Ecke, auf dem der Lehrer seinen Laptop abstellen kann. Hinter mir an der Wand hängt ein großes Whiteboard. Nach und nach schlurfen nun mürrisch und müde dreinblickende hünenhafte Gestalten in den Raum. Manche von ihnen tragen noch ihre dicken Anoraks und haben die Kapuzen ihrer Pullis über den Kopf gezogen. Ihre Hosen hängen fast in den Kniekehlen und geben den Blick auf die Bündchen ihrer Björn-Borg-Unterwäsche frei. Und man kann eigentlich nicht sagen, sie würden sich setzen, sondern sie werfen sich eher auf die Stühle und erstarren dann in den erstaunlichsten Haltungen. Dabei verankern sie ihre meterlangen Turnschuhe im Gewirr der Tisch- und Stuhlbeine, um nicht umzukippen. Die Mädchen sind ebenfalls mindestens einen Meter größer als ich, in 80 Prozent der Fälle blondiert und perfekt geschminkt. Sie erinnern mich ein wenig an überdimensionale Käthe-Kruse-Puppen – nur weniger adrett gekleidet. Mir ist, als hätte ich die Besetzung für einen x-beliebigen amerikanischen Teenie-Highschool-Film vor mir. Es gibt die Fraktion der obercoolen Typen, die der heißen Girls, die der Uncoolen, den Klassenclown, die Schüchterne und den Streber. Ein Gruselkabinett menschlicher Charaktertypen. Nachdem sich alle ganz hinten im Raum niedergelassen haben, so dass die ersten Reihen frei bleiben, beginne ich zu verstehen, dass meine Unterrichtsvorbereitung völlig wertlos ist. Aus Mangel an Berufserfahrung halte ich aber dennoch daran fest. Wie vorauszusehen, kommt Gruppenarbeit überhaupt nicht gut an. Denn da muss man ja selber etwas tun und kann sich nicht wie beim Frontalunterricht zurücklehnen, seinen Laptop aufklappen, Ohrstöpsel reinstecken und beim Musikhören Facebook checken. Als ich erkläre, was wir machen werden, geht ein missbilligendes Raunen durch das hintere Klassenraumdrittel. Ich stelle die Themen vor und teile die Gruppen ein. Jede Gruppe soll zu einem bestimmten Berlin-Thema auf von mir angegebenen Internetseiten recherchieren und drei Fragen beantworten. Sie bekommen eine halbe Stunde Zeit. Die Turnschuhe werden träge aus ihren Verankerungen gelichtet, Stühle gerückt, neue Steckdosen für die Laptops gesucht. Bei der Gruppeneinteilung hatte ich versucht, möglichst bunt zu mischen. Das führt anfangs zu einer unterkühlten Stille. Doch nach spätestens zehn Minuten ist der Lärmpegel fast schon ohrenbetäubend. Immer wieder muss ich darauf aufmerksam machen, dass weder Facebook, iPhones noch Solitär zur Lösung der Fragen beitragen. Kurz vor Ablauf der halben Stunde fragt mich ein besonders schlaksiger Junge mit einer ganz schmerzhaft aussehenden Akne, welche der drei Fragen er jetzt eigentlich beantworten soll. »Alle«, sage ich. Seine Gruppe fängt an, lautstark zu mosern. Halb vom allgemeinen Lärm verschluckt, höre ich nur »viel zu viel«, »woher hätten wir das wissen sollen« und »das mach ich nicht mit«. Ich fühle mich an meine eigene Schulzeit erinnert. War ich selbst denn besser gewesen? Wenigstens haben die anderen drei Gruppen die Aufgabenstellung richtig verstanden, zumal sie ja auch an der Tafel steht. Am Ende präsentiert jede Gruppe ihre Ergebnisse in einem zweiminütigen Vortrag. Als die Stunde zu Ende ist, packe ich erschöpft meine Sachen zusammen. Noch nie zuvor habe ich in nur 60 Minuten so viel dazugelernt.

Zurück im Lehrerzimmer, werfe ich mich auf den Stuhl und erstarre darauf, während meine Füße nach Halt am Tischbein suchen. Solveig kommt frohgemut hereingeschneit. »Na, du siehst ja … aus!« Ich verstehe mal wieder nur das Unwichtige.

»Wie sehe ich aus?«, hake ich nach.

»…«

Ich will nicht noch mal nachfragen und antworte deshalb: »Aha. Und warum?«

»Du sitzt da wie meine Schüler.«

»Ich fühle mich auch so«, gebe ich zur Antwort.

»So schlimm?«, fragt sie und linst mich ernst über ihre Lesebrille an.

»Ich weiß nicht. Ich muss erst mal darüber nachdenken.«

»Hast du heute noch Unterricht?«, fragt Solveig.

»Ja. Niveaustufe eins. Das sind aber nur vier Schüler. Das wird dann hoffentlich einfacher.«

»Sei dir da mal nicht so sicher«, sagt die Norwegerin.

»Warum?«

»Wenn die Schüler eine Sprache erst so spät neu belegen, dann heißt das, dass sie vorher eine andere hatten und die zu schwer fanden. Das sind meistens Schüler, die …«

»Die was?«

»Die … Also sieh dich vor.«

Ich will eigentlich gar nicht wissen, was sie über diese

Sorte Schüler denkt, und frage deshalb nicht noch einmal nach. Nervös fische ich das Lehrbuch für die Stufe eins aus dem Stapel und blättere bis zum Kapitel fünf: In dem Dialog geht es darum, wie drei Jugendliche in Hamburg eine Hafenrundfahrt machen und sich dabei über die Musikgruppen »Fettes Brot« und »Rammstein« unterhalten. Also recherchiere ich über die beiden Musikgruppen und suche bei Youtube Videoclips heraus. Vielleicht hilft das.

Die vier Jungs schlurfen mit deutlicher Verspätung in den Raum. Zwei von ihnen setzen sich ganz vorne hin und zwei ganz hinten. Die hinten Sitzenden tragen dicke Anoraks, werfen sich auf die Stühle und machen keine Anstalten, ihre Jacken abzulegen. Ich frage mich, wie sie anschließend die minus 15 Grad des schwedischen Winters ertragen wollen, wenn sie drinnen schon die Jacken den ganzen Tag anbehalten. Einer von ihnen legt sich mit dem Gesicht nach unten auf die Tischplatte und rührt sich von da an nicht mehr. Der andere sieht unentwegt aus dem Fenster, wo sich außer Himmel nicht viel abspielt. Die beiden ganz vorne sind noch dabei, ihre Arme und Köpfe für die kommende Stunde auf die Tische zu betten. Am liebsten würde ich mich jetzt wieder auf einen Stuhl werfen und erstarren. In weiser Voraussicht ist dieses Möbelstück jedoch auch in diesem Raum für den Lehrer nicht vorgesehen. Ich lege also stattdessen die CD ein und beginne den Dialog der Jugendlichen auf der Hamburger Hafenrundfahrt, stoppe, stelle Fragen. Es läuft sehr schleppend, und ich bin mir sicher, dass zwei von ihnen eingeschlafen sind. Ich klatsche laut in die Hände und rufe: »Hej! Aufwachen!« Erschrocken fahren alle in ihren Stühlen hoch und sitzen nahezu aufrecht. Ich frage einen der Anorak-Typen noch einmal, was Karin gerade zu Hans gesagt hat. Seine trüben Augen versuchen mich zu fokussieren. »Äh, vet inte. – Äh, weiß nicht«, grunzt er übellaunig.

»Ich weiß es nicht«, sage ich auf Deutsch.

»Hä?«

»Ich weiß es nicht. ›Jag vet inte‹ heißt ›Ich weiß es nicht‹ auf Deutsch. Wenn du etwas nicht weißt, dann sag es bitte auf Deutsch.«

Bei der nächsten Frage antwortet er tatsächlich mit »Ich weiß es nicht«. Dann hat er wenigstens etwas Deutsch gelernt. Möglicherweise sein Lebensmotto.

Für meine Recherchen zu »Fettes Brot« und »Rammstein« interessieren sie sich dann doch. Denn »Ich-weiß-nicht« ist zufällig Rammstein-Fan. Er findet es total interessant, dass die Gruppe ihren Namen von der Airbase Ramstein hat, wo sich 1988 während einer Flugschau eine schlimme Katastrophe ereignete. Und er stellt auch noch selbständig fest, dass die Gruppe ihren eigenen Namen falsch schreibt. Die beiden vorderen Herrschaften finden ihre Plätze plötzlich gar nicht mehr so bequem, weil sie doch aufmerksam nach vorne sehen, statt gemütlich auf den Tischen zu schlummern. Sie gehören eher zu der Fraktion »Fettes Brot«.

Dieser Teilerfolg bei der schwedischen Jugend führt in den nächsten drei Wochen dazu, dass ich im Namen der Bildung in mir bislang völlig unbekannte Wissensgebiete vordringe. Plötzlich erschließen sich mir Phänomene wie Justin Bieber oder Lykke Li, von denen ich sonst womöglich nie gehört hätte.

Eine sehr angenehme Gruppe ist die Niveaustufe fünf. Sie besteht aus nur drei Mädchen, die wirklich an Deutsch interessiert sind. Sie waren im vergangenen Jahr in Berlin, und ich lasse sie ein wenig darüber erzählen, was sie gesehen und erlebt haben.

»Seid ihr auch einmal abends ausgegangen?«, frage ich die 17-jährigen Blondinen.

»Ja, klar«, sagen sie und lächeln sich gegenseitig geheimnistuerisch zu. Sie erzählen von den Kneipen und Discos, die sie besucht haben.

»Und als wir zurück zum Hotel gehen wollten, da haben wir« – das Mädchen schnappt errötend nach Luft – »Prostituierte gesehen.« Betretenes Schweigen.

»Ja? Und? Habt ihr mit ihnen gesprochen?« Ich will wissen, wo die Pointe ist. Entsetzt schauen mich die drei Mädchen an.

»Ist das denn in Deutschland nicht verboten?«, fragen sie nun auf Schwedisch. Denn bei diesem Thema verstehen wohl auch 17-jährige Schweden keinen Spaß und wollen auf gar keinen Fall missverstanden werden.

»Nein«, antworte ich. »Verboten ist Prostitution nicht.«

Die drei sind sichtlich schockiert. »Aber das ist doch Menschenhandel!«, ruft die eine empört.

»Nein, nein«, entgegne ich. »Menschenhandel ist natürlich auch in Deutschland verboten. Aber freiwillige Prostitution ist erlaubt.«

»Was ist denn freiwillige Prostitution?«, fragt eine andere und sieht dabei ziemlich angeekelt aus.

»Na ja, also«, mir wird langsam mulmig zumute, »das ist, wenn die Frauen oder auch Männer diesen Beruf freiwillig ausüben. Ohne Zwang.«

»Beruf?«

Ich sehe schon, dass es hier zu keiner Einigung kommen wird. In Schweden ist es ein gesellschaftlich akzeptierter Grundsatz, dass Prostitution in jedem Fall mit Zwang und Menschenhandel gleichzusetzen ist. Darum ist sie seit 1999 verboten. Bordelle zu legalisieren wie in Deutschland und dies auch noch als Errungenschaft zu betrachten, erscheint den meisten darum als ein undenkbarer Tabubruch. Es ist eine Frage, über die sich mit Schweden nur sehr schwer diskutieren lässt, weil jeder, der das Prostitutionsverbot nicht vorbehaltlos toll findet, schnell in den Verdacht gerät, irgendwie dem Rotlichtmilieu nahezustehen. Ich komme mir bei dem Gespräch mit meinen Schülerinnen jedenfalls ein wenig schmutzig und primitiv vor. Hoffentlich hat dieses Gespräch nicht irgendwelche Konsequenzen. Ich male mir aus, wie mich die Direktorin, flankiert von einem aufgebrachten Elternrat, zur Rede stellt, was ich mir denn dabei gedacht hätte, unschuldige schwedische Mädchen mit solch schmutzigen Dingen zu konfrontieren.

Aber eigentlich ist Prostitution in Schweden gar nicht wirklich verboten. Verboten ist nur, die Dienste einer Prostituierten oder eines Prostituierten zu kaufen. Der Freier wird hart bestraft. Damit trägt man dem Gedanken Rechnung, dass diejenigen, die diese Dienste anbieten, in jedem Fall Opfer sind. Sie handeln – so die Begründung – immer aus irgendeiner Form von Zwang heraus, sei es, dass sie von anderen dazu gezwungen werden oder dass sie sich aus ökonomischen Gründen dazu gezwungen fühlen. Den Freier zwingt hingegen keiner. Deswegen wird nur er von Polizei und Staatsanwaltschaft verfolgt. Aus diesem Grund gibt es hier keinen so offensichtlichen Straßenstrich wie in Berlin beispielsweise.

Natürlich habe ich ohnehin nicht vorgehabt, meinen Schülern derartige Aspekte deutscher Kultur näherzubringen. Die folgenden Stunden fülle ich mit unverfänglicheren Themen. Mir gelingt es sogar, sie mit deutschem Humor zum Lachen zu bringen. Der Renner: Weihnachten bei Hoppenstedts von Loriot. Schließlich hat mich Lena darum gebeten, die Schüler in der Adventszeit in die Geheimnisse der deutschen Weihnachtstraditionen einzuführen. Und Loriots spießiges Weihnachtsfest mit Äpfeln am Weihnachtsbaum (»dieses Jahr ist alles mal ganz natürlich«), Marschmusik für Opa und explodierendem Spielzeug-Atomkraftwerk zeigt doch, wofür das deutsche Herz am Heiligabend schlägt.

Kurz vor Weihnachten ist meine Zeit an der Schule zu Ende. Obwohl ich meine Schüler nach den drei Wochen ins Herz geschlossen habe und mir der Abschied nicht leichtfällt, bin ich doch froh, wenn ich vorerst nicht mehr 17-Jährige ständig Laute wie »Äh …« sagen hören muss.

# 13

Pfefferkuchenmann oder Lichterheilige? Es ist eine Schicksalsfrage, die das junge Gemüt meiner Tochter in diesen Tagen erschüttert. Und ich als ihr Vater muss ihr da natürlich beistehen. Der 13. Dezember naht, und so wie überall in Schweden ist das auch in unserer Dagis ein besonderer Tag, der über Wochen vorbereitet wird. Das Luciafest ist eine der wichtigsten Traditionen der schwedischen Adventszeit. In Scharen strömen Schulklassen und Kindergartengruppen aus diesem Anlass auf die Straßen und verkleiden sich weihnachtlich. Die Tradition, die nach einer sizilianischen Heiligen benannt ist, reicht bis ins Heidentum zurück. In ihrer heutigen Form entstand sie im 19. Jahrhundert. Bei dem auch als »Lichterfest« bekannten Brauch geht es vor allem darum, den finsteren skandinavischen Dezember mit möglichst vielen Kerzen und weißen, wallenden Gewändern zu erhellen. Das ist in Anbetracht der spärlichen Sonnenstunden ein durchaus lobenswertes Unterfangen. Aber natürlich konnten die so auf Gleichberechtigung bedachten Schweden nicht widerstehen, auch ihr Lichterfest aus einer Genderperspektive heraus zu beleuchten. Und wo Licht ist, findet sich bekanntlich immer auch Schatten.

Beim Luciafest beginnen die Probleme natürlich schon mit der Hauptfigur: Lucia ist eine Frau. Und es war deshalb lange Brauch in Schweden, dass die Lichterheilige stets von einem Mädchen verkörpert wurde. Ungerecht für alle Männer – natürlich –, doch darüber hätte man vielleicht noch hinwegsehen können. Schwerer wog der Umstand, dass in vielen Schulen und Gemeinden die Lucias alljährlich in Wettbewerben erkoren wurden, die sich nur unwesentlich von Miss-Wahlen unterschieden. Es erübrigt sich vielleicht der Hinweis, dass so sexistische Veranstaltungen wie Miss-Wahlen in Schweden bei den meisten Leuten ein ähnliches Naserümpfen auslösen wie die Titelseiten deutscher Boulevardzeitungen. Kurz: Die Lichterfest-Tradition wirkte in diesem Punkt nicht mehr richtig zeitgemäß. Mancherorts wurde die Lucia-Wahl darum bereits ganz abgeschafft. Auch der landesweite Wettbewerb »Schwedens Lucia« war umstritten – und die Veranstalter reagierten. Die Wahl der nationalen Lichterkönigin findet zwar nach wie vor statt, aber die Bewerberinnen müssen seit 2008 einen Wettbewerb in wohltätigem Engagement gewinnen, um die Krone mit den Kerzen zu erringen. Sie sammeln deshalb in der Adventszeit Spenden für einen guten Zweck. Wer am meisten Geld zusammenbekommt, holt den begehrten Titel. Es gibt freilich immer noch Kritiker, die behaupten, das Ganze sei nur eine geringfügige Verbesserung – die Leute würden ihre Spenden trotzdem der Kandidatin geben, die ihnen am hübschesten erscheint. Aber das trifft sicher nicht für alle Spender zu. Was natürlich weiterhin ins Auge fällt, ist allerdings, dass es in all den Jahren trotz der ständigen Debatten nie einen Lucius gegeben hat. Doch ich könnte mir vorstellen, dass auch dies nicht für immer so bleiben wird.

Denn in den Kindergärten Schwedens wird schon seit Jahren daran gearbeitet, diese Bastion der Weiblichkeit auch für die Jungs zu öffnen. Männer durften zwar schon früher mitfeiern – als Stjärngossar (Sternbuben), mit einem weißen, kegelförmigen Papierhut auf dem Kopf. So ein Hütchen aber verblasst natürlich neben der imposanten Kerzenkrone der Mädchen. Es gibt also jede Menge Anlass für Neid zwischen den Geschlechtern. Und darum hat es sicher nicht nur mit Gleichberechtigung zu tun, dass man es in den Kindergärten mit der Rollenverteilung nicht mehr so genau nimmt. Denn wer möchte schon freiwillig einem kleinen Karl oder Gustaf erklären müssen, dass er keine Lämpchen auf dem Kopf tragen darf, seine Schwester aber schon? Kinder würden solche Beschränkungen sofort als Ungerechtigkeit anprangern. Und lautstark Rache nehmen. Also hat wirklich niemand etwas dagegen, dass die Kleinen heutzutage zum Lichterfest tragen, was sie wollen. Neben Lucias und Luciussen, Sternmädchen und Sternjungs gibt es in den Spielzeuggeschäften für das Fest inzwischen noch weitere passende Verkleidungen zu kaufen. Beliebt sind auch der Pfefferkuchenmann und der Pferdeknecht Staffan Stalledräng, die schwedische Variante des heiligen Stefan.

Laura hat nun also wirklich die Qual der Wahl. Ich darf zwar nicht mitwählen, werde aber trotzdem gequält, mit ständig neuen Anweisungen meiner Tochter, ihre Verkleidung betreffend. Verschärft wird das Problem noch durch ein Bilderbuch, das Susanne unserer Tochter neulich aus der Bibliothek mitgebracht hat, vermutlich aus purer Bosheit. Das Werk schildert die Geschichte eines kleinen Mädchens, das seine Verkleidung für das Luciafest aussucht und dabei andauernd ihre Meinung ändert. »Papa, ich will Lucia sein«, heißt es auf einer Seite, »Papa, ich will einen Papierhut« auf der nächsten. – »Papa, ich habe doch schon die ganze Zeit gesagt, dass ich als Pfefferkuchenfrau gehe.« Und so weiter. Besonders gruselig finde ich die Szenen, in denen der Vater der Hauptfigur in nächtlicher Heimarbeit immer neue Gewänder für seine Tochter näht. Was der Autor sich wohl dabei gedacht hat? Verantwortungslos weckt er mit seinen Bildern Erwartungen, die zu einem wahren Blutbad führen könnten – für mich ist es doch schon eine Herausforderung, einen Nagel in die Wand zu schlagen. Aber nähen! Mit spitzer Nadel! Das ist nun wirklich zu gefährlich für meine zarten Laptopfinger.

Laura lässt sich das Buch von mir jedenfalls so oft vorlesen, bis sie es fast auswendig kann. Die erlernten Phrasen begleiten mich dann täglich, auf dem Weg zum Kindergarten, auf dem Weg nach Hause, beim Kochen, beim Putzen, beim Spielen, beim Insbettbringen. Eine Entscheidung deutet sich jedoch nicht an – warum auch? In dem Bilderbuch wartet das Mädchen ja auch bis zur letzten Minute, bevor es sich für ein Lucia-Kostüm entscheidet. Mit Bangen sehe ich dem Fest entgegen – aber dann regelt sich alles doch noch von ganz alleine. Laura entdeckt auf der Ablage neben meinem Bett nämlich eine Biographie der Prinzessin Victoria – ein bisschen muss ich mich schließlich vorbereiten, denn die Elternzeit ist ja bald zu Ende. Auf dem Umschlag des Buches ist die Thronerbin im Galakleid abgebildet, mit einem funkelnden Diadem auf dem Kopf.

»Ist das die Mama?«, fragt Laura.

»Nein«, antworte ich wahrheitsgemäß. Aber mir fällt

auf, dass Susanne tatsächlich eine ähnliche Haarfarbe wie Carl Gustafs Tochter hat und die Haare ebenfalls lang trägt. Ein bisschen ähneln sich die beiden schon. Wie anders wäre mein Leben wohl verlaufen, wenn Victoria und ich uns verliebt hätten? Das hätte ja durchaus passieren können – die Kronprinzessin ist etwa so alt wie ich und hat in Schweden studiert, als ich dort gerade ein Austauschsemester machte. Okay, sie war in Uppsala, ich in Lund, da sind etwa 800 Kilometer dazwischen. Aber trotzdem, ich war in der Zeit zum Beispiel einmal in Uppsala bei Verwandten. Vielleicht habe ich sie nur knapp verfehlt? Vielleicht wäre es Liebe auf den ersten Blick gewesen? Wer weiß das schon? Jedenfalls würde ich an ihrer Seite bestimmt nicht so viel Zeit mit Hausarbeit verbringen, wie das jetzt der Fall ist. Prinzessinnen haben für so was schließlich Personal. Einen kurzen Tagtraum lang schrubben fleißige Domestiken die wieder einmal ziemlich schmutzige Küche unseres Reihenhauses und kredenzen mir nebenbei noch edelsten Kaffee auf einem Silbertablett. Ich erahne jetzt, warum sich so viele Hausfrauen diese Magazine kaufen, in denen seitenweise nur über Royals berichtet wird. Ich muss mir unbedingt auch die neueste Ausgabe der »Svensk Damtidning«, der Schwedischen Damenzeitung, besorgen, dem Flaggschiff der hiesigen Hofberichterstattung – also nur für Recherchezwecke natürlich.

»Papa! Wer is' denn das?«

Mein Tagtraum ist jäh zu Ende. Mir fällt noch ein, dass ich als Victorias Verlobter ja wahrscheinlich gar kein Reihenhaus hätte und auch keine Kinder. Dafür aber – immerhin – einen zukünftigen Schwiegervater, der angelt. Aber nein, ehrlich gesagt angele ich viel lieber mit Laura und Lars. Und Drottningholm in allen Ehren, aber ein Haus, das täglich von mindestens 500 Japanern fotografiert wird, wäre mir dann doch zu ungemütlich.

»Das ist eine Prinzessin«, sage ich. »Sie heißt Victoria. Und weißt du was: Sie wird bald heiraten, genauso wie Mama und Papa.«

»Heiraten?«

»Ja, eine richtige Prinzessinnenhochzeit, so wie beim Aschenputtel. Wenn es so weit ist, dann können wir da doch zusammen hingehen, was meinst du?«

»Au ja!« Laura zeigt auf das Diadem. »Schau mal, wie schön die ist!«

»Ja.« Sage ich, und dann kommt mir die rettende Idee: »Sie hat eine Krone auf dem Kopf. Genau wie die Lucia.«

Ich bin sehr stolz auf meinen pädagogischen Erfolg. Inspiriert durch das royale Vorbild, entscheidet Laura sich prompt für ein Lucia-Kostüm und bleibt fortan dabei. Am Morgen des 14. Dezember – der 13. fällt in diesem Jahr auf einen Sonntag – gehe ich also mit einer weißen Lichterkönigin mit roter Schärpe und batteriebetriebener Leuchtkrone in die Dagis. Alois liegt in einem wattierten Sack verpackt im Kinderwagen. Er freut sich jedes Mal, wenn er seine Schwester in die Kita begleiten darf. Lauras Freundinnen streicheln ihn dann. Und manchmal gelingt es ihm, sie an den Haaren zu ziehen, was er ungemein lustig findet. Wenn ich mit ihm aber wieder nach Hause gehe, dann fängt er oft an zu weinen. Wahrscheinlich würde er gerne dortbleiben. Kein Wunder – seine Mama ist ja meistens nicht daheim. Und ich habe eine hohe Stirn. Da gibt es kaum Haare, die man ausrupfen kann.

Es ist noch dunkel, als etwa 50 Kindergartenkinder im Gänsemarsch vor einer Gruppe frierender Eltern aufmarschieren und einen ganzen Reigen von Lucialiedern zum Besten geben. Stallknecht Staffan wird ebenso besungen wie die Kerzen, Weihnachten an sich und natürlich Lucia höchstselbst. Ich brumme ein wenig. Und freue mich über den heißen Kaffee, den die Kindergärtnerinnen bereitgestellt haben. Nach der Luciafeier schiebe ich Alois in den Supermarkt, wo wir ein bisschen Hefe und Safran kaufen. Denn ich habe mir fest vorgenommen, wirklich zu jenem Helden zu werden, als den Lars mich gerne sehen möchte. Und darum müssen in meinem Haushalt an Lucia unbedingt Luciabrote gebacken werden. Die »Lussekattar«, wie sie auf Schwedisch heißen, gehören einfach dazu. Laura hole ich an diesem Tag etwas früher ab, damit sie bei der Weihnachtsbäckerei helfen kann. Mit dem Nudelholz schließt sie schnell eine innige Freundschaft, allerdings zweckentfremden Alois und sie es, um damit die Bratpfannen und Töpfe aus unserem Küchenschrank zu malträtieren. »Das Stahlgewitter!«, denke ich freudig und bin mächtig zufrieden mit mir, weil die Safranbrötchen tatsächlich aufgehen, eine satte gelbe Farbe haben und auch noch so schmecken, wie sie sollen.

Am Abend habe ich dann fürchterliche Bauchschmerzen von dem ganzen Hefeteig und trinke einen Schnaps auf Lars – ohne seinen Zuspruch hätte ich mich in der Schlacht am Herd und im Heim wohl kaum so wacker geschlagen. Trotz der anfänglichen Untergangsstimmung finde ich nun, dass ich mich insgesamt – also zumindest in der zweiten Hälfte der Elternzeit – ganz gut gemacht habe. Susanne findet das auch, glaube ich. Es wird jedenfalls ein harmonisches Weihnachten. Und dann ist mein Ausflug in die häusliche Realität auch schon wieder vorbei.

Zugegeben, ein bisschen erleichtert bin ich schon, als ich an einem kalten Januarmorgen meine schwere Laptoptasche wieder ins Büro schleppen darf. Ich verspüre nur ganz leichte Gewissensbisse, als ich in der U-Bahn und in den Souvenirshops der Innenstadt die Herzen sehe, die sich dort langsam, aber sicher in Schaufenstern und auf Werbeplakaten breitmachen. Daniel und Victoria dringen unaufhaltsam in den öffentlichen Raum vor, und in Stockholm wird man an jeder Ecke ans Heiraten erinnert. Denn obwohl es noch friert und schneit, bereitet sich das Land bereits auf den Sommer der Liebe vor.

Das ganze Land? Nein, in einem kleinen Reihenhaus in Vällingby trotzte bislang ein einsamer Vater den Dingen, die da kommen – oder besser gesagt: Er vergaß sie einfach. Und dabei hatte ich Susanne eigentlich versprochen, mich während meiner Elternzeit um Gästelisten, die Evaluierung potentieller Trauzeugen und die Suche nach einem passenden Lokal für unsere eigene Hochzeitsfeier zu kümmern. Aber irgendwie bin ich nie dazu gekommen. Bei Hofe war man da viel fleißiger, wie mir nun bewusst wird. Gut, die Hochzeit der Kronprinzessin wird wohl auch ein wenig größer als unsere. Andererseits muss eine Familie, die über mehrere Schlösser verfügt, sich keine Gedanken um einen passenden Veranstaltungsort machen.

Die Zeitungen sind jedenfalls jetzt schon voll von Geschichten über die Vorbereitungen für das nahende Großereignis. Natürlich wird über das Design des Brautkleides gerätselt. Es geht in den Berichten aber auch um die Sicherheitsvorkehrungen, um die Reaktionen im Ausland und in Ockelbo, um Daniels Titel (er wird schließlich zum Prinzen und Herzog von Västergötland ernannt werden), und es geht – wie sollte es auch anders sein – auch wieder um Gleichberechtigung und die Rolle der Frau. Wegen der Regelmäßigkeit und Inbrunst, mit der ständig über diese Themen diskutiert wird, könnte man ja meinen, Schweden sei inzwischen ausschließlich von FeministInnen bevölkert. Aber das ist natürlich falsch. Auch in Schweden gibt es Leute, die dem Gestern verhaftet sind und eigentlich lieber an alten Rollenmodellen festhalten möchten. Einer dieser Leute ist unglücklicherweise König Carl XVI. Gustaf.

Kein Wunder also, dass die Debatte nun wieder besonders heftig hochkocht. Für den Regenten war es schon immer schwer zu akzeptieren, dass seine Tochter einmal sein Amt übernehmen soll. Er selbst hätte es wohl lieber gesehen, sein 1979 geborener Sohn Carl Philip wäre statt der älteren Schwester Victoria Thronfolger geworden. Carl Philip war eigentlich auch Kronprinz, allerdings nur ein Jahr lang. Denn 1980 änderte das Parlament die Nachfolgeregelung. Den Politikern erschien es einfach nicht mehr zeitgemäß, dass das oberste Staatsamt ausschließlich an Männer vererbt werden konnte. Carl XVI. Gustaf stimmte der Feminisierung des Amtes letztlich zähneknirschend zu. Zuvor hatte er allerdings einmal öffentlich kundgetan, der Job sei »zu hart für eine Frau«. Diese Bemerkung hängt ihm immer noch nach und wird jetzt vor der Hochzeit wieder besonders häufig zitiert. Denn es ist durchgesickert, dass der König plant, seine Tochter bei der Trauzeremonie zum Altar zu führen, um sie dort dem bürgerlichen Bräutigam zu übergeben. Ein schönes Thema für meine Zeitung, denn jetzt gibt es Streit: »Das Ganze riecht nach 15. Jahrhundert«, ätzt zum Beispiel eine feministische Kolumnistin in ihrem Blog. Diese Zeremonie sei doch letztlich nur ein weiterer Beleg für die überkommene patriarchale Struktur der Monarchie. Zudem ist Papa Carl Gustafs Anliegen auch ein Bruch mit der Tradition der schwedischen Kirche. Dort ist es nämlich schon seit Jahrhunderten üblich, dass Mann und Frau gemeinsam und ohne Eltern zum Altar schreiten – so ist es übrigens auch in den meisten protestantischen Gemeinden Deutschlands Brauch. Es dauerte also nicht lange, bis sich Bischöfe und Bischöfinnen öffentlich zu Wort meldeten, um den König auf den rechten Pfad zu führen und ihn zur Umkehr aufzufordern. Der Regent aber marschiert unbeirrt weiter auf seinem Weg zum Altar. Das mit der Brautübergabe sei eben eine alte Familientradition, lässt er öffentlich erklären.

Für manche Schweden wäre das gleich noch ein Grund, von der Brautübergabe abzusehen. Denn die Bernadottes sind im Adel des Nordens eigentlich ein Fremdkörper – schließlich wurden sie einst aus dem katholischen Frankreich importiert –, auch wenn sie längst die Konfession gewechselt haben (Katholiken dürfen in Schweden nicht regieren, das steht ebenfalls in der Erbfolgeregelung, auch heute noch). Aber die Hochzeitspläne lassen Zweifel daran aufkommen, ob der König sich tief in seinem Herzen nicht doch etwas von der Macho-Mentalität des Mittelmeerraumes bewahrt hat, aus dem sein Vorfahr Jean Baptiste einst einwanderte. Im Jahre 1810 war das, und es ist bestimmt kein Zufall, dass Victorias Hochzeit mit dem 200-jährigen Thronjubiläum zusammenfällt.

Um zu verstehen, warum Schweden damals einen Regenten aus dem Süden nach Stockholm holte, muss man in die Zeit der napoleonischen Kriege zurückblicken. Es begann damit, dass die russische Armee im Februar 1808 mit 24 000 Mann den Grenzfluss Kymmene in Finnland überschritt und einen Eroberungsfeldzug durch diese Ost-Provinz des schwedischen Reiches führte. Die Truppen von Zar Alexander feierten einen Sieg nach dem anderen. Schwedens Generäle hatten für diesen Angriffsfall den geordneten Rückzug vorgesehen. Der Feind sollte Finnland zunächst überrennen dürfen, um dann – nach einem hoffentlich harten Winter – von der Verstärkung aus dem schwedischen Mutterland vernichtend geschlagen zu werden. Als Brückenkopf der königlichen Streitmacht war Sveaborg ausersehen. Die Festung auf einer Insel vor Helsinki hätte auch einer längeren russischen Belagerung standgehalten. An dieser Bastion sollte der Feind sich aufreiben. Doch es kam anders – und bis heute rätseln die Historiker, was da im Frühjahr 1808 auf Sveaborg eigentlich geschehen ist. Für die Bernadottes jedenfalls war es der Beginn einer wundersamen Karriere.

Tatsache ist, dass Festungskommandant Carl Olof Cronstedt schon nach kurzem russischem Bombardement einfach kapitulierte. Seine Beweggründe dafür sind noch immer unklar. Cronstedt jedenfalls war damit ein Platz in den schwedischen Geschichtsbüchern sicher – allerdings kein Ehrenplatz. Der Verlust der Feste Sveaborg galt lange als eine der größten Demütigungen in der Geschichte des Königreichs, denn damit fiel der ganze Schlachtplan der Generäle wie ein Kartenhaus in sich zusammen. Eine Rückeroberung Finnlands, das seit dem Mittelalter zu Schweden gehört hatte, war undenkbar geworden. Als Zar Alexander I. und König Gustav IV. Adolf am 17. September 1809 den Frieden von Fredrikshamn schlossen, war der Gebietsverlust ein Faktum, das lediglich besiegelt werden konnte. Schweden büßte damit auf einen Schlag etwa ein Drittel seines Territoriums ein. Man kann sich leicht vorstellen, dass die Schweden davon nicht gerade begeistert waren. Und die Schuld an der Schmach gab man vor allem dem Chef – dem König. Die Monarchie stürzte in eine tiefe Krise. Für die Finnen war der Ausgang des Krieges übrigens weniger schlimm. Denn Alexander war überaus nett zu seinen neuen Untertanen: Finnland erhielt den Status eines Großfürstentums und genoss viele Freiheiten. Helsinki erlebte im Zarenreich seine Blütezeit. Die meisten der imposanten Gebäude, mit denen die Stadt heute Touristen beeindruckt, entstanden in dieser russischen Periode.

Auch in Schweden wird der Ausgang des Krieges heute nicht mehr nur negativ gesehen. Schließlich machte er das Land in gewisser Hinsicht zu dem, was es heute ist. Schweden, bis dahin von Großmachtphantasien geplagt, wurde etwas kleiner und bescheidener. Die Könige des Wasa-Geschlechts hatten sich seit dem Dreißigjährigen Krieg rund um die Ostsee ein riesiges Reich erobert. Leider hatten sie später große Teile davon auch wieder verloren. Und die Bevölkerung hatte dafür teuer bezahlen müssen. Schon seit längerem regte sich darum Unmut gegen die kriegerischen Wasa-Regenten. Nicht ganz zu Unrecht. Gustav IV. Adolf etwa hatte jede Zusammenarbeit mit dem Franzosenkaiser Napoleon abgelehnt, den er für den Antichrist hielt. Und mit diesem diplomatischen Ungeschick hatte er sein Reich ins Abseits manövriert – was letztlich wohl die wichtigste Ursache für den Verlust Finnlands war. Für König Gustav IV. Adolf bedeutete die Niederlage das Ende. Die Wut der Adligen auf den Regenten brachte das Land an den Rand eines Bürgerkrieges.

Um Blutvergießen zu vermeiden, stellte ein offensichtlich recht praktisch veranlagter Offizier den König am 13. März 1809 kurzerhand in Stockholm unter Arrest und erklärte ihn für abgesetzt. Berichten zufolge soll der Monarch bei seiner Verhaftung in panische Angst geraten und seinen Häschern zunächst mit dem Ruf »Verrat! Man will mich ermorden!« entwischt sein. Ein Hofjagdmeister griff ihn aber noch auf dem Schlossgelände auf und brachte den schreienden und zappelnden Regenten auf sein Zimmer. Die herbeigeeilten Wachen beruhigte er mit dem Hinweis: »Der König ist krank.« Die Stockholmer Revolution verlief somit – typisch für das moderne Schweden – relativ unblutig. Nach einer kurzen Haft auf Schloss Gripsholm wurde Gustav IV. Adolf des Landes verwiesen. Er lebte fortan ein recht ausschweifendes Leben im Exil und hielt sich vor allem in Deutschland und in der Schweiz auf, wo er eine bedeutende Anzahl unehelicher Kinder gezeugt haben soll. Vielleicht bin ich ja auch ein Nachfahre des abtrünnigen Königs. Und damit der rechtmäßige Erbe der Krone – oder zumindest ein würdigerer Schwiegersohn als ein Fitnesstrainer aus Ockelbo.

Wie auch immer: In Stockholm brauchte man nun dringend einen Nachfolger. Vorübergehend übernahm Gustavs Onkel Karl XIII. die Krone. Aber der war alt und kinderlos. Zudem wollten starke Kräfte in Schweden die Wasa-Dynastie vom Thron stoßen. Man einigte sich deshalb rasch auf einen Bewerber von außerhalb, so wie das in heutigen Familienunternehmen ja auch oft gemacht wird, wenn eine alte Führungsriege den Laden so richtig heruntergewirtschaftet hat. Neuer Regent sollte der dänische Statthalter in Norwegen, Kristian August von Augustenburg, werden. Unter dem Namen Karl August – »Kristian« klang den Schweden zu dänisch – wählte man ihn zum Kronprinzen. Karl August war ein kleiner, dicker Mann mit »einem großen Kopf auf einem ungewöhnlich kurzen Hals«, wie ein Nachschlagewerk von 1910 schreibt. Trotz dieses wenig vorteilhaften Aussehens eroberte er schnell die Herzen seiner künftigen Bürger, vor allem wegen seiner »einfachen Lebensweise« – Karl August war ein alter Haudegen, der gerne aß und trank. Das gefiel den Untertanen gut. Sie waren damals eben noch nicht so ernährungsbewusst wie heute, wo jede Bierwerbung mit einer Warnung des Gesundheitsministeriums versehen wird. Wären sie es gewesen, hätten sie vermutlich den Ärzten geglaubt, die einen Schlaganfall diagnostizierten, als Karl August bei einer Truppeninspektion im Mai 1810 plötzlich tot vom Pferd fiel. Aber das Volk argwöhnte stattdessen, der wasatreue Hochadel habe den neuen Regenten mit Gift gemeuchelt. Einer der vordersten Repräsentanten dieses Hochadels war Axel von Fersen, der Reichsmarschall. Es war das große Unglück seines Lebens, dass ihn dieses Amt dazu verpflichtete, den Leichenzug des verstorbenen Kronprinzen durch die Hauptstadt anzuführen. Denn bei dieser Prozession standen Tausende Stockholmer am Straßenrand, viele von ihnen hatten sich über den Abschied von ihrem Idol mit großen Mengen Alkohol hinweggetröstet und waren furchtbar zornig über das jähe Ende des beliebten

Thronfolgers. Axel von Fersen überlebte diese Beerdigungszeremonie nicht. Der aufgebrachte Mob jagte ihn durch die Stadt und prügelte ihn zu Tode. Der Lynchmord war für den Adel natürlich ein Schock, musste er doch fürchten, dass das Volk am Ende französische Zustände herbeisehnen und eine Republik einführen könnte. Damals wie heute betrachtete man in Schweden die Zustände »auf dem Kontinent« mit großem Argwohn. Der Adel wollte jetzt also wirklich ganz dringend irgendjemanden krönen. Und weil der alte König ja ein größenwahnsinniger Casanova war, der inzwischen im Exil den Frauen nachstellte, und der Ersatz-König bereits unter der Erde lag, einigte man sich auf einen Überraschungskandidaten: Jean-Baptiste Bernadotte, Napoleons Marschall.

Es war eine Wahl mit Hintergedanken: Einige Schweden erwarteten von Bernadotte, er werde nun gemeinsam mit dem Franzosenkaiser gegen Russland marschieren und Finnland zurückerobern. Aber Bernadotte interessierte sich für diese Hirngespinste in etwa so sehr wie sein Nachfahre Carl XVI. Gustaf für schwedische Hochzeitsbräuche. Aus kriegerischen Auseinandersetzungen hielt sich der neue König, der unter dem Namen Karl XIV. Johan regierte, weitgehend heraus. Dafür erwies er sich als geschickter Diplomat und Geschäftsmann. Er stand bei Auseinandersetzungen meist auf der richtigen Seite und profitierte sogar von den Streitigkeiten im Rest Europas. Man kann sagen, dass dies eine Art Grundmuster der schwedischen Außenpolitik wurde, das dem Land bis weit ins 20. Jahrhundert hinein gute Dienste leistete.

In den kommenden Wochen vertiefe ich mich in diese spannende Familiensaga – schließlich werde ich bis zur Hochzeit noch einige Spaltenmeter mit Geschichten über das schwedische Königshaus füllen müssen. Und da macht sich ein bisschen historischer Hintergrund immer gut. Zum Glück kann ich schon auf ein bisschen Fachwissen zurückgreifen, schließlich habe ich einmal als Austauschstudent in Lund ein Geschichtsseminar besuchen dürfen. Das war das beste Seminar, das ich je hatte!

Beunruhigend finde ich allerdings, dass Jean Baptiste Bernadottes beruflich bedingte Übersiedlung nach Stockholm seiner Ehe nicht wirklich gutgetan hat. Seine Frau Desirée fand das neue Heimatland kalt und ungemütlich. Sie trieb sich darum noch einige Jahre in Frankreich herum und kehrte erst 1823 ins Familienschloss nach Stockholm zurück, wo sie fortan Königin Desideria genannt wurde. Gefallen hat es ihr nie wirklich. Von ihr ist der Satz überliefert: »Sag das Wort Stockholm und ich bekomme einen Schnupfen.«

Nun muss man zu Desirées Verteidigung sagen, dass es die Frauen der Bernadottes nicht immer leicht hatten und haben. Viele Könige aus diesem Geschlecht sind sogar vor allem für ihre Seitensprünge bekannt, Jean Baptistes Sohn und Nachfolger Oskar I. etwa zeugte im Laufe seines Lebens angeblich Kinder mit einer ganzen Reihe von Mätressen. Und seine Söhne Karl XV. und Oscar II. waren nicht minder umtriebig. Während ich für meine Hochzeitsgeschichten recherchiere, beachte ich diese Dinge aber nicht weiter – ich halte die schlüpfrigen Anekdoten nur für Erzählungen aus einer fernen höfischen Vergangenheit. Ich kann eben nicht ahnen, dass der heutige Regent sich wohl auch diesem Teil der

Familientradition mehr verpflichtet fühlt, als sich das seine Untertanen zu diesem Zeitpunkt vorstellen können. Denn die Geschichten über Carl XVI. Gustafs amouröse Abenteuer, die werden erst später in einem anderen, ziemlich detailreichen Buch erzählt, das nach der Hochzeit von Victoria und Daniel erscheinen wird.

Also bleibt es vorerst bei ein paar Artikeln über die aus schwedischer Sicht etwas seltsamen königlichen Ansichten zur Brautübergabe am Altar. Diese Debatte allerdings gewinnt Carl XVI. Gustaf am Ende mit Leichtigkeit – denn er bekommt Unterstützung von seiner Tochter. Victoria lässt nämlich verlauten, dass sie nichts dagegen habe. Wenn Papa sie an Daniel überreichen möchte, dann darf er das. Und damit basta. Nachdem ich diese Story aufgeschrieben habe, mache ich noch eine Anmerkung auf der Liste mit den Dingen, die ich vor meiner eigenen Hochzeit erledigen muss. Unter der Rubrik »Mit Susanne besprechen«, wo bereits die Frage »Wer zahlt das alles?« steht, schreibe ich: »Brautübergabe?«

# 14

Noch einmal checke ich die Liste mit den Adressen. »Ja, so müsste es gehen«, murmele ich, den Bleistift zwischen den Zähnen. Ein kurzer Blick auf die Karte von Stockholm und Umgebung. Ja, das passt.

»Haaaaallo!« Gunnar sitzt mir gegenüber am Frühstückstisch und winkt mir zu, als säße ich weit weg auf einer Schäreninsel.

»Was denn?«, frage ich genervt.

»Ich habe gefragt, was denn heute alles auf dem Programm steht.«

»Wenn es dir nicht passt, wie ich die Sache organisiere, dann hättest du das vielleicht mal anpacken können, als du so viel ›Freizeit‹ hattest«, gebe ich pampig zurück. Im selben Moment bekomme ich ein schlechtes Gewissen, weil das gerade ein bisschen unfair war. Aber was soll's. Er hätte ja wirklich einmal mit der Planung unserer Hochzeit anfangen können, als er noch in Elternzeit war. Eigentlich hatten wir das so vereinbart. Aber nichts ist passiert. Jetzt bleibt wieder alles an mir hängen. Und ich werde auch noch damit aufgezogen, wie ich es mache. Als würde ich es übertreiben. Es ist genauso wie damals, als wir ein Haus gesucht haben. Da habe ich auch alles organisiert, Routenpläne geschrieben und jede verfügbare Minute unserer Wochenenden verplant. Als wäre das zu viel! Damals hieß es auch schon: »Müssen wir denn wirklich jedes Wochenende beide Tage herumfahren?« oder »Meinst du nicht, dass acht Stunden täglich zu viel sind?« So ein Weichei! Und dann hat er immer die Bedürfnisse der kleinen Laura vorgeschoben. Lächerlich! Meine Pläne sind eben gründlich ausgearbeitet. Keine Zeitverschwendung erlaubt.

Gunnar seufzt und atmet tief durch. »Also. Wo fahren wir heute hin?«, fragt er noch einmal.

»Ich dachte, wir fahren zuerst nach Ekerö, da habe ich zwei schöne Plätze recherchiert, wo man Hochzeiten feiern kann, ganz in der Nähe einer wunderschönen alten Kirche. Am Nachmittag fahren wir dann nach Barkaby, das ist ja nicht weit von hier. Da gibt es auch noch ein Hotel, wo man feiern kann. Nur mit den Kirchen ist das ein Problem. Deswegen müssten wir uns dann auch noch die Kirche in Bromma ansehen.«

»Wird das nicht ein bisschen viel?«

»Das ist doch nicht viel!«, fahre ich ihn an. »Außerdem müssen wir uns beeilen und möglichst schnell Kirche und Hotel reservieren. Die wenigen Samstage in diesem kurzen schwedischen Sommer sind schnell ausgebucht. Außerdem müssen bald mal die Einladungen raus.«

»Ist ja schon gut. Du hast ja recht«, lenkt Gunnar ein und fügt sich resigniert in sein Schicksal. Die letzten Wochenenden sind viel zu ineffektiv für das Besichtigen möglicher Hochzeitslocations genutzt worden. Und die Gästelisten, die jeder von uns erstellt hat, sind noch viel zu lang. Wir haben uns jedoch darauf geeinigt, uns auf insgesamt 70 Personen zu beschränken. Ohne allerdings zu ahnen, welchen Berg an Kosten auch eine solche Anzahl von Gästen verursacht. Mein heimlicher Favorit ist immer noch die mittelalterliche Kirche am Ufer des Mälarsees und daneben das süße Restaurant mit Café, von dem ich schon im Kreißsaal geschwärmt hatte. Es soll auch heute unser erstes Ziel werden, damit wir es jetzt im Februar noch bei Tageslicht bewundern können. Denn erst ab März kündigt sich in winzigen Schritten das Ende des Winters an. Anfang April wird für gewöhnlich die Hoffnung auf Schneeschmelze an einigen Tagen ernsthaft durch Plusgrade geschürt, dann aber Mitte April mit erneutem Schneefall wieder zunichtegemacht. Erst Ende April kommt dann der Frühling. Als hätte jemand das Licht angeknipst, geht es mit einem Paukenschlag los. Alles grünt und blüht und treibt auf einmal, wovon ich allerdings nicht mehr viel sehe, weil ich dann immer einen schrecklichen Heuschnupfen bekomme.

Aber so weit ist es noch lange nicht. Deswegen liegt das gelblich getünchte Gemäuer der Ekerö-Kirche aus dem 12. Jahrhundert im unansehnlichen Grau des fahlen Februarmorgens vor uns. Ekerö ist eine wunderschöne Insel, die in das Archipel im Mälarsee westlich von Stockholm hineinragt. Der Weg dorthin führt am königlichen Wohnschloss Drottningholm vorbei. Im Sommer bestechen sanfte grüne Hügel vor dem glitzernden Blau des Sees das Auge. Doch nun, im Februar, betreten wir bibbernd das Gotteshaus, welches viel spartanischer wirkt, als es mir in Erinnerung war. Schmucklos stehen schiefe hell gestrichene hölzerne Bänklein links und rechts des Mittelganges und führen auf einen durch ein halbrundes Geländer abgegrenzten Altar zu. Die Wände sind kahl. Ich schließe die Augen und konzentriere mich darauf, wie es hier im Sommer vor zwei Jahren aussah. Ja, doch, hier ist es. Hier muss es sein. Es ist nur dieses verdammte Winterlicht und diese entsetzliche Kälte, die einem bis in die Knochen dringt. Die Selbsthypnose wirkt. Ich habe schon meine kalten Füße und die kleinen Atemwölkchen vergessen.

»Sieh doch, das schöne Schiff, das sie ins Fenster gehängt haben!« Ich zeige, mitgerissen von einer Woge vom grundlosem Optimismus, auf ein kleines hölzernes Fischerboot-Modell, das vor einem der farblosen Fenster baumelt. Die Schiffsmodelle hängen entlang der Küste von vielen Kirchendecken, um der auf See verschollenen Fischer zu gedenken. Gunnar reagiert kaum. Er hat die Schultern hochgezogen, die Hände tief in den Taschen vergraben und den Kragen seines Mantels hochgeklappt. Verstohlen äugt er über den Kragenrand, hinter dem kleine Atemwölkchen aufsteigen. Beim Umsehen dreht sich der ganze Mantel hin und her, so steif steht er da. Möglicherweise ist er festgefroren. Aber das kann meine momentane Begeisterung nicht schmälern. Auch nicht, als Alois in diesem Moment überflüssigerweise anfängt zu weinen.

»Wollen wir nicht mal irgendwo reingehen? Es wird langsam ein bisschen kalt für die Kinder«, nuschelt es aus dem Kragen.

»Aber wir sind doch drinnen«, entgegne ich fröhlich und inspiziere den Altarraum. Laura stolpert über eine alte Grabplatte am Boden und stößt sich das Knie. Auch sie weint jetzt. Aber für mich ist das alles weit entfernt. Ich befinde mich gerade an einem wunderbaren Sommertag in dieser faszinierenden Kirche. In meinen Ohren erklingen feierliche Hochzeitsmärsche. Die leise Gehirnwäsche vom Lesen unzähliger Hochglanz-

Hochzeitsmagazine entfaltet ihre Wirkung. Wenn ich nicht aufpasse, klebe ich mir als Nächstes noch falsche Fingernägel mit Glitzersteinchen auf. Trotzdem, es ist zu schön, in der Phantasie zu schwelgen.

»Ähm, Susanne, es sind sowohl draußen als auch hier ›drinnen‹ minus 20 Grad. Und du hast doch nun wirklich lange genug …«

»Jetzt drängle doch nicht so«, wehre ich ihn ab. Ich möchte noch ein bisschen weiter in meiner flauschigen Phantasie schweben.

»Aber ich drängle doch gar nicht. Ich warte schon seit 20 Minuten.« Nun spricht er etwas bestimmter, sein Kopf ist aus dem Mantel aufgetaucht, und auch die Hände kommen wieder zum Vorschein, um Laura vom Boden aufzuheben und zu trösten. Doch das bemerke ich kaum, denn nun habe ich die kleinen Verzierungen an den Rundbögen entdeckt und die dezente Bemalung der Bänke, die im sommerlichen Sonnenlicht einmalig aussehen müssen. Weiße und rosafarbene Rosen würden herrlich passen und ich in einem weißen Kleid aus feenartig fließendem Stoff. Soll ich mit oder ohne Schleier vor den Altar treten?

»Susanne? Susanne!«

»Hm?« Ich schlendere weiter durch den Raum, der immer mehr faszinierende Details bereitzuhalten scheint.

»Wir können doch mal rüber in das Café gehen und fragen, ob die eine Hochzeit für 70 Personen überhaupt stemmen können und ob noch Termine frei sind.«

Begeistert drehe ich mich um. »Du findest es also auch? Hier sollten wir heiraten? Ich wusste, dass du das genauso sehen würdest! Wir sind wie für einander geschaffen! Findest du nicht? Wir finden das Gleiche gut!« Ich bin so glücklich, als wäre ich acht und bekäme endlich ein Pony.

»Ja, äh ja, genau. Genau das wollte ich auch gerade sagen«, sagt Gunnar etwas irritiert von meinem Getue, und wir gehen über den Friedhof hinüber zum Café, das glücklicherweise geöffnet hat. Mehrere Tassen heißen Kaffees und einige saftige Kuchenstücke später stehen wir im Festsaal des hölzernen Gutshauses. »70 Personen haben hier leider keinen Platz. Das Limit sind 55«, erklärt die lebenslustige junge Frau. Gunnar und ich sehen uns an. Das bedeutet unerbittliche Verteilungskämpfe in Anbetracht unserer ellenlangen Gästelisten. Unser Wochenende im Juli ist dagegen kein Problem, und sie notiert sich unsere Reservierung. Ich greife zum Handy und rufe sogleich bei der Verwaltung der Ekerö-Kirche an. Ich bin dazu übergegangen, mir alle Adressen und Telefonnummern auf den Ausdrucken unserer Tagesrouten zu notieren. Auch die Kirche hat an dem Tag noch einen Termin um 13 Uhr frei, obwohl wir spät dran wären, wie der Kirchenverwalter noch hinzufügt. Der Termin sei nur deshalb noch verfügbar, weil jemand anders kurz zuvor wieder abgesagt hätte. Warum, frage ich nicht. Ein Fehler, wie sich noch herausstellen wird.

Ein bisschen wollen wir uns trotzdem noch anderswo umsehen – man weiß ja nie, ob man nicht doch noch etwas Besseres findet. Doch die Mühe hätten wir uns sparen können. Die zweite Location auf der Halbinsel Ekerö entpuppt sich als eine Art Schuppen für kleine Feierlichkeiten – wie etwa das Jahrestreffen der ortsansässigen Pfadfinder oder die Preisverleihung des Blumenzüchtervereins. Das Hotel in Barkaby liegt doch viel näher an der Autobahn, als ich vermutet hatte. Zumindest können wir uns so die Besichtigung der umliegenden Kirchen sparen. Am Abend bin ich hochzufrieden. Endlich haben wir das Richtige für die Traumhochzeit im Hochglanzformat gefunden.

Mein Leben scheint wirklich im Aufwind zu sein. Nicht nur unsere Hochzeit rückt in greifbare Nähe. Nach meiner – wenn auch kurzfristigen – Rückkehr ins Arbeitsleben fühle ich mich erfrischt und energiegeladen. Und damit soll es auch kein Ende haben, denn ich habe gleich an zwei verschiedenen Abendschulen Deutschkurse für Erwachsene bekommen. An der Folkuniversitet, der von verschiedenen Universitäten getragenen Volkshochschule Schwedens, und an der Medborgarskola – der »Bürgerschule«, die der Partei der konservativen Moderaten nahesteht.

In Schweden steht das lebenslange Lernen hoch im Kurs. Das merkt man allein schon am System der Hochschulpunkte. Jedes Studium ist an das Erreichen einer bestimmten Anzahl von Studienpunkten geknüpft. Insoweit unterscheidet es sich noch nicht von anderen. Doch auch wenn man mit dem Studium fertig ist, kann man weiterstudieren. Während des gesamten Berufslebens kann man immer einmal wieder ein Semester von der Arbeit aussetzen – natürlich muss das mit dem Arbeitgeber abgeklärt werden – und einen Kurs an der Uni oder auch einer anderen Einrichtung absolvieren. An der Punktezahl richtet sich auch die Studienunterstützung aus, Geld, auf das jeder Studierende mit Personennummer ein Anrecht hat. Man kann Vollzeit oder Teilzeit studieren. Natürlich bringen nicht alle Kurse die begehrten »högskolepoäng«, die Hochschulpunkte, ein. Aber so bleibt jedenfalls die Uni für alle, die eine

Hochschulreife haben, stets offen, ohne dass ein ganzer Studiengang abgeschlossen werden müsste. Die abendlichen Sprachkurse an der Folkuniversitet, der Medborgarskola oder all den anderen Studienverbänden, die in Schweden eine lange Tradition haben, werden leider nicht mit den Hochschulpunkten belohnt. Sie müssen aus eigener Tasche bezahlt und in der Freizeit absolviert werden. Dennoch, diese Volkshochschulen bieten ähnlich wie ihr Pendant in Deutschland Abend-, aber auch Tageskurse mit den unterschiedlichsten Inhalten an. Teilweise sogar ganze Berufsausbildungen. Allen voran stehen jedoch die Sprachkurse. Deutsch wird allerdings nicht besonders nachgefragt. Waren vor fünfzehn Jahren noch etwa zehn Deutschlehrer an der Stockholmer Folkuniversitet beschäftigt, so sind es heute nur noch vier. Dagegen hat die Nachfrage nach Englisch, Spanisch und Französisch stark zugenommen. Trotzdem ist Deutsch für die Schweden keine in Vergessenheit geratene Sprache. Die meisten Erwachsenen haben es früher ein paar Jahre in der Schule gehabt, und auch heutzutage wird es ja auch immer noch an den Schulen als Zweit- oder Drittsprache unterrichtet. Deswegen ist es nicht ungewöhnlich, dass die Teilnehmer im Anfängerkurs oft keine wirklichen Anfänger sind, sondern »falska nybörjare« – falsche Anfänger. Das zumindest werde ich bald feststellen, denn am Montag beginnt mein erster Deutschkurs für Erwachsene.

Aufgeregt und mit einer minutiös vorbereiteten Doppelstunde »Deutsch für Anfänger« suche ich hektisch nach dem Gebäude des privaten Cybergymnasiums, in das mein Kurs ausgelagert wurde. Endlich finde ich das freie Gymnasium im Hinterhaus einer Apotheke. Ich haste durch eine Glastür neben dem Apothekeneingang hinein, durchquere ein mächtiges Treppenhaus und gehe durch eine weitere Glastür. Nun stehe ich in einer großen Cafeteria mit einer langen Selbstbedienungstheke und versuche herauszufinden, wo sich Raum S0784 befindet. Ich frage den netten jungen Mann hinter der Cafeteria-Theke, der mich auf einen asymmetrischen Verbindungsgang ins Nebengebäude verweist. »Siebter Stock«, sagt er freundlich. Außerdem kann ich bei ihm auch einen der CD-Spieler ausleihen, die in einem großen Einkaufswagen vor der Theke für alle Sprachlehrer bereitstehen. Der Verbindungsgang mündet in ein enges Treppenhaus mit einem uralten, winzigen Fahrstuhl in der Mitte. In dem Fahrstuhl finden meine überladene Tasche, der CD-Spieler und ich kaum Platz, als ich die klapprige Gittertür verschließe und auf die Sieben drücke. Er rattert im Schneckentempo nach oben. Währenddessen überlege ich, wie lange ich wohl auf meine Schüler warten muss, bis die den versteckten Eingang entdeckt, den kryptischen Raumnamen S0784 entschlüsselt und den asymmetrischen Gang gefunden haben. Es ist fünf Minuten vor Unterrichtsbeginn. Oben angekommen, öffne ich schweißgebadet die rasselnden, hakenden Gittertüren des Fahrstuhls und zwänge mich schwer beladen durch die enge Öffnung. Dabei remple ich gleich drei Menschen auf einmal an. In dem kleinen Treppenhaus vor mir warten nämlich schon meine Kursteilnehmer. Alle fünfzehn haben es geschafft, vor mir da zu sein. Ich muss offenbar noch viel über die schwedische Kultur der Pünktlichkeit lernen. Hätte ich mir eigentlich denken können, wenn es privat schon üblich ist, zehn Minuten zu früh zu kommen.

»Guten Abend«, keuche ich mit rotem Gesicht auf Deutsch.

Sie nicken alle und lächeln höflich. Einer sagt schüchtern »Hej«. Um eine Ecke herum finde ich unseren Raum. Er ist bei weitem nicht so modern ausgerüstet, wie ich es von den Klassenzimmern der anderen Privatschule her gewohnt war: keine Beamer oder Leinwände. Nur ein klappriger Tageslichtprojektor und ein großes Whiteboard. Genau wie meine Schüler in der Schule suchen sich nun auch die Erwachsenen ihre Plätze möglichst weit hinten im Klassenraum – das schwedische Understatement, sich bloß nicht hervorzutun. Ich lächle offen und fordere sie auf Schwedisch auf, sich weiter vorzuwagen.

»Sie wollen doch Deutsch sprechen und nicht Deutsch schreien lernen, oder?« Sie lachen. Einige packen die Sachen zusammen und setzen sich weiter nach vorn. Wir beginnen mit Begrüßungen und einer Vorstellungsrunde. Die Gruppe taut langsam auf. Es macht richtig Spaß, denn schließlich sitzen die Menschen hier, weil sie Deutsch lernen wollen, und nicht, weil sie es müssen. Schon bei der Vorstellungsrunde merke ich allerdings, dass es sich bei meinen Schülern keineswegs um blutige Anfänger handelt. Ohne große Probleme können sie sich gegenseitig begrüßen, sich mit Namen vorstellen, und manche von ihnen können sogar noch ein bisschen mehr über sich erzählen. Ich bin ziemlich erstaunt, hatte ich doch hierfür die erste Doppelstunde eingeplant.

»Ich bin wirklich überrascht, wie gut Sie schon Deutsch sprechen können«, sage ich auf Schwedisch. »Wer von Ihnen hat denn schon einmal Deutsch gelernt?« Nur ein älterer Herr meldet sich. Er habe in der

Schule vor langer Zeit einmal fünf Jahre lang Deutsch gelernt. Die anderen rücken nicht raus mit der Sprache. »Dies ist eigentlich ein Anfängerkurs. Viele von Ihnen hätten durchaus einen Fortgeschrittenenkurs besuchen können«, sage ich. Daraufhin meldet sich eine Dame ungefähr Mitte vierzig.

»Ich kann zwar ein kleines bisschen Deutsch, aber ich fühle mich sehr unsicher. Ich wollte gerne alles noch einmal von Anfang an lernen.« Die anderen nicken eifrig. »Ja, ich kann es auch schon ein bisschen, weil mein Freund Deutscher ist«, sagt eine junge Frau mit einem breiten Grinsen. »Aber er meint, ich soll das jetzt mal richtig lernen.«

Das ist wieder einmal typisch, denke ich mir. Schon öfter sind mir Schweden begegnet, die behaupteten, nur ganz schlecht Englisch oder Deutsch sprechen zu können, um anschließend fließend und beinahe akzentfrei zu parlieren. Und selbst das war ihnen dann peinlich. Manchmal hatte ich sogar den Verdacht, sie würden absichtlich kleine Fehler einbauen, um nicht zu perfekt zu erscheinen. Kein Schwede möchte sich selbst gerne loben. Niemand strebt danach – zumindest nach außen hin –, den anderen zu übertrumpfen. Bislang fand ich, dass das zwar ein etwas umständlicher, aber auch sehr sympathischer Zug der Schweden ist. Doch jetzt sehe ich, welche Auswirkungen das haben kann. Denn nun muss ich statt eines Anfängerkurses einen Fortgeschrittenenkurs vorbereiten.

Nur ein junger Mann mit blondem vollem Haar hat schon kurz nach Beginn der Stunde angefangen, unruhig auf seinem Stuhl hin und her zu rutschten. Er fühlt sich offensichtlich zunehmend unwohl. Bis er schließlich schüchtern die Hand hebt und sagt: »Ich bin wirklich Anfänger und verstehe gar nichts.« Dabei blickt er sich hilfesuchend im Kursraum um, ob nicht noch ein richtiger Anfänger dabei ist.

Eine weitere Frau meldet sich: »Ich will gar nicht Deutsch lernen und bin nur wegen meiner Tochter hier.« Sie weist überflüssigerweise auf das Mädchen neben sich, das ihr wie aus dem Gesicht geschnitten ist.

»Wie nett von Ihnen«, entgegne ich und frage mich, ob ich das wirklich nett finde, dass ich jemanden unterrichten soll, der eigentlich gar nicht Deutsch lernen will. Immerhin scheint die Tochter mindestens 16 Jahre alt zu sein und somit durchaus alt genug, alleine einen Sprachkurs zu besuchen.

»Sie ist taubstumm«, ergänzt die Frau ihren kurzen Vortrag.

»Sie ist was?« – »Taubstumm.« Spätestens jetzt könnten doch eigentlich die Leute mit der versteckten Kamera aus ihren Ecken springen und »April, April« rufen.

Ich verzichte darauf, zu fragen, wie sie denn Deutsch sprechen lernen will, wenn sie weder hören noch sprechen kann. Aber mir dämmert, dass es nicht einfach werden wird, diese heterogene Gruppe vernünftig zu unterrichten. Wie leicht war es da, die Teenager zu domptieren. Die waren wenigstens alle auf einem Wissensstand. Die Vorbereitung auf die nächsten Treffen kostet mich viel Zeit. Viel mehr, als ich ursprünglich gedacht hatte.

Der andere Abendkurs, den ich an der Medborgarskola übernommen habe, scheint dagegen weniger Probleme aufzuwerfen. Die Gruppe ist kleiner – es sind nur neun Teilnehmer, und sie sind ungefähr auf dem gleichen

Niveau. Sie können auch schon ein bisschen mehr. Ähnlich wie bei meiner anderen Gruppe wollen auch sie vor allem Deutsch lernen, um altes Wissen aufzufrischen. Die meisten von ihnen finden Deutsch als Sprache spannend, denn es gilt als eine Art Fossil in der germanischen Sprachgruppe, zu der neben beispielsweise Niederländisch auch die skandinavischen Sprachen gehören. Während alle anderen verwandten Sprachen im Laufe der Jahrhunderte ihre grammatikalischen Sonderformen und Fälle abgeschliffen haben, hat das Deutsche fast alles bewahrt. Die skandinavischen Sprachen sind recht einfach gestrickt. Die Grammatik ist fast so überschaubar wie im Englischen. Das Deutsche hingegen hat den Ruf, durch seine strenge grammatikalische Logik das mathematische Denken zu schulen. Also eine ähnliche Argumentation, die in Deutschland immer pro Latein und Altgriechisch hervorgekramt wird. Natürlich ist das gleichzeitig für viele auch ein gutes Argument, Deutsch nicht zu lernen. Schweden, und bestimmt auch viele andere, bringen Deutsch mit Begriffen wie »kompliziert«, »viel zu schwierig« und »nicht aussprechbar« in Verbindung. Und sie haben recht. Je mehr ich meine Muttersprache unterrichte, desto unsäglicher finde ich sie. Bei einem simplen Satz muss man gleichzeitig Genus, Numerus und Kasus sowie Wortstellung im Neben- und Hauptsatz berücksichtigen. Trotzdem gibt es immer noch Schweden, die bereit sind, es auf sich zu nehmen, diese Sprache zu lernen. Entweder weil sie sich in eine deutsche Frau oder einen deutschen Mann verliebt haben. Oder weil sie einen Job in Deutschland bekommen oder viel beruflich mit Deutschen zu tun haben. Deutschland ist schließlich Schwedens größter Handelspartner.

Oder weil sie einfach gerne Urlaub in Deutschland machen. Und dann habe ich in beiden Kursen auch jeweils drei Leute sitzen, die sich sehr für deutsche Geschichte und Literatur interessieren. Die meist älteren Herren haben mich schon mit vor Begeisterung glühenden Wangen gefragt, wann wir endlich ein Gedicht von Goethe lesen würden oder etwas über die deutsche Historie lernen.

Einer von ihnen war so begeistert vom Volk der Dichter und Denker, dass er von Ehrfurcht erfasst von seinem Besuch in München erzählte: »Ja, selbst der Flughafen ist nach einem berühmten Komponisten benannt: Franz-Josef Strauß!« Leider musste ich seine Begeisterung etwas bremsen. Warum man für die Namensgebung eines der größten Flughäfen in Deutschland einen international völlig unbekannten, störrischen bayerischen Politiker gewählt hat, konnte ich meinem Schüler allerdings nicht erklären. Auch dass das Lesen von Goethe-Texten die Kenntnis von Sätzen wie »Eine Fahrkarte nach München, bitte« oder »Wo ist der Ball?« übersteigt, ist weniger leicht zu vermitteln. Doch glücklicherweise lassen sich meine Kursteilnehmer immer wieder ablenken. Und dann unterhalten sie sich doch mit Eifer und Konzentration darüber, ob sie Apfel oder Äpfel kaufen wollen oder ob es im Sommer normalerweise 18 Grad hat. Eine Abstimmung ergibt, dass 18 Grad eindeutig eine Sommertemperatur ist. Ich stimme als Einzige dagegen. Für mich als Süddeutsche beginnt der Sommer bei 25 Grad. Aber ich habe schon in den vergangenen Jahren fröstelnd bemerkt, dass in schwedischen Haushalten die T-Shirts und Shorts schon bei plus 12 Grad griffbereit liegen. Die kurze Zeit der Plusgrade muss eben gebührend gewürdigt werden.

# 15

Als ich beim Zeitunglesen in der U-Bahn das Foto von dem gelben Blümchen in der Randspalte sehe, wird mir wieder einmal bewusst, wie nördlich unsere neue Heimat doch liegt. Das Foto schmückt die Inlandsmeldungen in Schwedens größter Tageszeitung. »Ein Huflattich macht noch keinen Frühling«, heißt es in der Überschrift.

Im Text unter dem Bild erfahre ich dann Folgendes: »Ein sicheres Frühlingszeichen, der Huflattich, wurde am Wochenende auf Ingarö im Stockholmer Schärengarten gesichtet, berichtet das Naturhistorische Reichsmuseum. Aber das bedeutet nicht, dass der Frühling gekommen ist. Während der Woche werden dem Staatlichen Meteorologischen Institut zufolge allgemein Minusgrade in der Nacht erwartet. Zum Wochenende wird es vorübergehend sonnig, dann kommt ein Tiefdruckgebiet mit Regen und Schnee.«

Was für ein glückliches Land, dessen innenpolitische Debatten so sanft dahinplätschern, dass immer noch Platz für zum Kältetod verdammte Huflattiche bleibt! Und was für ein kaltes Land, in dem die Leute sich so verzweifelt den Frühling herbeisehnen, dass aus einem kleinen Blümchen irgendwo im Schärengarten sofort eine Nachricht wird. Ich blicke aus dem U-Bahn-Fenster hinaus in die Dämmerung, die gerade über dem Mälarsee heraufzieht. Ein bisschen mehr Licht wäre wirklich nicht schlecht, denke ich seufzend. Mein Magen schmerzt – aber das liegt natürlich nicht an der winterlichen Dunkelheit, sondern einfach daran, dass ich wieder einmal nicht gefrühstückt habe. Das kommt jetzt öfter vor. Seit Susanne abends Deutschkurse gibt, hat sich mein gut organisierter Korrespondentenalltag in ein hektisches Tohuwabohu verwandelt. Es scheint fast so, als würden die chaotischen Zustände bei uns zu Hause in mein Berufsleben hinüberwuchern.

Und heute ist wieder so ein Tag. Ich werde schon am frühen Nachmittag meine Zelte im Büro abbrechen und heimwärts eilen müssen. Ich muss Laura noch rechtzeitig aus dem Kindergarten abholen und dann den kleinen Alois von Susanne übernehmen, damit sie in die Stadt fahren kann, um dort glücklichen Schweden, die abends Zeit haben, Deutsch beizubringen. Damit ich trotzdem noch mein Pensum an Zeitungsarbeit schaffe, fahre ich an solchen Tagen extra früh – manche würden sagen: nachts – ins Büro. Viele Dinge, über die ich berichten muss, sind ja schon vorher bekannt. Die Termine von Bilanzpressekonferenzen etwa, oder das Datum einer wichtigen Abstimmung im Parlament. Solche Dinge kann man vorbereiten, und dann schafft man es leicht, sie pünktlich vor dem Ende von Lauras Krippenzeit in einer druckfertigen Form abzuliefern. Und die Kollegen in München freuen sich auch, wenn die Texte schon früh fertig sind, denn dann bleibt mehr Zeit zum Redigieren und für das Layout. So weit könnte also alles gut sein. Aber natürlich gibt es auch die sogenannten »aktuellen Ereignisse«. Also Dinge, die einfach so passieren und denen der sorgsam ausgeklügelte Zeitplan von Vätern wie mir herzlich egal ist.

Einmal ist es schon vorgekommen, dass ich auf dem Rücksitz eines Taxis auf dem Weg in die Krippe ein Porträt über einen überraschend zurückgetretenen Manager verfassen musste. Ich fürchte, der zurückgetretene Firmenboss kam in meinem Text nicht besonders gut weg. Denn ein bisschen sauer war ich schon auf ihn – warum konnte er seinen Abgang nicht am frühen Morgen bekanntgeben. Das wäre viel familienfreundlicher gewesen. Natürlich könnte ich auch gleich zu Hause, in Krippennähe, arbeiten und mir die Fahrten ins Büro ganz sparen. Aber zu Hause müsste ich dann ständig Alois' Klagerufe erdulden, wenn er Hunger hat. Und außerdem hat Susanne im Arbeitszimmer auch einen Schreibtisch, der sogar noch größer ist als meiner. Und zu diesem Tisch hastet sie nun in jeder freien Minute und hackt auf ihrer Tastatur herum, um ihre Kurse vorzubereiten oder Artikel zu verfassen. Nein, da ziehe ich mich doch lieber ins Büro zurück und nehme ein bisschen Fahrtzeit in Kauf.

Auf meinem täglichen Weg in der Stockholmer U-Bahn finde ich außerdem Trost. Es wird mir nämlich schon bald klar, dass ich nicht der Einzige bin, der hungrig und gestresst durch den Nahverkehr eilt. Ganz im Gegenteil: Die Busse und Bahnen Stockholms sind voll von solchen traurigen Elterngestalten wie mir. Immer wieder fallen mir bleiche, unrasierte Männer auf, die mit sich selbst zu sprechen scheinen. Bei näherem Hinsehen erkennt man dann den Knopf der Freisprechvorrichtung im Ohr. Oft haben diese Gestalten kleine Laptops auf den Knien, über deren Bildschirme Excel-Tabellen, Tortendiagramme und Präsentationen flimmern, während sie mit hektischer Stimme Sätze ins Telefon nuscheln wie: »Nein, ich bin noch nicht im Büro – heute Morgen hat es im Kindergarten wieder etwas länger gedauert.« Oder: »Nein, am Freitag geht es nicht. Da macht unser Kindergarten Betriebsferien.« Und natürlich sind es nicht nur Männer, die da am Rande des Nervenzusammenbruchs vor sich hin telefonieren. Ich sehe mindestens ebenso viele Frauen. Mir wird klar, dass eine gleichberechtigte Familie mit zwei berufstätigen Ehepartnern auch in Schweden unweigerlich Probleme mit sich bringt, die selbst das beste Kita-System der Welt nicht lösen kann. Probleme, die meist im Alltag und ohne vorherige Ankündigung entstehen und die einen ständig vor neue Herausforderungen stellen. Die Schweden sprechen gerne vom »Livspussel«, vom »Lebenspuzzle«, das man immer wieder aufs Neue zusammensetzen muss.

Manchmal, wenn ich in der U-Bahn sitze, fühle ich mich darum wie Laura, die in den vergangenen Wochen ebenfalls ihre Leidenschaft fürs Puzzeln entdeckt hat. Stundenlang kann sie dasitzen und knobeln, so lange, bis die bunten Bilder mit Figuren wie den Mumins oder Donald Duck richtig zusammengesetzt sind. Mitunter fühle ich mich aber auch eher wie eines von den Puzzlestücken, die Laura – wenn sie die Geduld verliert – mit roher Gewalt bearbeitet. Sie hämmert dann mit ihren Fäustchen so lange auf einem Teil herum, bis es irgendwie passt – und ob danach die Mumin-Mama einen Zylinder und der Mumin-Papa eine Handtasche hat, ist ihr ziemlich egal.

Besonders knifflig wird unser kleines Lebenspuzzle, wenn ich eine Dienstreise antreten muss. Denn dann muss Susanne die Teile ganz alleine zusammenfügen –

und das ist nicht einfach, wenn man abends Deutschkurse geben muss. Denn zu dieser Zeit ist unser Kindergarten natürlich geschlossen. Jetzt im Frühjahr waren eigentlich einige Reisen geplant. Aber zum Glück kommt uns ein isländischer Vulkan zu Hilfe. Der Eyjafjallajökull, der mit seinen ulkig klingenden Doppelkonsonanten meine Kollegen in Funk und Fernsehen zur Verzweiflung treibt, wird in diesen Tagen mein bester Freund. Ich kann ja noch nicht ahnen, dass sich dieser feuerspeiende Gipfel auch für mich bald zu einem düsteren Schicksalsberg mausern wird. Nun, Mitte April, bin ich jedenfalls noch voller Zuneigung für den Vulkan. Er ist wirklich ein anständiger kleiner Berg, denn er bricht zum ersten Mal in einer Samstagnacht aus. Das ist nun wirklich ideal – da habe ich am Sonntag viel Zeit, um in Ruhe etwas zu schreiben, und mein ach so enger Terminplan während der Woche wird von dem Naturschauspiel kein bisschen durcheinandergebracht.

Und man glaubt es kaum – nach ein paar Wochen beginnt der Berg auf Island sogar damit, unseren Kalender aufs beste zu entlasten. Sein Ausbruch »verändert den Charakter«, wie ein Vulkanologe mir am Telefon erläutert. Das bedeutet: Der Eyjafjallajökull schleudert eine dicke Aschewolke in den Himmel, die sich wie eine sanfte Decke über ganz Europa breitet und dort sämtlichen Flugverkehr lahmlegt. Und wir hatten am Küchentisch schon Krisensitzungen wegen einer geplanten Dienstreise nach Nordnorwegen abgehalten! Aber daraus wird nun nichts: Kein Flugzeug, keine Recherchen. Ich bleibe zu Hause und freue mich über ruhige Tage unter der Wolke. Das mag vielleicht ein wenig seltsam klingen, schließlich findet das Weltereignis ja mitten in meinem Berichtsgebiet statt. Aber die Medien in Deutschland interessieren sich vor allem für das Chaos an den europäischen Flughäfen und die traurigen Schicksale gestrandeter Reisender. Island steht nicht wirklich im Fokus der Berichterstattung. Und selbst wenn es so wäre: Hinfliegen, um eine hautnahe Geschichte vom Epizentrum der Ereignisse zu schreiben, könnte ich ja sowieso nicht.

In einem Anflug von überschwänglichem Optimismus tue ich angesichts der trügerischen Ruhe sogar etwas, was im Stress der vergangenen Wochen eigentlich undenkbar schien: Ich verabrede mich zu einem Kneipenabend mit Lars und Werner. Lars, den ich inzwischen zu meinem Trauzeugen ernannt habe, hatte schon die ganze Zeit um eine solche Audienz ersucht. Er ist schon richtig aufgeregt und möchte erste Details abklären. Außerdem hat er mir mehrfach eingebläut, ich müsse mir unbedingt das zweite Wochenende im Mai freihalten. Vermutlich plant er einen Junggesellenabschied, und ich bin natürlich mächtig gespannt, ob er bei dem Kneipenabend schon ein bisschen darüber verraten wird, was da auf mich zukommt. Auch Werner hat eine Menge zu erzählen – es ist ihm nämlich geglückt, eine schwedische Freundin zu finden, die noch dazu aus Småland stammt, dem Lieblings-Urlaubsgebiet meines Bekannten. Wir verabreden uns also für einen Montagabend.

Dass Vulkane unberechenbar sind, ist eine Binsenweisheit, die in diesen Tagen überall zu lesen ist. So ganz ernst nehme ich das aber nicht. Am Montagmorgen schließe ich gut gelaunt meine Bürotür auf und freue mich auf einen weiteren geruhsamen Tag mit der

Aschewolke und einen feuchtfröhlichen Herrenabend im Kneipenviertel Södermalm. Wie jeden Tag beginne ich meine Arbeit damit, die Webseiten der schwedischen, dänischen, norwegischen, finnischen und isländischen Medien nach Geschichten zu durchforsten. Schon bei der ersten Seite gerate ich ins Stocken: »Flughafen Arlanda wieder geöffnet« steht dort in dicken Lettern.

Nur wenige Stunden später stehe ich am Gate 24 in einer Warteschlange zwischen lauter wuselnden Teenagern, die einer isländischen Handballmannschaft angehören. Wie ich den Gesprächsfetzen entnehmen kann, haben die Jungs nach einem Turnier unfreiwillig in Stockholm bleiben müssen – wegen der Aschewolke war ihnen der Weg zurück auf die Heimatinsel verwehrt. Jetzt freuen sie sich, bald wieder den heimatlich-vulkanischen Grund unter ihren Füßen zu spüren. Ich freue mich auch. Doch lieber wäre es mir schon gewesen, ich hätte ein bisschen mehr Zeit für die Reiseplanung gehabt. Es musste jetzt natürlich alles sehr schnell gehen. Die Flughäfen im südlicheren Europa sind noch gesperrt, doch mir bot sich nun die Gelegenheit, mit einem kleinen Vorsprung nach Island zu reisen, um dort direkt vom Fuße des Eyjafjallajökull zu berichten. Mein Chef sagte: »Ja, unbedingt.« Ein Ticket bei der isländischen Fluggesellschaft war schnell gebucht. Und so setze ich mich zusammen mit den lärmenden Handballern in die erste Maschine, die seit einer guten Woche auf der Route Stockholm–Reykjavik verkehren darf. Freilich musste ich meinen Herrenabend absagen. Und am Flughafen ist mir außerdem noch eingefallen, dass ich ja heute und morgen auf Alois und Laura hätte aufpassen sollen, damit Susanne ihren Deutschunterricht geben kann. Ich hatte sie vor meiner Abreise gar nicht mehr sprechen können, denn sie war in der Stadt unterwegs, als ich in unser Reihenhaus stürmte, um in wilder Hektik ein paar Kleidungsstücke in einen Koffer zu werfen. Nachdem ich meine Tasche unter einen Flugzeugsitz gestopft habe, rufe ich Susanne also noch kurz an, um ihr zu sagen, wo ich bin. Leider ist nur die Mailbox dran. In einer knappen Nachricht erläutere ich die Situation.

»Hallo, Schatz, der Flughafen ist offen. Ich muss zum Vulkan. Bis zum Abend schaffe ich es leider nicht zurück – vergiss nicht, dass du deine Deutschkurse hast. Das müsstest du irgendwie regeln. Ich rufe später noch mal an. Tschüs.«

Dann schalte ich das Handy für den Start aus. Während der Flieger abhebt, schwant mir, dass der Vulkanausbruch vor mir vermutlich nichts ist, verglichen mit der Eruption, die sich in unserem Reihenhaus ereignen wird, wenn Susanne ihren Anrufbeantworter abhört. In meinem Magen beginnt es wieder gefährlich zu grummeln – vermutlich der Stress.

In meinen ersten Jahren als Korrespondent war Island immer ein abgelegenes, exotisches Gebiet, und es gelang mir trotz mehrerer Anläufe nicht, eine Reise dorthin zu organisieren. Ich fand einfach keine Story, die wichtig genug erschien, um den teuren Flug und das noch teurere Hotel zu rechtfertigen. Bekannt war das Eiland ja vor allem für seine atemberaubende Natur und seine schrullige Bevölkerung, die an Elfen glaubt und sogar Elfenbeauftragte bei größeren Bauprojekten um Rat fragt, damit das »versteckte Volk« nicht gestört wird. Aber schöne Berge und kauzige Bürger gibt es ja auch anderswo, in Bayern zum Beispiel, und deswegen reichte das nicht wirklich für einen Korrespondentenauftrag.

Die ersten Isländer waren Steuerflüchtlinge, die im frühen Mittelalter über das Meer segelten, um einem norwegischen Wikingerkönig und seinen Geldeintreibern zu entkommen. In Skandinavien griff der Staat seinen Bürgern offenbar schon damals recht hemmungslos in die Taschen. Möglicherweise waren die ersten Isländer aber auch einfach solche Nordmänner, die nicht so geschickt im Umgang mit Gold und Silber waren und es darum versäumt hatten, rechtzeitig etwas für die Nachzahlung an den Fiskus auf die Seite zu legen. Noch vor wenigen Jahren hätte man letztere Theorie wohl weit von sich gewiesen – schließlich waren Islands Geldinstitute weltberühmt für ihr rasantes Wachstum. Seit diese Wunderwerke der internationalen Finanzwelt im Herbst 2008 binnen weniger Tage das Zeitliche segneten, erscheint sie aber wieder etwas plausibler. Der beispiellose Zusammenbruch der Banken sorgte jedenfalls dafür, dass in den Redaktionen meiner Zeitung das Interesse an Geschichten von der Atlantikinsel schlagartig wuchs. Ich war seitdem viele Male in Reykjavik, um über die Nachwehen des großen Crashs zu berichten. Und jetzt kommt also auch noch ein Vulkan dazu.

Als wir auf Island landen, ist mein Bauchgrimmen noch schlimmer geworden. In banger Erwartung schalte ich das Mobiltelefon an. Es sind drei Nachrichten auf meinem Anrufbeantworter, die ich abhöre, während ich am Gepäckband auf den Koffer warte.

Die erste ist wütend.

»Ist das ein Witz? Du kannst doch nicht einfach nach Reykjavik fliegen, ohne das mit mir abzusprechen. Wie soll ich jetzt meine Deutschstunden geben? Wie hast du dir das denn vorgestellt? Ich muss jetzt deinetwegen alles umplanen, und jetzt gehst du noch nicht mal ans Telefon. Das geht so nicht! Wenn du das mit deinem Job nicht so hinbekommst, dass ich auch arbeiten kann, dann müssen wir uns trennen!« Ein wütendes Grunzen ist zu hören, bevor das Gespräch abbricht.

Die zweite ist versöhnlicher.

»Natürlich habe ich das nicht ernst gemeint mit dem Sich-Trennen. Und ich weiß auch, dass du nicht ans Telefon gehst, weil du noch im Flieger sitzt. Entschuldige. Aber sauer bin ich schon noch!«

Die dritte ist besorgt.

»Verdammt, jetzt hat gerade die Dagis angerufen. Laura ist krank. Sie hat sich dreimal übergeben und sie hat Durchfall. Wahrscheinlich hat sie die Kräksjuka. Hoffentlich hast du dich nicht angesteckt.«

Die Kräksjuka – wörtlich übersetzt: Kotzkrankheit – ist jene gefürchtete Magen-Darm-Grippe, die alljährlich im Frühling in schwedischen Kitas ihr Unwesen treibt und Familien reihenweise außer Gefecht setzt. Sie ist schrecklich in ihren Symptomen und furchtbar ansteckend. Hat ein Kind den Virus einmal ins elterliche Heim geschleppt, dann gibt es eigentlich nichts, was die arme Familie noch retten könnte. Mein Magengrummeln hatte diesmal also wohl nichts mit Stress zu tun. Ich ändere deshalb sofort meine Pläne – eigentlich wollte ich heute noch die 150 Kilometer zum Vulkan fahren – und suche mir so schnell wie möglich in Reykjavik ein Hotelzimmer mit einem weichen Bett und einer bequemen Toilette. Die Nacht verbringe ich dann tatsächlich fiebrig zwischen diesen beiden Einrichtungsgegenständen hin- und herwandernd. Glück im Unglück ist, dass das Fieber am kommenden Tag wenigstens ein bisschen nachlässt. Bleich in den Sitz eines Mietwagens geschnallt, beginne ich die fast zweistündige Fahrt zum Zentrum der Aschewolke. Nach einer schlaflosen Nacht fühle ich mich dabei etwa so wie Frodo, der Held aus *Herr der Ringe,* der sich ja auch mit letzter Kraft zu einem Vulkan schleppen muss. Allerdings hatte der es ein wenig besser als ich. Erstens hatte er seinen Gärtner Sam dabei, der ihn aufmunterte. Zweitens hieß sein Vulkan einfach nur »Schicksalsberg«, und das lässt sich viel leichter aussprechen als »Eyjafjallajökull« – den Namen kann ich an diesem Tag in den zahlreichen Telefongesprächen mit meinen Kollegen nur noch lallen. Und drittens musste Frodo bloß einen dämlichen Ring in den Vulkan werfen. Ich dagegen muss eine Geschichte recherchieren und sie auch noch aufschreiben. Das ist viel mehr Arbeit. Und meinen Ehering, den wir neulich erst bei einem Juwelier in Stockholm für eine unverschämt hohe Summe erstanden haben, den hätte ich ja gleich noch dazu unbenutzt in dem blöden Feuerberg einschmelzen können, wenn ich Susannes erstes Telefonat richtig gedeutet habe. Zum Glück habe ich ihn in Vällingby zurückgelassen.

Als ich nach etwa hundert Kilometern Fahrt in der Ferne zum ersten Mal mit eigenen Augen den rauchenden Kegel erblicke, der Europa wochenlang lahmgelegt hat, bin ich bereits ziemlich wütend auf den Berg mit dem unaussprechlichen Namen. Erst wirkte er so gemütlich – und jetzt das! Meine Stimmung bessert sich auch nicht durch die zahllosen Telefonate mit der Redaktion. Die Regeln der Medienwelt sind manchmal grausam: Eine Gelegenheit für eine gute Geschichte, die eben noch perfekt erschien, kann schon in wenigen Stunden vorüber sein. Weil die Magen-Darm-Grippe mich in Reykjavik zunächst außer Gefecht gesetzt hatte, bin ich nun ein wenig im Verzug. Mehrere Redaktionen wollten den Artikel am liebsten sofort – aber ich saß ja auf dem Hotelklo, anstatt umherzufahren und zu recherchieren. Also musste ich einen Tag Aufschub heraushandeln. Während dieses Tages haben auch andere Flughäfen in Europa wieder geöffnet. Außerdem hat eine heftige Debatte über das Für und Wider von Flugverboten bei Aschewolken eingesetzt. Der Vulkan, der an allem schuld ist, erscheint da plötzlich nicht mehr so wichtig. Es passiert, was mit Zeitungsartikeln in solchen Fällen immer geschieht: Sie wandern in der Planung für die nächste Ausgabe durch die verschiedenen Ressorts der Zeitung. Meistens wandern sie dabei von den vorderen Seiten auf die hinteren, manchmal wandern sie auch kreuz und quer durchs Blatt. In fast allen Fällen aber verlieren sie während dieser Wanderung deutlich an Umfang. Während ich mit meinem Mietauto über die von der Asche ganz staubige Straße am Eyjafjallajökull entlangfahre und Eindrücke sammle, wird der Platz, auf dem ich diese Eindrücke festhalten kann, also immer knapper.

Am späten Nachmittag besuche ich noch eine Familie, die auf einem Hof direkt neben dem Vulkan lebt. Vom Wohnzimmerfenster aus sieht man den rauchenden Berg, dessen gletscherbedeckter Rücken rot in der Abendsonne schimmert. Die Stimmung ist – wie meistens auf Island – gelassen. Jahrhunderte auf einer Insel zu leben, die regelmäßig von Naturgewalten heimgesucht wird, hat die Isländer gelehrt, stets die Ruhe zu bewahren.

»Schauen Sie nur, wie wunderschön das aussieht!«, ruft die Bäuerin. »Andere Leute hängen sich für viel Geld Gemälde von solchen Vulkanausbrüchen an die Wand. Aber wir müssen bloß unsere Gardinen wegziehen. Toll, nicht?«

Neben dem Sofa stehen die fertig gepackten Koffer der Familie. Schon seit Wochen seien sie ständig auf eine sofortige Flucht vorbereitet, erklärt mir die Frau. Denn wenn der malerische Vulkan oben auf dem Berg noch ein bisschen heißer werden würde, dann schmölze der Gletscher – und wenige Stunden später stünde die gesamte Tiefebene, in der der Hof liegt, unter Wasser. Das ist der Preis für die spektakuläre Aussicht. Außerdem musste die Familie einige Pferde in Sicherheit bringen, denn die Vulkanasche auf der Weide könnte die Tiere vergiften. Wenigstens erscheinen mir nach diesem Gespräch meine eigenen Probleme recht klein und unbedeutend.

Nach dem Gespräch fahre ich in das einzige Hotel in Vulkannähe. Es ist fast ausgebucht. Auf dem Dach steht ein Amerikaner mit einem Mikrophon, plaudert unablässig in eine Kamera und deutet ständig auf den qualmenden Kegel hinter sich. So entstehen also die Live-Berichte bei CNN. Die Hotelbar ist von einer ganzen Horde Reporter umlagert, die sich gegenseitig ihre neuesten Heldentaten berichten. Ein anderer Amerikaner erzählt, wie er heute mit einem Hubschrauber auf dem Gletscher direkt neben dem feuerspeienden Krater gelandet sei. Seine Kollegen beneiden ihn um die Bilder. Ein Vulkanologe, der sich dazugesellt hat, wundert sich, dass der Mann noch am Leben ist. Die Wissenschaftler wagen sich noch nicht so nah heran.

Bevor ich eine Hühnerbrühe zu Abend esse, fahre ich noch eine kurze Runde zum Fuß des Berges. Auf einem Parkplatz halte ich und steige aus, um ein paar Fotos zu knipsen. Mir ist immer noch schlecht. Über mir qualmt und donnert es. »Blöder Vulkan!«, murmle ich und versetze dem Hang vor mir einen kräftigen Tritt mit meinen Wanderstiefeln. In der grauschwarzen Asche, die hier zentimetertief ist, bleibt ein schöner Abdruck zurück. Den fotografiere ich, und das Bild wird am nächsten Tag in der Zeitung erscheinen. Möglicherweise habe ich mit diesem Fußtritt die Ruhe einer Vulkanelfe gestört. Solche Fabelwesen sollen in Island ja an jeder Ecke zu Hause sein. Jedenfalls wird mich der Eyjafjallajökull auch nach meiner Abreise von der Insel nicht in Ruhe lassen. Aber das kann ich jetzt noch nicht wissen.

# 16

Der Anruf kommt unerwartet. Ich haste über den Odenplan in die Stockholmer Innenstadt. Gleich fängt mein Deutschkurs an. Obwohl der Frühling nun eigentlich schon da sein sollte – immerhin ist es jetzt abends wieder lange hell –, weht ein kalter Wind, und ich ziehe den Kragen meiner Winterjacke fester zusammen. Endlich hatte Anfang April Tauwetter eingesetzt. Aber dann kam doch noch einmal Schnee, der jetzt in grauen Haufen den Odenplan bedeckt und auf den nass glitzernden Straßen große schwarze Lachen bildet. Da klingelt es in meiner Tasche. Ich drücke das Handy fest ans Ohr, damit ich durch die Mütze und den Straßenlärm etwas hören kann.

»Ja, hej, hier ist …«

Ich kann kaum etwas verstehen. »Wer ist da bitte?«

»… Sie … Hochzeit gebucht.«

»Ah, ja! Hej! Was gibt's?« Offenbar die Dame vom Restaurant, wo wir heiraten wollen.

»Die Sache ist so, dass wir … Wann, ist noch unklar.«

Ich verstehe immer weniger, denn jetzt stehe ich an der endlos roten Fußgängerampel. Gerade brettert ein Lastwagen durch eine tiefe Schneematschpfütze an mir vorbei. »Was ist noch unklar?«

»Wann wir einen Käufer finden.«

»Einen Käufer? Wofür?« Wovon zum Teufel spricht sie da?

»Für das Restaurant. Wir ziehen doch nächsten Monat nach Südschweden und machen da ein Hotel auf.«

»Das ist ja toll! Aber was wird aus unserer Hochzeit?« Hoffentlich werde ich jetzt nicht hysterisch.

»Deswegen rufe ich Sie ja an«, sagt die Dame. Endlich bin ich in der Cafeteria des Cybergymnasiums angekommen und kann besser verstehen.

»Ich will nur eines wissen: Können wir unsere Hochzeit in dem Restaurant feiern oder nicht?« Ein paar am Nachbartisch Sitzende drehen sich erschrocken zu mir um. Ich habe wohl doch etwas schriller gesprochen als geplant.

»Also, wenn wir einen neuen Käufer finden, dürfte das gar kein Problem sein.«

»Aber Sie haben noch keinen neuen Käufer, oder?«

»Nun ja, wir sind im Gespräch mit unserem Koch. Aber wie es aussieht, hat er kein Geld.«

»Sie haben also keinen Käufer«, sage ich streng.

»Noch nicht.«

»Okay. Dann stornieren wir unseren Auftrag.« Wenn wir das gleich absagen, ist wenigstens noch ein wenig Zeit, etwas Neues zu finden. Nun hat es doch noch sein Gutes, dass wir unsere Einladungen immer noch nicht abgeschickt haben.

»Aber wenn Sie jetzt absagen, wird sich das Restaurant noch schlechter verkaufen«, sagt sie beleidigt. Mir wird klar, dass wir nicht die Ersten sind, die absagen. Deswegen war also der Termin in der Kirche noch frei.

Wir beenden das Gespräch. Mein Kopf ist leer, und erst allmählich wird mir bewusst, dass jetzt wieder alles von vorne losgeht. Wir müssen schnellstens ein neues Lokal finden, womöglich auch eine neue Kirche. Hoffentlich ist unser Termin, den wir schon allen mündlich bekanntgegeben haben, noch zu halten. Meine Mutter und mein Bruder haben sogar schon Flüge für das Wochenende gebucht. Es wäre auch zu schön gewesen: Die Traumhochzeit in der mittelalterlichen Kirche am blauen See ... So als würde ich dort eine Antwort erwarten, sehe ich auf meine Uhr und stelle mit Schrecken fest, dass ich schon seit fünf Minuten Deutsch unterrichten sollte. Vielleicht machen wir heute einmal einen Exkurs zum Thema »Akademisches Viertelstündchen«. Das hört sich jedenfalls besser an als »Ich bin zu spät«.

Ein paar Tage später sitze ich mit Anna draußen in einem Café ganz in der Nähe vom St. Eriksplan. Wir genießen die ersten warmen Sonnenstrahlen des Jahres. Alois schlummert ruhig in seinem Kinderwagen, immer noch dick eingewickelt in warme Decken. Trotz der Sonne steigt das Thermometer kaum über die 10-Grad-Marke. Aber das macht mir heute nichts. Anna und ich schlürfen unseren heißen Kaffee und überlegen, in welches Brautmodengeschäft wir als Nächstes gehen wollen. Vor meinem inneren Auge defiliert eine ganze Parade von weißen Kleidern vorbei, die in meiner Erinnerung irgendwie alle gleich aussehen. Nur eines sehe ich noch klar und deutlich vor mir: das allererste, das ich anhatte. Das war natürlich auch das allerteuerste. Ein Schniefen weckt mich aus meinen Gedanken. Anna kullern zwei dicke Tränen die Wangen hinunter.

»Anna! Was ist mit dir?«, frage ich erschrocken.

»Ach, weißt du«, schnieft sie, »all die Hochzeitskleider und deine Vorfreude. Ich glaube, das ist zu viel für mich.«

»Aber warum? Stimmt etwas nicht?« Anna und ich hatten uns seit Weihnachten kaum mehr gesehen. Aber das gemeinsame Brautkleid-Aussuchen war schon seit langem ausgemacht. Darauf hatten wir uns schon seit vergangenem Sommer gefreut.

Ihre Schultern zucken unter den Schluchzern, die nun folgen. Sie sieht elend aus. »Steht es so schlimm um dich und Johan?«

Sie weint noch stärker. »Ich kann einfach nicht mehr«, tönt es nasal hinter ihrem Taschentuch hervor. Sie schnäuzt sich geräuschvoll. »Das ist zu viel für mich. Die Arbeit, die Kinder, der Haushalt – und dann noch Johan.«

»Was macht Johan denn?«

»Machen? Was macht Johan?« Annas Stimme klingt jetzt scharf wie ein gewetztes Messer. »Johan macht nichts – er ›verwirklicht sich selbst‹. Und das schon seit über einem Jahr!«

»Wie meinst du das, ›er verwirklicht sich selbst‹?«

»Tja, das kannst du ihn ja mal fragen. Wenn ich ihn bitte, mir mal zu helfen, weil ich es einfach nicht mehr schaffe, neben dem Vollzeitjob auch das Einkaufen, Kochen, Waschen und Putzen zu erledigen und dann auch noch die Kinder vom Kindergarten abzuholen, dann fährt er mich an, dass er so ja nie seinen Lebenstraum verwirklichen könne.«

»Und was ist das für ein Lebenstraum?«

»Na ja, er will Sozialpädagoge werden. Aber er lässt seine Ausbildung schleifen. Bis der mal einen neuen Job hat, kann das noch ewig dauern. Neulich zum Beispiel hat der Kindergarten bei mir angerufen, weil Emma krank war. Natürlich musste ich von der Arbeit kommen und sie abholen, weil Johan nicht ans Telefon gegangen ist. Als ich mit Emma dann so gegen zwei nach Hause kam, lag Johan schlafend vorm laufenden Fernseher. So sieht seine Selbstverwirklichung aus«, schnaubt sie verächtlich. Dann fängt sie wieder an zu weinen. »Und ich rackere mich ab, damit er sich seinen Lebenstraum von einem besseren Job, der ihm mehr Spaß macht, verwirklichen kann. Auch wenn das alles viel Arbeit für mich bedeutet und große finanzielle Einbußen für die Familie. Alles war ich bereit hinzunehmen, nur damit er glücklich ist.«

»Und wie soll es jetzt weitergehen?«, frage ich bang, nachdem ihr Weinen etwas nachgelassen hat.

»Ich habe ihm gestern gesagt, dass ich mich scheiden lassen will«, sagt sie gefasst. »Es hat keinen Zweck mehr. Er ist nur noch eine Last für mich. Ich brauche ihn nicht. Der ganze Tagesablauf funktioniert seit Monaten bereits, ohne dass er irgendwas Nützliches dazu beigetragen hätte. Ich brauche ihn nicht«, wiederholt sie. »Im Gegenteil. Ohne ihn habe ich weniger Hausarbeit zu erledigen und muss mich abends nicht auch noch streiten.«

Der herzlose Pragmatismus, mit dem meine Freundin das sagt, macht mich betroffen. Aber womöglich hat sie einfach recht. Und sie hat ja auch die Chance, frei zu entscheiden. In manch anderem Land würde sie sich womöglich nicht so schnell scheiden lassen. Denn da wäre sie wohl nicht so unabhängig. Sie hätte mit zwei Kleinkindern wahrscheinlich keinen Vollzeitjob, von dessen Gehalt sie den Kindergarten und den Haushalt allein bestreiten könnte. Ja, möglicherweise hätte sie nicht einmal einen Kindergartenplatz. Auch steuerliche Gründe hindern in Schweden niemanden an der Scheidung: Ehegatten werden vom Fiskus grundsätzlich nicht anders behandelt als Singles. Ein Ehegattensplitting wie in Deutschland wurde schon längst unter der Rubrik »vorsintflutlich« eingeordnet und abgeschafft, da es den Alleinverdienerhaushalt bevorzugt und außerdem unverheiratete Paare mit Kindern benachteiligt. In Schweden gibt es deshalb nur eine Steuerklasse – der Satz ist freilich nach Höhe und Art des Einkommens gestaffelt. Anders gesagt: In München wäre der faule Johan immerhin noch ein Steuervorteil. In Stockholm ist er einfach nur nutzlos. Familienförderung besteht hier nicht aus Steuersparanreizen, sondern aus der Umverteilung von Geldern – zum Beispiel für die Kitas oder zur flächendeckenden Nachmittagsbetreuung in Schulen. Damit werden alle Familien mit Kindern gefördert – egal ob verheiratet, Patchwork oder alleinerziehend.

Vielleicht erklärt das, warum die Scheidungsrate in Schweden ein wenig höher ist als in Deutschland. In jedem Fall erklärt diese Unabhängigkeit von der ehelichen Gemeinschaft aber wohl, warum mehr Schwedinnen als Deutsche sich überhaupt erst für Kinder entscheiden – für sie ist es einfach viel leichter, die Wahl eines Partners später noch einmal zu korrigieren, wenn es denn nötig werden sollte.

Aber Unabhängigkeit hin oder her. Eine Frage brennt mir nun doch auf den Nägeln: »Was wird nun mit Leo und Emma?« Denn es ist ja nicht gesagt, dass sie bei Anna bleiben.

»Ich weiß noch nicht, wie wir das machen werden«, sagt Anna müde. »Aber wahrscheinlich wird sich Johan eine Wohnung in der Nähe suchen, und dann können die Kinder ein paar Tage in der Woche bei ihm wohnen und dort in den Kindergarten gehen und den Rest der Woche bei mir wohnen und in ihren alten Kindergarten gehen.«

»Geht das denn so einfach?«, frage ich etwas erstaunt über diesen Lösungsvorschlag.

»Ja, natürlich. Eine Freundin von mir macht das auch so«, ist die knappe Antwort. Mir fällt ein, dass wir Nachbarn haben, bei denen das ähnlich funktioniert. Das heißt: Bei uns nebenan wohnt ein Mann, der inzwischen schon wieder eine neue Partnerin hat. Seine alte Freundin bringt manchmal die zwei Töchter vorbei, die dann von ihm in unseren Kindergarten gebracht werden. Und der Expartner seiner neuen Gefährtin liefert manchmal einen Sohn ab, der schon in die Schule geht. Zusammen haben die beiden außerdem noch ein zweijähriges Kleinkind, das auch in unsere Dagis geht. Wir haben mehrere Gespräche gebraucht, um herauszubekommen, welcher Sprössling denn nun zu welchem Erwachsenen gehört. Zumal die Schweden für die bei ihnen inzwischen recht verbreiteten Patchworkfamilien auch noch eigene Begriffe geprägt haben, was für mich, die ich diese Begriffe erst lernen muss, die Kommunikation über dieses Thema weiter erschwert. Die nichtleiblichen Kinder, die ein Partner aus einer früheren Beziehung mitbringt, heißen zum Beispiel »Bonuskinder«. Und es gibt auch »Bonusmamas«, die manchmal aber etwas abschätzig »Plastikmamas« oder »Gummimamas« genannt werden. Und natürlich gibt es auch »Bonuspapas«, und so weiter.

Anna jedenfalls findet die Aussicht auf eine solche künftige Patchworkfamilie mit geteilter Verantwortung eher positiv. »Dann müsste sich Johan auch mal wirklich selber um die Kinder kümmern«, sagt sie mit einem fast schon schelmischen Ausdruck der Zufriedenheit auf dem Gesicht.

»Ja, das hört sich gut an«, sage ich mit einem Grinsen.

»Weißt du was, Anna, lass uns doch lieber noch etwas in der Sonne spazieren gehen. Ich glaube, ich weiß schon, welches Kleid ich nehme.«

Es wird das Teure werden. Dessen bin ich mir nun sicher. So schrecklich ich Annas Leidensgeschichte finde, sie hat mir doch vor Augen geführt, wie gut Gunnar und ich es miteinander haben. Wir bemühen uns beide, für die Probleme des Alltags eine Lösung zu finden. Wir unterstützen uns gegenseitig. Keiner verschwindet einfach so oder macht »sein Ding« ohne Rücksicht auf den anderen. Alles wird vorher einvernehmlich geplant und abgesprochen. Sonst funktioniert es einfach nicht. Das sieht man ja an Anna und Johan. Da hat Johan einfach ohne Absprache seine Bedürfnisse über die der Familie gestellt und Anna den Rest alleine zusammenpuzzeln lassen. Gunnar würde so etwas nie machen. Er nimmt mich und meinen Job ernst. Das steht fest.

Nachdem Anna sich verabschiedet hat, schiebe ich Alois' Kinderwagen noch einmal fest entschlossen zu dem Brautmodengeschäft mit dem teuren Kleid und kaufe es. Als ich den Laden wieder verlasse, bin ich vom Hochzeitstaumel und der hohen Summe auf der Sollseite noch wie benebelt. Nebenbei höre ich den Anrufbeantworter meines Handys ab, denn bei all der Aufregung bin ich vorhin nicht drangegangen. Bestimmt ist es Gunnar, der heute früher nach Hause kommt, damit ich noch meine Deutschstunde für den Abend vorbereiten kann, denke ich glücklich.

Eine halbe Stunde später sitze ich vor Wut schäumend in der U-Bahn Richtung Vällingby, den schreienden Alois im Arm wiegend und leise vor mich hin fluchend. Am meisten fluche ich gar nicht einmal über Gunnar, der weder mich und meinen Job ernst nimmt noch stets alles vorher mit mir abspricht und einvernehmlich plant, sondern einfach so nach Island fliegt. Nein, ich fluche am meisten über das sündhaft teure Kleid, das ich mir für diesen Hornochsen gekauft habe. Beide Deutschstunden, sowohl heute als auch morgen Abend, habe ich absagen müssen. Und meine Stimmung hebt sich auch nicht sonderlich, als schließlich noch der Kindergarten anruft und eine üble Überraschung für mich bereithält – den fiesesten und gemeinsten Virus, den die Natur aus reiner Bosheit kreiert hat, um Eltern aus der Fassung zu bringen: »Kräksjukan« – die Kotzkrankheit. Der Kindergarten gleicht in Hinsicht auf Viren- und Bakterienkulturen einer überdimensionalen Petrischale, in der die Kinder wie eine wehrlose Nährstofflösung willenlos umherschwappen. Während sie also vom pädagogischen Eifer getrieben von einem Spielzimmer in das andrere gespült werden, nehmen sie dort möglichst viele verschiedene Erreger mittels permanenten Schleckens, Spuckens und Knuddelns auf. Unter diesen idealen Wachstumsbedingungen entwickeln sich die harmlosesten Krankheitserreger zu monströsen biologischen Vernichtungswaffen, die ganze Familien für Wochen niederstrecken können. Am Abend holen dann die arglosen Eltern ihre Virenmutterschiffe ab, die dann mittels permanenten Schleckens, Spuckens und Knuddelns ihre Ladung in der Wohnung löschen. Eine Erkenntnis, zu der Gunnar und ich schon im vergangenen Jahr mehrmals schmerzlichst gelangten. Möglicherweise haben wir ohnehin schon alle den Virus. Dennoch nehme ich zu Hause mit Desinfektionsspray und Wischlappen den Kampf gegen den unsichtbaren Feind auf. Der lauert nämlich überall.

Unter jedem Fingernagel, auf jeder Türklinke und in jedem Töpfchen. Das lenkt mich wenigstens von einer gewissen horrenden Summe ab, die ich heute völlig unnötig ausgegeben habe. Und zwar so sehr, dass ich mir sogar zwischenzeitlich um Gunnars Gesundheit Sorgen mache. Hoffentlich sitzt er nicht mit der Magen-Darm-Grippe auf einem isländischen Klo.

Doch das Mitleid weicht bald wieder dem Ärger, als ich am nächsten Tag auch noch das Probe-Essen für die Hochzeitstorte absagen muss, weil ja keiner kommen kann. Die Kinder und ich sitzen in Quarantäne und Gunnar auf einem Vulkan. Während ich bei der Konditorei »Puss & Kram« – Küsschen & Knuddel – anrufe, um unseren Tortentermin zu verschieben, kommen deutlich vernehmbare Würg- und Spritzgeräusche aus Lauras Zimmer. Mich selbst zwickt es auch schon im Magen, und ich weiß nicht, wann ich wieder in der Lage sein werde, mehrere Torten zu kosten, geschweige denn überhaupt nur daran zu denken. Auch zu der Hochzeitsmesse schaffen wir es nicht mehr. Die hatte ich mir schon seit Monaten in meinem Kalender – nein: in sämtlichen Kalendern – vorgemerkt. Komischerweise hatte Gunnar immer wieder vergessen, dass wir da hingehen wollten. Als würde sein Gehirn nur in speziellen Bereichen funktionieren. Ähnlich verhält es sich mit seinem Gehör. Manchmal habe ich den Eindruck, als würde er nur hören, was ihm passt. Wenn ich zum Beispiel frage: »Hast du das Elchgeweih endlich aus der Garage entfernt?« – und das frage ich in letzter Zeit mit zuverlässiger Regelmäßigkeit, schließlich thront es jetzt nicht mehr auf den Winter-, sondern auf den Sommerreifen –, dann kommt entweder ein abwesendes »Hm?« oder gar:

»Elchgeweih? Welches Elchgeweih?« – »Groß, braun, ungefähr eine Tonne schwer, wohnhaft in unserer Garage.« – »Ach ja, das Elchgeweih.« Und dann kommt oft ein unvermittelter Themenwechsel, von dem ich mich dummerweise meist ablenken lasse. Jedenfalls funktionieren Gunnars Gehirn und Gehör, um es freundlich zu sagen, sehr selektiv. Das hat übrigens seine Tochter von ihm geerbt, Laura hat das gleiche Leiden. Obwohl – bei genauerer Betrachtung leiden die beiden ja gar nicht darunter, sondern ich. Unsere Hochzeitsplanung scheint in Gunnars Gehörgängen jedenfalls verlorenzugehen. Auf der Hochzeitsmesse wollten wir eigentlich so vieles gemeinsam entscheiden. Welche Blumen, welche Musik, welche Tischkärtchen, welche Einladungen und so weiter. Stattdessen hat Gunnar noch nicht einmal einen blassen Schimmer, was er zur Hochzeit anziehen soll. Für mich völlig unverständlich. Ich träume in jeder freien Minute, die ich mich an den Küchentisch setzen kann, von Hochzeitsfrisuren mit Blumen im Haar, von schwebenden Stoffen, die mich feenhaft umwehen, während ein Streichquartett wunderbare schwedische Hochzeitsmärsche geigt. Und dann kommt Gunnar ins Bild, in einem seiner ewigen Karohemden und der ausgebeulten Cordhose. Zu allem Überfluss thront auf seinem Kopf ein Wikingerhelm, geschmückt mit einem riesigen Elchgeweih. Spätestens dann rutscht mein Kinn von der Hand ab, der Alptraum ist vorbei und mein Kopf droht auf die Tischplatte zu knallen.

Als Gunnar aus Island zurückkommt, zwinge ich ihn deshalb, am Samstag in die Stadt zu gehen und einen Anzug für die Hochzeit zu kaufen. Außerdem muss er mir hoch und heilig versprechen, sich künftig nicht mehr gegen hochzeitsrelevante Termine zu wehren und sich endlich um das Elchgeweih zu kümmern. Ein Versprechen, das er bald bereut.

# 17

Wer hätte gedacht, dass man so viele Dinge kaufen muss, um zu heiraten? Nachdem unser bevorzugtes Lokal für die große Feier überraschend seine Türen schloss und uns im Regen stehenließ, hatte ich schon alle Hoffnung fahrenlassen. Aber wir haben dann doch Glück im Unglück – ganz in der Nähe von Vällingby hat am Mälarsee ein altes Palais seine Pforten für zahlende Gäste geöffnet, insbesondere für Heiratswillige. Nach einer ausführlichen Besichtigung entscheidet Susanne – und damit auch ich –, dass dies ein durchaus passender Ersatz für das Café auf der Insel Ekerö ist. Eine Kirche in der Nähe erklärt sich überdies dazu bereit, uns ihre Räume für die Trauung zu überlassen, wir dürfen sogar unseren eigenen Pfarrer aus Deutschland mitbringen. Ich habe einen in der Familie, der uns beide schon kennt. Das ist praktisch, denn da spart man sich das Traugespräch. Und inzwischen bin ich wirklich froh um jede Minute, die ich nicht mit der Hochzeitsvorbereitung verbringen muss. Außerdem sprechen viele Gäste kein Schwedisch, und darum soll der Gottesdienst lieber in deutscher Sprache gehalten werden.

Eigentlich hatte ich ja gehofft, dass mit der Wahl eines Veranstaltungsorts – die ja nun wirklich genug Zeit und

Mühen gekostet hat – auch ein Wirt gefunden ist, der sich dann um all die restlichen Details kümmert. Aber so ist es natürlich nicht. Ständig erwachsen auf dem Weg zum Altar neue Herausforderungen, die mit langatmigen Diskussionen und meistens auch mit Hunderten oder gar Tausenden schwedischer Kronen bewältigt werden müssen. Ich merke rasch, dass in Stockholm offenbar eine regelrechte Hochzeitsindustrie existiert, die sich nur davon ernährt, junge Menschen mit möglichst viel Aufwand unter die Haube zu bringen. Klassische Hochzeiten mit Kirche, Blumen, Torte, Festmahl und einer Braut in Weiß liegen nämlich voll im Stockholmer Trend – möglicherweise eine Trotzreaktion auf die hohe Scheidungsrate.

Wir jedenfalls wollen uns ebenfalls gerne trendbewusst geben. Und darum sind auch wir auf die Dienste jener illustren Hochzeitsbranche angewiesen, die aus unzähligen kleinen Unternehmen besteht, deren Chefs alle irgendwie mit dem Chef unseres neuen Festlokals befreundet zu sein scheinen. Leif, so heißt der Wirt in unserem Palais am Mälarsee, ist aber keinesfalls aufdringlich bei seinen Versuchen, uns noch ein paar extra Serviceleistungen aufzuschwatzen. Das muss er auch nicht sein, denn Susanne ist für die Thematik bereits durch die Lektüre einer ganzen Bibliothek von Hochglanz-Hochzeitsmagazinen sensibilisiert. Da reichen schon ganz kleine Andeutungen, um kostspielige Assoziationsketten in Gang zu setzen. Jedenfalls werden wir zu mehreren Planungstreffen in Leifs Liebesschlösschen gebeten, um dort den Ablauf des Festes zu besprechen. Nach jedem Treffen habe ich das Gefühl, dass wir schon wieder ein wenig ärmer geworden sind – wobei das natürlich zu diesem Zeitpunkt noch nicht der Fall ist. Denn abgerechnet wird ja erst nach der Veranstaltung. Und, sagt Leif, »selbstverständlich ist auch Ratenzahlung möglich« – zur Stockholmer Hochzeitsmafia gehören auch Kreditinstitute.

»Wir empfehlen unseren Kunden allerdings, alles sofort zu begleichen«, sagt Leif und fügt dann mit ernster Miene hinzu: »Aber selbstverständlich kann es immer mal vorkommen, dass einem in der Disposition ein Fehler unterläuft und man ein bisschen knapp bei Kasse ist. Wäre es da nicht schade, wenn man ausgerechnet an der Hochzeitsfeier sparen müsste? Das ist doch der schönste Tag im Leben, an den soll man sich doch immer mit Freude erinnern können. Und darum sollte Geld dabei nun wirklich keine Rolle spielen. Meinen Sie nicht auch? Wenn es also sein muss, dann könnte ich einen günstigen Überbrückungskredit vermitteln, bei einem sehr seriösen …«

»Danke, Leif, aber das wird nicht nötig sein«, sagt Susanne. Sie hat recht – wir haben in den vergangenen Jahren genug gespart, um alles gleich zu bezahlen. Zumindest sieht es derzeit noch so aus. Aber Leif arbeitet beständig daran, unseren Kostenrahmen mit seinem sanften Gerede vom »schönsten Tag des Lebens« doch noch zu sprengen. Er tut das ganz unauffällig, mit kleinsten Hinweisen.

»Und hier ist also unsere große Freitreppe«, sagt er zum Beispiel eines Tages und deutet auf ein paar bemooste Stufen, die hinter dem Palais in den Garten hinabführen. »Im Sommer, wenn die Sonne scheint, dann hat man von hier einen herrlichen Blick auf den See. Und die breiten Stufen eignen sich außerdem perfekt für das Gruppenfoto mit den Gästen. Übrigens: Wenn ihr wollt, dann könnt ihr eurem Fotografen gerne meine Telefonnummer geben, dann kann er mich vor der Veranstaltung anrufen und den Zeitplan durchgehen.«

Spätestens jetzt schlägt Susanne die Hände über dem Kopf zusammen.

»O Gott, den Fotografen hatte ich ja ganz vergessen. Darum müssen wir uns ja auch noch kümmern.«

Und wie praktisch ist es da, dass Leif zufällig jemanden kennt, der weiß, wie man eine Kamera bedient, und sich darauf spezialisiert hat, Brautpaare auf Bildern zu verewigen. Leif kennt auch Leute, die Blumenschmuck herstellen, er kennt Tortenbäcker, Discjockeys, die ihre Musikanlage für viel Geld ausleihen, und er kennt einen Mann, der Dalarna-Pferdchen in mühevoller Heimarbeit mit den Namen der Eheleute versieht und dann auch noch die Namen der Gäste draufpinselt – die kleinen roten Holztiere kann man dann statt Platzkarten auf den Tisch stellen.

»Viele Paare möchten ja heute ihren Gästen ein kleines Andenken mitgeben, damit sie sich auch später noch an die unvergessliche Feier erinnern«, erläutert Leif.

Wenn die Feier so unvergesslich ist, warum muss man die Erinnerung der Feiernden dann mit kleinen roten Pferdchen bestechen, die noch dazu sündhaft teuer sind, denke ich mir.

»Also, das brauchen wir nun wirklich nicht«, sage ich möglichst schnell, denn Susanne hat gerade schon tief Luft geholt. Vermutlich, um gleich die Argumente für und gegen rote Tischrösser abzuwägen. Das kann teuer werden.

»Ja, ich verstehe schon.« Leif nimmt meinen Widerstand mit einem freundlichen Nicken zur Kenntnis. »Viele Brautpaare möchten die Platzkarten für ihre

Gäste ja auch etwas persönlicher gestalten. Manche basteln sie einfach selbst, das habt ihr bestimmt auch vor, oder? Man kann ja die wunderbarsten Dinge aus getrockneten Blumen, Perlen und anderen Materialien zaubern. Mir persönlich wäre das allerdings etwas zu zeitaufwendig, und – unter uns gesagt – ich bin auch nicht so geschickt in diesen Dingen. Aber ich verstehe, dass solche gemeinsamen Vorbereitungen etwas sehr Schönes sein können. Das schweißt einen vor der Hochzeit noch so richtig zusammen, nicht wahr? Und wenn ihr noch ein paar Bastelideen braucht, dann kenne ich da jemanden, der …«

Im Geiste sehe ich, wie Susanne und ich nächtelang getrocknete Blumen und Perlen auf kleine Kärtchen kleben, während Alois schreit und Laura nach eigenem Geschmack wunderbare Dinge zaubert. Mir ist sofort klar, dass unsere Beziehung diese Art von Bewährungsprobe nicht überstehen würde. Unsere Liebe würde am Basteltisch dahinwelken. Mir bleibt als Ausweg nur eine Notlüge. »Wir brauchen das alles nicht, denn wir haben schon Tischkarten«, sage ich hastig. »Also, die habe ich neulich im Internet bestellt.«

»Ohne mich zu fragen?«, ruft Susanne empört.

»Ja also, das war so ein Sonderangebot. Aber ich habe die Bestellung noch nicht fertig abgeschickt. Und am Design könnte man sicher noch was ändern, wenn du da Vorschläge hast. Da wollte ich dich sowieso noch um Rat fragen.«

»Im Internet, aha. Ja, das habe ich auch gehört, dass gewisse Paare so etwas tun«, erklärt Leif. Und seine Stimme klingt dabei etwas kühl, so als wollte er uns mitteilen, dass »gewisse Paare« eigentlich anderswo zu feiern pflegen, bei McDonald's vielleicht oder an der

Würstchenbude von Vällingby, aber sicher nicht in seinem Palais.

»Ihr könnt ja noch ein wenig darüber nachdenken«, sagt er schließlich und drückt uns einen dicken Katalog in die Hand. »Ein paar Wochen sind schließlich noch Zeit.«

Susanne greift sich das daumendicke Hochglanzdruckwerk und zischt: »Wenn mir diese Internet-Karten nicht gefallen, dann nehmen wir doch die Pferdchen.«

Erst zu Hause gestehe ich, dass es gar keine Internet-Tischkarten gibt und ich bloß zu geizig war für die roten Rösser, die vor allem unsere Kosten in die Höhe galoppieren lassen würden. Susanne hört sich meine Bedenken an und meint schließlich, die Sache mit den Internet-Karten sei vielleicht gar nicht so schlecht. Schließlich habe sie ja schon recht viel für das Kleid ausgegeben, und nun brauche sie auch noch neue Schuhe.

»Aber wir machen das nur, wenn du dich dann wirklich auch um die Internetbestellung kümmerst und nicht wieder alles an mir hängenbleibt.«

Ich gelobe, mich darum zu kümmern. Und hätte es bestimmt auch gleich am nächsten Tag getan, wenn ich da nicht noch eine dringende Geschichte über die Hochzeitsvorbereitungen von Daniel und Victoria hätte schreiben müssen. Das königliche Fest rückt ja immer näher, und die Zeitungen sind voll von Artikeln über die Torten, die Speisekarte des Galadiners, den Weg, den die königliche Brautkutsche durch die Hauptstadt nehmen wird, und so weiter. Und alle rätseln natürlich, wie wohl das Kleid aussehen wird.

Nachdem ich mich also wieder einmal einen Arbeitstag lang um jene Hochzeit gekümmert habe, die nicht meine eigene ist, mich aber mindestens ebenso viel beschäftigt, ist Wochenende. Und zwar nicht irgendeines – nein, es ist das Wochenende, das ich mir unbedingt freihalten sollte, wie Lars gesagt hat. Das Wochenende für meinen Junggesellenabschied. Dieses Ritual heißt auf Schwedisch »Svensexa«, wobei »Sexa« nichts mit Sex zu tun hat. Das ist einfach ein alter schwedischer Begriff für »Fest«. Er bezeichnete früher ein kleines Festessen, das abends gegen sechs Uhr eingenommen wurde. In früheren Zeiten feierten die Schweden den Junggesellenabschied direkt am Abend vor der Trauung. Gleichzeitig wurde auch die »Möhippa« für die Braut veranstaltet. Beide Feiern waren natürlich mit kräftigem Alkoholkonsum verbunden, und es gibt alte Berichte über Kirchensprengel, in denen der Pfarrer schon einmal die Möhippa bei Strafe untersagte, weil er es einfach satthatte, dass die Brautleute am nächsten Tag bei ihrem gemeinsamen Weg zum Altar mehr wankten als schritten. Im modernen Schweden mit seinen strengen Alkoholgesetzen sind solche Verbote freilich nicht mehr nötig. Jeder versteht, dass es unpassend wäre, angetrunken zur eigenen Trauung zu erscheinen. Darum werden Svensexa und Möhippa heute meist schon ein paar Tage oder Wochen vor der eigentlichen Hochzeit gefeiert, damit genügend Zeit zum Ausnüchtern bleibt. Außerdem ist das übermäßige Trinken bei diesen Anlässen inzwischen ohnehin ein wenig aus der Mode gekommen. Die Hochzeitsbranche des Landes hat Möhippa und Svensexa längst für den Erlebnistourismus entdeckt. Auf den einschlägigen Webseiten der Trauungsindustrie finden sich unzählige Angebote für

Bungeesprünge, Schießstandbesuche, Rundflüge und ähnliche »Events«, mit denen sich der JungesellInnen-Abschied gestalten lässt.

Ähnlich wie in Deutschland gibt es auch in Schweden eine Tradition, den Bräutigam oder die Braut beim Abschiedsfest ein wenig mit meist peinlichen Aufgaben und Prüfungen zu traktieren. Aber auch dieses Erbe wurde in den vergangenen Jahren vernachlässigt. Man sieht auf schwedischen Straßen und Plätzen nur noch selten torkelnde Individuen, die in Unterhose oder im Kaninchenkostüm irgendwelchen Schrott verkaufen müssen, während sie dabei von einer johlenden Meute verspottet werden. Ich hoffe, Lars hat nicht vor, diese erniedrigenden Bräuche aufleben zu lassen. Aber ich glaube es eigentlich nicht – so wie ich ihn kenne, wird er mich wohl zum Angeln entführen. Darauf freue ich mich schon.

Lars fährt an diesem Samstagmorgen mit dem Werner in einem Taxi vor. Susanne ist schon ganz aufgeregt, die beiden haben sie offensichtlich vorher eingeweiht. Sie sagt an diesem Morgen mehrmals, dass etwas »ganz Tolles« für mich vorbereitet sei. Da wird mir klar, dass es sich nicht um einen Angelausflug handeln kann. Zum Abschied drückt mir Susanne noch einen gepackten Koffer in die Hand. Ich hoffe inständig, dass da kein Kaninchenkostüm drin ist.

Im Taxi bekomme ich auf meine Frage, wohin wir denn fahren, von Werner und Lars nur ausweichende Antworten wie: »Das wirst du schon noch sehen.« Ich erkenne aber trotzdem bald, dass das Auto sich in Richtung Flughafen bewegt. Während der ganzen Fahrt erzählt der Werner von seiner neuen Freundin, die offenbar die Liebe seines Lebens ist und die er übers Internet kennengelernt hat. Den Tipp hat er von Lars bekommen – solche Webdienste erfreuen sich in Stockholm großer Beliebtheit, vor allem weil sie so praktisch und zeitsparend sind. Man kann bequem daheim am Rechner schon einmal die größten Enttäuschungen wegklicken, bevor man sich mit den aussichtsreicheren Kandidaten verabredet. Der Werner hat im Web offenbar eine gute Figur gemacht – er hatte schon in der ersten Woche drei Dates. Beim dritten lernte er Anna-Lena kennen. Mit der ist er nun schon ein paar Monate zusammen.

Die Geschichten über Anna-Lenas Vorzüge und Werners sonstige Abenteuer in Schweden unterhalten uns jedenfalls gut, bis wir, knapp vier Stunden später, in München landen. Ja, das hat Lars wirklich schlau ausgeheckt. Damit meine deutschen Freunde auch mitfeiern können, hat er die ganze Svensexa kurzerhand nach Bayern verlegt. Der Standortwechsel hat zwei Nebeneffekte: In Bayern ist erstens das Bier billiger als in Schweden. Zweitens wird dort die Tradition der Bräutigam-Erniedrigung noch wesentlich mehr gepflegt. Es dauert also nicht lange, bis ich mit einem Wikingerhelm auf dem Kopf und einem großen Pappschild um den Bauch, auf dem »Starreporter« steht, am Münchner Flughafen Zeitungen verkaufe. Ich hoffe inständig, dass keiner meiner Kollegen heute irgendwo hinfliegen muss. Zeitungen werde ich auch kaum los. Leute, die ich ansprechen möchte, machen meistens einen großen Bogen um mich, weil sie mich wohl für einen Irren halten. Meine Freunde jedenfalls amüsieren sich köstlich.

Zufrieden bemerke ich, dass sich wenigstens Lars auch ein wenig blamiert. Als wir an einem Schild mit der Aufschrift »Franz-Josef-Strauß-Flughafen« vorbeikommen, ruft er laut: »Hach, Deutschland, das Land der Kultur und der Musik. Wo sonst würde man einen Flughafen nach einem Walzerkomponisten benennen?« Meine Münchner Freunde lächeln nur stumm über Lars' Verwechslung.

Nachdem ich mich als Zeitungsverkäufer genügend blamiert habe, werde ich schließlich erlöst. Weiter geht es mit dem Auto, denn für den Abend haben meine Freunde eine Hütte in den Alpen organisiert. Und zu meiner großen Erleichterung haben sie danach nichts Weiteres geplant. Keine Kneipentour, keine Stripclubbesuche, keine weiteren Peinlichkeiten. Nur Alpenpanorama, einen Grill und natürlich auch ein paar Getränke. Der Abend wird lang, aber es ist wirklich eine Svensexa, wie ich sie mir besser nicht hätte wünschen können. Auch wenn ich am nächsten Morgen ein wenig verkatert bin.

Wir müssen früh aufstehen, denn Lars hat einen engen Zeitplan vorgesehen. Am späten Nachmittag soll ich bereits wieder zurück in Stockholm sein und dort bei meiner Tante Maria gemeinsam mit Susanne und Laura Alois' ersten Geburtstag feiern. Also bin ich bereits zeitig am Vormittag in der Küche der kleinen Alpenhütte. Jemand hat das Radio angestellt. Während ich ein Brötchen aufschneide, höre ich die Hiobsbotschaft: Der Eyjafjallajökull hat in einer letzten großen Eruption noch einmal eine ordentliche Aschewolke in den Himmel geschleudert. Mehr als zwei Wochen ist es jetzt her, dass ich den Vulkan besucht und ihm einen Fußtritt verpasst habe. Offenbar ist der Berg nachtragend. Ein Anruf bei der Fluggesellschaft bestätigt, was der Radiosprecher gerade verkündet hat: Heute führt wohl kein Weg nach Stockholm zurück, zumindest nicht rechtzeitig zu Alois' Geburtstag. Ich setze Lars von diesem Umstand in Kenntnis. Der ruft, anscheinend noch durch das bayerische Bier beschwingt: »Das ist doch kein Problem. Im Gegenteil! Da können wir die Svensexa ja einfach noch ein bisschen verlängern, das passt doch gut, jetzt, wo es gerade so schön ist.«

Das finden die anderen auch. Nur Werner wird ein bisschen wehmütig, weil er sich nach seiner Anna-Lena zurücksehnt. Ich versuche ihn aufzumuntern, indem ich ihm erkläre, dass eine Beziehung, die so kleine Pannen wie einen Vulkanausbruch auf Island nicht übersteht, sowieso keine Zukunft hätte. Im Inneren der Hütte entdeckt jemand einen Vorrat Weißwurst-Konserven, und da auch noch Bier übrig ist, feiern wir den isländischen Feuerberg mit einem bayerischen Frühstück. Nach dem ersten Weißbier muss jeder einmal versuchen, »Eyjafjallajökull« richtig auszusprechen. Mir gelingt das überraschend gut, finde ich.

Es ist schon um die Mittagszeit, als mir einfällt, dass ich Susanne ja noch Bescheid sagen muss. Sie geht direkt ans Telefon, als hätte sie schon auf den Anruf gewartet.

»Und? Lebst du noch?«, fragt sie. »Wie war denn dein Junggesellenabschied?«

»Danke, mein Schatz, ausgezeichnet«, antworte ich. Im Hintergrund klirren leise die Biergläser, denn meine Freunde stoßen auf mich an.

»Solltest du nicht gerade im Flugzeug nach Stockholm sitzen?«, fragt Susanne und dann etwas strenger: »Feiert ihr etwa noch?«

»Ja, wir sind noch auf einer Berghütte, weißt du. Die gehört einem Bekannten von einem Freund, und wir dürfen sie für den Junggesellenabschied ausborgen.«

»Was? Und was ist mit deinem Flug? Heute hat dein Sohn seinen ersten Geburtstag! Das wirst du doch wohl nicht vergessen haben!«

»Nein, natürlich nicht! Aber ich kann leider heute nicht zurückfliegen. Wie wir soeben den Rundfunknachrichten entnehmen konnten, ist der ganze Flugverkehr wegen der Aschewolke lahmgelegt, unglücklicherweise auch am Münchner Flughafen Franz-Josef-Strauß. Der Eyjafjallajökull hat unsere Pläne durchkreuzt. Es tut mir wirklich leid, Susanne.«

Ich bin richtig stolz, dass ich das trotz wenig Schlaf und Weißwurstfrühstück noch so schön erläutern konnte. Aber Susanne scheint das überhaupt nicht zu beeindrucken.

»Und da hast du dir gedacht: ›Ach, wie praktisch. Dann kann ich ja gleich weiterfeiern.‹ Hast du dich wenigstens drum gekümmert, wann du dann stattdessen zurückkommen kannst?«

»Also, heute wird jedenfalls eine Rückkehr nach Stockholm wohl nicht mehr möglich sein. Das zumindest sagte mir die Fluggesellschaft, die ich soeben telefonisch kontaktiert habe.«

Lars lässt mich nun erneut hochleben, und wegen dieser Geräuschkulisse kann ich kaum noch verstehen, was Susanne mir als Nächstes mitteilt. Sie klingt ein wenig aufgebracht, aber das ist in Anbetracht der misslichen Umstände natürlich kein Wunder. Ich beschließe, mit Lars nachher wenigstens kurz zum Flughafen zu fahren, um am Schalter noch einmal zu fragen, ob es nicht doch eine Möglichkeit gibt, nach Hause zu kommen.

»Ich wünsche euch jedenfalls viel Freude heute bei dem Geburtstagsfest«, sage ich zum Abschied. »Wirklich schade, dass ich nicht mit euch feiern kann. Drück Alois bitte ganz fest für mich und sage auch Tante Maria liebe Grüße von mir. Also: Viel Spaß und auf bald, mein Schatz! Ich freue mich bereits auf meine Rückkehr in die nordischen Gefilde.«

# 18

Gerade als ich den Telefonhörer wieder weglegen will, klingelt es erneut. Ich habe noch ein Lächeln auf dem Gesicht. Gerade eben hat Anna angerufen und mich gefragt, ob ich denn schon eine Möhippa gefeiert hätte – einen Junggesellinnenabschied –, und falls nicht, ob ich heute Abend Zeit hätte.

»Warum nicht?«, habe ich geantwortet. Gunnar sollte schließlich am Nachmittag wieder aus München zurück sein, denn heute ist auch Alois' erster Geburtstag. Den wollten wir natürlich gern zusammen als Familie feiern.

Laura ist schon ganz aus dem Häuschen deswegen. Sie hat für ihren kleinen Bruder eine ganze Serienproduktion an Bildern gestartet (knollige Männlein mit drei Haaren und unheilvoll kullernden Augen). Dann hat sie noch ein paar »Prinzessinnensachen« aus ihrem Kleiderschrank für ihn aussortiert (»Wenn der Loisi sich als Prinzessin bekleiden will«), und sie hat Dutzende von Stofftieren in alles eingewickelt, was sich in den Augen einer Dreieinhalbjährigen als Geschenkpapier eignet – also Frischhaltefolie, Handtücher und Mützen. Heute Nachmittag wollen wir zu Gunnars Tante Maria fahren und dort bei Kaffee und Kuchen ein wenig Alois' Geburtstag feiern.

Gut gelaunt hebe ich den Hörer wieder ans Ohr, gespannt, welche frohe Botschaft mich nun erwartet.

»Hallo, Gunnar! Und? Lebst du noch? Wie war denn dein Junggesellenabschied?«

Mit krächzender Stimme knarzt Gunnar: »Mein Schaatzz! Aussschgzeischnet.«

Ich blicke auf die Uhr. »Solltest du nicht gerade im Flugzeug nach Stockholm sitzen?«, stelle ich überrascht fest. Im Hintergrund höre ich Männer grölen und das eindeutige Prost-Klirren von Bierflaschen. Bei genauerem Hinhören grölen sie »der Gunnaaar, der Gunnaaar«.

»Sag mal, wo bist du eigentlich. Feiert ihr etwa noch?«

»Ähm, weissu, wir sinn hier noch beimmmmmm Freund auf der Hütte.«

»Was? Und was ist mit deinem Flug? Heute hat dein Sohn seinen ersten Geburtstag! Das wirst du doch wohl nicht vergessen haben!«

Ein leicht bedauerndes »Oh« entfährt ihm. »Nein, natüich nich«, knarzt er empört, als in verdächtiger Nähe des Hörers ein Kronkorken ploppt. »Abba ich kann leider heute nich zurückfieng. In den Ruuundfuuunknachrichten … den ganze Fuverkehr isss wegn Asche … Aschewolle lahmgelegt … Eeierfallajökl kreuzzt. Ess tut mir wiiirklich leid.«

»Und da hast du dir gedacht: ›Ach, wie praktisch. Dann kann ich ja gleich weiterfeiern.‹ Hast du dich wenigstens darum gekümmert, wann du dann stattdessen zurückkommen kannst?«

»Also, heue jenfalls nich mehr.« Noch mehr Jubeln und Prosten im Hintergrund: »Der Gunnaaar, der Gunnaaar!«

»Anna wollte eigentlich heute Abend eine Möhippa für mich organisieren«, sage ich beleidigt.

Gunnar prostet vernehmlich den anderen zu und kichert kehlig. »Was hassu gesagt?«

»Hörst du mir überhaupt zu?« Mein Wutpegel erreicht bald einen gefährlichen Siedepunkt. »Heute Abend sollte mein Junggesellinnenabschied stattfinden!«

»Jaaa, schschschöön. Viel Spaß! Fffreue mich nodische Gefide!«, ruft er fröhlich und legt auf.

Einen Moment lang starre ich ungläubig den Hörer an. Mir ist jetzt danach, alles nach jedem zu schmeißen. Weil ich nichts anderes mit mir und meinem Zorn anzufangen weiß, renne ich aus dem Haus hinaus auf die Straße und immer weiter. Bis ich auf dem Spielplatz stehe, wo mich eine ganze Ladung Kinder in neonfarbenen Westen verwundert anstarrt. Eine Kindergartengruppe, die einen Ausflug macht. Möglicherweise biete ich einen recht bizarren Anblick, wie ich da in Hauspantoffeln, zerzaustem Haar und hochrotem Kopf stehe und nicht weiß, was zum Teufel ich hier eigentlich soll. Wütende Gedanken grollen in meinem Kopf: Das ist also das Ergebnis der letzten Jahre meines Lebens. Meine Hausfrauenfüße, die in Hauspantoffeln stecken, bringen mich spontan nirgendwo anders hin als zum Spielplatz. Sozusagen von einer Wirkungsstätte zur anderen. Irgendetwas muss jetzt geschehen. Ich mache auf dem Absatz kehrt und gehe schnurstracks zur Garage, wo das hässliche Elchgeweih noch auf dem Stapel Reifen thront – mittlerweile sind es wieder die Winterreifen. Dieses riesige schwedische Sinnbild für alles, was Gunnar und ich nicht miteinander gemein haben. Mit der Zorneskraft von drei bissigen Elchkühen wuchte ich das sperrige Ding aus der Garage ins Haus, bugsiere es die enge Treppe hinauf bis ins Arbeitszimmer und knalle es ohne Rücksicht auf Verluste auf Gunnars

Schreibtisch. Der Bildschirm rutscht bedenklich nah an die Tischkante, links und rechts fallen diverse staubige Papierhaufen und Zettelchen herunter, irgendetwas kullert polternd zwischen Wand und Tisch abwärts. Aber das ist mir jetzt egal. Die Enden des gewaltigen Geweihs reichen fast bis an die Zimmerdecke. Die ausladenden Schaufeln werfen lange Schatten über die Wände und den Fußboden. Als wäre Dunkelschweden mitten im Sommer über mich hereingebrochen.

Zerkratzt und erschöpft sinke ich mit schmerzenden Gliedern auf den Schreibtischstuhl und betrachte das Resultat meiner Wahnsinnstat. Der Anblick dieses unwahrscheinlichen Gebildes macht mich erneut wütend. Wie kann er sich nur so ein Ding aufschwatzen lassen! Und dann auch noch erwarten, dass so etwas irgendwo in unserem zierlichen Häuschen einen Platz findet? Dieses Elchgeweih würde selbst in einer gotischen Kathedrale noch gigantisch aussehen. Jetzt kann er damit alleine glücklich werden! Mir reicht es! Immer denkt er nur an sich! Überhaupt hat sich nichts nach seiner Elternzeit geändert. Von wegen, gemeinsam die Lasten teilen, alles absprechen, Gleichberechtigung. Alles Blabla. Immer wird nur von mir erwartet, dass ich zurückstecke. Immer ist sein Job wichtiger als die Familie, als meine Karriere, als alles. Und jetzt ist auch noch sein Junggesellenabschied wichtiger als der Geburtstag seines Sohnes! Das Telefonat von eben geht mir durch den Kopf, und ich versetze dem Elchgeweih von meinem Stuhl aus einen kräftigen Tritt. Statt das Ding ins Wanken zu bringen, rollt allerdings nur mein Stuhl zurück. Nein, mir reicht es!

Nachdem ich Anna wegen der Möhippa absagen musste, fahre ich am Nachmittag wie geplant mit den Kindern zu Gunnars Tante Maria. Allerdings ohne Gunnar. Alois raschelt fröhlich zwischen Bergen zerrissenen Geschenkpapiers herum und scheint sich mehr über das Papier als über die Geschenke zu freuen. Laura dagegen ist nicht mehr zu bremsen. Immer mehr Geschenke will sie ihm machen und trägt allerlei Hausrat aus Marias Wohnung zusammen. »Loisi, Loisi, das ist auch noch für dir«, verkündet sie ihm jedes Mal, vor Stolz glühend. Maria und ich steigen über Töpfe, Kissen, Bücher und Schneebesen, die mittlerweile unter den Papierfetzen versteckt liegen, und lassen uns mit unseren Kaffeetassen auf dem Sofa nieder.

»Wann kommt denn Gunnar?«, fragt Maria.

»Gunnar kommt wohl erst morgen«, sage ich und versuche möglichst gefasst zu klingen.

»Er kommt gar nicht? Was ist denn passiert?«

»Er sitzt in München fest. Wegen der Aschewolke geht kein Flug nach Stockholm.«

»Ach, das ist aber schade. Da verpasst er ja Alois' ersten Geburtstag«, sagt Maria bedauernd.

»Ja, nicht nur das. Heute Abend wollten ein paar Freundinnen mich auf eine Möhippa entführen«, sage ich nun doch etwas verbittert.

Maria sieht mich mit ihren freundlichen blauen Augen an und legt den Kopf schief. »Na, dann lass die Kinder doch bei mir«, sagt sie dann. Ich bin ihr so dankbar. Aber dann blicke ich auf das Chaos, das die Kinder allein in der vergangenen halben Stunde in Marias Wohnung angerichtet haben. Alois krabbelt gerade frohgemut zum Hundenapf, der köstliches Trockenfutter im Angebot hat. Nur einer findet das nicht süß:

Alfons, der graue Schnauzer, der mit aufgestellten Ohren und Schwanz die Szenerie angespannt verfolgt. Laura hüpft derweil zwischen den Papierfetzen umher und wirft Arme voll davon mit einem lauten »Englein, flieg!« in die Luft. Andererseits ist Marias Wohnung auch ohne unsere Kinder eher von kreativem Chaos geprägt – also nach schwedischen Maßstäben völlig untypisch. Maria hat selbst einmal zugegeben, dass sie in der Hinsicht überhaupt nicht schwedisch sei. In jeder anderen ist sie es aber. Sie setzt sich für benachteiligte Kinder ein und ist sehr aktiv in verschiedenen Vereinen – vom Bostadsförening (Wohngemeinschaftsverein) bis zum kommunalen Kulturausschuss. Gleichzeitig sind sie und ihr Mann Bert aber auch Künstler, und jeder Zentimeter Wandfläche ist von Bildern bedeckt, die entweder Maria, Bert oder Marias Mutter gemalt haben. Auch am Boden stehen Bilder, an die Wand gelehnt, und ich glaube, sie hängen teilweise in zwei Schichten an den Wänden. Die meisten zeigen grüne schwedische Landschaften und Wälder oder Familienmitglieder beim Lesen oder Spielen. Zudem hat Maria beinahe sämtliche Möbel aus ihrem Elternhaus bei sich aufgestellt. Die elterliche Villa war allerdings um ein Vielfaches größer als die Wohnung von Bert und Maria. In ihrem Wohnzimmer drängen sich deshalb ein altes abgestoßenes Holzsofa mit steiler Lehne und ein runder, ehemals weißer Holztisch, umringt von Regalen und einem alten Sekretär, neben einer ausladenden Plüschcouch samt Sessel und großem Couchtisch, auf dem sich stets eine ungebügelte Tischdecke kräuselt. Unwillkürlich muss ich an Annas steriles Haus denken, in dem schon ein nicht rechtwinklig ausgerichteter Läufer ein Affront gewesen wäre.

»Meinst du wirklich, dass dir das nicht zu viel wird mit den beiden Kindern?«, frage ich Maria.

»Das regelt sich schon«, winkt sie unbekümmert ab. Sie ist eben doch im Herzen eine richtige Schwedin, auch wenn ihre Wohnung ein wenig anders aussieht. »Bert ist ja auch noch da. Außerdem hat Laura doch schon mal hier übernachtet. Und Alois fühlt sich auch ganz wohl. Und wenn es gut klappt, kannst du sie gerne noch ein bisschen länger bei mir lassen. Damit Gunnar und du euch mal richtig um die Hochzeitsvorbereitungen kümmern könnt. Wir haben ja Zeit.«

»Das würdest du wirklich machen?«, frage ich dankbar und glücklich. Maria hat uns schon oft aus der Klemme geholfen. Vor allem, wenn Laura krank war und ich journalistische Aufträge hatte oder als ich Schwierigkeiten in der Schwangerschaft hatte. Ich rufe gleich Anna an, um ihr zu sagen, dass ich doch Zeit habe.

Wenige Stunden später sitze ich mit Anna, Birgitta und Andrea, der deutschen Freundin von Lars, auf einem schaukelnden Restaurantboot an den Gestaden der Stockholmer Innenstadt. Die wärmende Abendsonne scheint uns ins Gesicht, und wir lassen die Eiswürfel in den Cocktailgläsern leise klirren. Ich lehne mich zufrieden zurück, beruhigt, dass die Kinder bei Maria, Bert und dem Hund sind, bei denen sie sich wohl fühlen.

Nachdem ich ein pinkfarbenes T-Shirt mit der fetten Aufschrift »Buy me a beer, the end is near!« und zwei verschlungenen Eheringen darunter anziehen musste, in schrillen Farben geschminkt wurde und zu guter Letzt noch eine kleine goldene Prinzessinnenkrone aufgesetzt bekam, gehen wir in einen Biergarten auf Södermalm. Der Biergarten liegt hoch auf der Felsenklippe der Halbinsel, von der man auf das Wasser und die kleine Altstadtinsel hinunterblicken kann. Es dauert nicht lange, da bestellt Andrea schon die dritte Runde Wodka. Bald biegen wir uns vor Lachen und singen lauthals schwedische Trinklieder. In dem Moment klingelt mein Handy.

»Hallo, Susanne. Ich habe jetzt einen Platz im Flugzeug ergattert«, sagt eine müde klingende Stimme. »Ich fliege gleich los und bin dann so gegen Mitternacht zu Hause.«

»Schön«, sage ich fröhlich.

»Bist du gerade unterwegs?«, fragt Gunnar erstaunt und hört sich nur noch ein wenig knarzig an.

»Ja. Meine Möhippa.« Meine Freundinnen singen im Hintergrund: »Helan går, sjung hoppfaderallanlallanlej!« – Ganz auf ex, sing hoppfaderallanlallanlej!

»Und wo sind die Kinder?«, fragt Gunnar. (»Och den som inte helan tar« – Und die, die nicht die Ganzen trinkt)

»Bei deiner Tante Maria.« (»… hon heller inte halvan får.« – … dann auch keine Halben kriegt.)

»Und wann kommst du nach Hause?« (»Helan gååår!« Gläser klirren.)

»Heute jedenfalls nicht mehr«, sage ich. »Guten Flug noch und tschühüs!« (»Sjung hoppfaderallanlej!«)

Birgitta jubelt: »Auf die Ehe!«

Eine kurze Stille tritt ein, und alle sehen Anna betreten an. Sie straft Birgitta mit einem spöttischen Blick: »Auf die Freiheit!« prostet sie stattdessen. Wir lachen.

Dann sieht sie mich nachdenklich an. »Was war denn bei dir heute eigentlich los? Zuerst sagst du zu und dann wieder ab und dann wieder zu?« Birgitta und Andrea lehnen sich neugierig vor, um besser zu hören.

Ich atme tief durch und berichte den dreien von Gunnars Anruf und wie wütend mich das alles gemacht hat.

Dass ich das Gefühl hatte, nichts würde so verlaufen, wie ich mir das eigentlich mit ihm vorgestellt habe, und wie ich schließlich das Elchgeweih aus der Garage auf seinen Schreibtisch gezerrt habe.

»Ein Elchgeweih?«, fragt Andrea aufgescheucht.

»Ach, das renkt sich bis zur Hochzeit wieder ein«, meint Birgitta.

»Was meinst du mit Elchgeweih?«, fragt Andrea und sieht dabei aus, als hätte sie ein schlechtes Gewissen. »Ist es groß? Kommt es von Lars?«

Anna sucht derweil am Grunde eines weiteren Wodkaglases eine passende Bemerkung über die Ehe.

»Es ist ziemlich groß«, antworte ich Andrea. »Und ja, es kommt von Lars. Warum fragst du?«

»Ach, nichts«, sagt sie und bestellt nach.

»Meinst du nicht, dass ihr euch bis zur Hochzeit wieder vertragt?«, fragt Birgitta zögerlich.

»Ich weiß nicht. Eigentlich bin ich immer noch ganz schön sauer auf Gunnar«, sage ich.

»Dann musst du dringend was ändern«, sagt Anna, schließlich wieder aus ihrem Wodkaglas auftauchend.

»Jaaa. Das Elchgeweih auf seinem Schreibtisch ist doch schon mal ein Anfang«, sagt Birgitta lachend.

»Nee, da muss man sich was Besseres ausdenken«, sagt Andrea.

»Genau. Wenn du wirklich was ändern willst, dann brauchst du einen Schlachtplan«, sagt Anna in verschwörerischem Ton.

»Wie meinst du das?«, frage ich.

»Du könntest das Elchgeweih verbrennen«, schlägt Andrea vor und sieht dabei sehr zufrieden aus.

»Ist das nicht ein bisschen zu gefährlich?«, fragt Birgitta, der wir einige Wodkarunden voraus sind.

»Ach, du alte Spielverderberin. Schlag doch was Besseres vor, wie wir das Elchgeweih loswerden können«, gibt Andrea aufgebracht zurück.

»Wir wollen doch nicht das Elchgeweih loswerden, sondern Gunnar«, entgegnet Anna hitzig.

»Moment mal, wir wollen niemanden loswerden, sondern uns nur einen Schlachtplan überlegen, damit sich was ändert«, werfe ich ein.

»Wie wär's, wenn du einfach nicht von deinem Junggesellinnenabschied zurückkommst?«, fragt Anna mich mit einem verschmitzten Grinsen.

»Und du könntest ihm dann noch eine fiese Aufgabe stellen. Und du kommst erst zurück, wenn er sie erfüllt hat.«

»Jaaa. Das hört sich gar nicht so schlecht an.« Wir prosten uns giggelnd zu.

»Genau. Und das Elchgeweih verschwindet auch gleich mit«, sagt Andrea.

»Was hast du nur immer mit dem Elchgeweih?« Ich blicke Andrea verwundert an.

Plötzlich sieht sie aus, als hätte ich sie bei irgendwas ertappt. »Na ja, weißt du«, druckst sie herum, »ich hatte vor ein paar Monaten einen ziemlichen Streit mit Lars. Er kam nämlich plötzlich mit diesem riesigen Elchgeweih an und faselte irgendwas von seinem Onkel. Ich habe ihm ein Ultimatum gestellt. Entweder das Gehörn oder ich.«

»Ach!«, rufe ich. Dann muss ich lachen. »Und Gunnar hat er weisgemacht, dass das ein traditionelles Hochzeitsgeschenk ist!«

Andrea lacht erleichtert auf. »Du bist mir also nicht böse, dass es nun bei dir gelandet ist?«

»Nein, natürlich nicht«, sage ich. »Lasst uns lieber

überlegen, wohin ich nach dem Junggesellinnenabschied verschwinden soll und was er dann machen muss.«

»Also, ich weiß nicht«, sagt Birgitta. »Ist das nicht ein bisschen hart? Einfach so zu verschwinden?«

Die anderen beiden winken ab und bestellen gleich zwei Wodkas für Birgitta. Das sei doch nicht so schlimm, sagen sie. »Sind ja nur ein paar Tage.« Anna sagt gleich freimütig, dass ich bei ihr wohnen könne, denn sie hat gerade ihr neues Domizil in Vällingby-Centrum bezogen. Den wirklich besten Vorschlag für Gunnars Aufgabe macht schließlich Birgitta, nachdem Andreas und Annas Ideen sämtlich mit Auftritten in Unterwäsche oder ohne Unterwäsche im Zusammenhang standen: »Gunnar muss die restlichen Hochzeitsvorbereitungen alleine bewältigen. Das würde zeigen, ob er auch seinen Teil übernimmt und wirklich mit dir verheiratet sein will.« Auch wenn Anna und Andrea etwas enttäuscht protestieren und Alternativen, die mit Liebesliedern und Häschenohren zu tun haben, vorschlagen, einigen wir uns darauf.

Es duftet nach Kaffee und Pappkarton, als ich erwache. »Aj!« – Aua! –, höre ich Annas Stimme aus dem Nachbarzimmer. Wahrscheinlich ist sie wieder einmal mit dem Fuß gegen eine der vielen Umzugskisten gestoßen, die hier überall herumstehen. Oder sie ist auf eine der kleinen Ikea-Schrauben getreten, die beim Aufbau der noch halbfertigen Möbelstücke übrig geblieben sind. Zähneknirschend hat sie nun doch den Weg in die Mutter aller Möbelhäuser gefunden, denn ihr Umzug musste schnell gehen, und da war nicht viel Zeit für Design. Seit ein paar Tagen wohne ich schon bei Anna in ihrem neuen Apartment, in das sie gezogen ist, nachdem Johan sich geweigert hatte, aus dem Reihenhaus auszuziehen. Dafür wohnen die Kinder der Einfachheit halber auch weiter bei Johan. Er hat ja Erziehungsurlaub.

Annas Wohnung liegt in nächster Nähe zur U-Bahn-Station Vällingby, so dass es für Birgitta und Andrea ein Leichtes ist, hierherzukommen und zu helfen. Seit der Möhippa sind wir ein eingeschworenes Team und bauen nach und nach Annas neues Heim auf. Andrea versorgt mich unterdessen mit Informationen über die Hochzeitsvorbereitungen. Ihr Freund Lars ist schließlich Gunnars Trauzeuge und verbringt die letzten Tage nur noch zusammen mit Gunnar – ganz im Gegensatz zu mir. Weder Gunnar noch Lars wissen, wo ich stecke. In einem Brief habe ich Gunnar dazu aufgefordert, seinen guten Willen zu zeigen und die letzten Vorbereitungen für die Hochzeit gefälligst alleine zu erledigen. Und wie ich von meiner Informantin Andrea weiß, ist Gunnar auf die Bedingung eingegangen, und die Vorbereitungen laufen auf Hochtouren – wenn auch mit verschiedensten Rückschlägen.

Einmal, erzählt Andrea, kam Lars völlig fertig nach Hause und warf gereizt die frischen Blumen, die Andrea in eine Vase auf dem Esstisch gestellt hatte, einfach in den Müll. Er hatte zuvor stundenlang mit Gunnar verschiedene Blumenarrangements für die Kirche und den Festsaal auswählen müssen. Ein andermal kam Lars mit einem Haufen kleiner Bändchen für die Tischdekoration nach Hause und sollte in stundenlanger Kleinstarbeit 70 gleich große Schleifchen daraus binden. Als es um die Tischkärtchen ging, soll Lars dem völlig verdatterten Gunnar vorgeschlagen haben, einfach Gäste und Kärtchen zu nummerieren: »Ist doch viel praktischer!« Mein Rachedurst ist jedenfalls in Anbetracht dieser Anekdoten vorerst gestillt.

# 19

Die Hochzeit ist am Ende ein voller Erfolg. Der Dom ist bis auf den letzten Platz gefüllt, und vor dem Altar machen beide eine würdige Figur. Nicht einmal der König stört, wie er so danebensteht. Nach dem Gottesdienst werden auf der Kirchentreppe die ersten Kuss-Bilder des frischvermählten Paars geschossen, eine ganze Horde Fotografen hat sich um die Stufen geschart. Dann beginnt die Kutschfahrt durch ein vorsommerliches Stockholm in Richtung Schloss. Die Massen jubeln. Das Militär feuert in unregelmäßigen Abständen Salutschüsse ab. Sogar ein Geschwader Düsenjäger donnert über die Köpfe der Zuschauer hinweg. Das Wetter ist perfekt, oder um es auf Schwedisch zu sagen: lagom – genau richtig. Trocken, aber nicht zu sonnig, so dass man es gut in der Stadt aushalten kann. Prinzessin Victoria und ihr Daniel wirken überglücklich, als sie in ihrer Kutsche, begleitet vom Hufgeklapper der königlichen Rösser, an langen Reihen ihrer Untertanen vorbeirollen und dabei winken, was die Handgelenke hergeben. Beim Wasa-Museum besteigen die beiden dann eine blau-golden lackierte Schaluppe, die von einer Mannschaft fescher Matrosen gerudert wird. An den Anlegestellen vor dem Museum applaudieren die Zuschauer.

Dort, vor dem Bug eines alten Feuerschiffs, stehen auch wir – mit unseren beiden Kindern. Alois lugt aus seinem Kinderwagen, und Laura sitzt auf Papas Schultern. »Die Prinzessin, die Prinzessin!«, jubelt Laura und winkt begeistert der Schaluppe zu. Alois interessiert das alles nicht, er mampft gerade eine Banane. Wir müssen ein bisschen lachen, als wir uns vorstellen, was wohl geschehen könnte, wenn ein Zipfel von Victorias Schleppe ins Wasser hinge und das fünf Meter lange Stoffstück begänne, sich vollzusaugen.

»Gut, dass du nicht ein so langes Ding hinter dir herschleifen musst«, sagt Gunnar.

»Ja, und gut, dass du nicht auch noch ein Boot organisieren musstest. Das wäre bestimmt schiefgegangen!«, sagt Susanne.

Wir haben uns kurz vor der Prinzessinnenhochzeit versöhnt. Susanne ist aus Annas Wohnung wieder nach Hause gekommen. Und Gunnar hat am Ende doch noch Tischkarten im Internet bestellt. Das einzige Problem, das wir bis jetzt noch nicht gelöst haben, ist die Sache mit dem Elchgeweih. Lars war ja die ganze Zeit über in unserem Reihenhaus, um bei den Hochzeitsvorbereitungen zu helfen. Und da wäre es nun wirklich unpassend gewesen, ihn zum Dank mit der traurigen Tatsache zu konfrontieren, dass seine Trophäe niemals unser Wohnzimmer schmücken wird. Aber das regelt sich schon. Wir haben jedenfalls beschlossen, uns nicht mehr wegen der verstaubten Überreste jenes alten Schweden zu streiten, der von einem von Lars' schießwütigen Verwandten niedergestreckt wurde. Nein, wir haben die Situation elegant entschärft und Lars erklärt, dass sein Elchgeweih nur deshalb noch nicht über unserem Sofa hängt, weil es einfach das mit Abstand eindrucksvollste aller Geschenke ist, die wir zu unserer Trauung erwarten dürfen. Und darum gehört das Geweih natürlich auf den Gabentisch, damit es dort von allen Gästen bewundert werden kann. Lars war überglücklich über diese Ehre. Wir hoffen heimlich, dass er es vielleicht wieder mitnimmt, wenn es da schon so verführerisch vor ihm liegt.

Wir können unsere eigene Hochzeit kaum noch erwarten. Also lassen wir uns nun von Daniel und Victoria so richtig in Stimmung bringen. Nach dem Jubelumzug in der Stadt fahren wir mit dem Auto nach Hause, den Abend verbringen wir vor dem Fernseher, wo mehrere Sender stundenlang live über die Feierlichkeiten im Stockholmer Stadtschloss berichten. Spät am Abend geschieht endlich, worauf Schweden schon so lange gewartet hat: Der Bräutigam ergreift das Wort und spricht in einer minutenlangen freien Rede zu den Gästen und natürlich über das Fernsehen irgendwie auch zu seinen Untertanen. Bislang hatte man zumeist seine Frau Victoria reden gehört, und auch in Zukunft wird sie natürlich im Vordergrund stehen. Aber an der Hochzeitstafel, da ist es am Bräutigam, das Wort zu ergreifen. So ist es Brauch, und die Bernadottes sind nun einmal sehr traditionsbewusst. Prinz Daniels Stimme klingt ein wenig quakend, und anfangs schimmert auch ein bisschen Unsicherheit durch. Aber das macht nichts, denn der Bräutigam erobert die Herzen der Nation im Sturm, als er sich an seine Braut wendet, ihre Hand ergreift und sagt: »Victoria, am größten von allem ist die Liebe!« Auch wir schmelzen dahin. Susanne schmiegt sich bei Daniels Worten auf dem Sofa ganz eng an Gunnar. Und der wischt einen feuchten Fleck von dem Block, auf dem er schon den ganzen Tag seine Eindrücke für den Artikel notiert.

Wenig später, an einem ebenso schönen »lagom«-warmen Sommertag mit leichter Bewölkung, schreiten wir schließlich Hand in Hand den Gang zwischen den Bänken in einer kleinen, schlichten Holzkirche in Hässelby entlang. Vor uns geht, nein: rennt Laura mit unserer Traukerze auf den Altar zu. Das Streichquartett, das Gunnar in letzter Minute noch angeheuert hat, spielt einen schwedischen Hochzeitsmarsch. Unsere Familien und Freunde stehen rechts und links von uns, während Susannes Onkel, der zufällig Fotograf ist, fortwährend knipst. Für den Fotografen, den Leif vorgeschlagen hatte, waren wir einfach zu geizig gewesen. Und da hat sich der Onkel dankenswerterweise bereit erklärt, während unseres Festes zu arbeiten. Der Pfarrer blickt auf uns herab: Susanne in einem langen weißen Kleid aus feengleich fließendem Stoff, Gunnar in dunklem Anzug mit Weste und Einstecktuch in den schwedischen Farben Blau und Gelb. Der Geistliche, einer von Gunnars Verwandten, spricht ein gemütliches Deutsch, dem man anmerkt, dass er aus dem Rheinland stammt. Er hat einen ausgeprägten Humor, und außerdem hat er auch das Buch gelesen, das Gunnar vor einiger Zeit über Schweden geschrieben hat.

»Lieber Gunnar, liebe Stefanie«, dröhnt er mit seinem lauten Bass. Gelächter schallt durch die Reihen der vollbesetzten Kirche. »Äh, ich meine natürlich Susanne.« Der Pfarrer schmunzelt breit. »Ihr habt endlich zueinandergefunden und euch geeinigt, gemeinsam in die gleiche Richtung zu sehen.« Damit spielt er auf unseren Trauspruch an: »Liebe besteht nicht darin, dass man einander ansieht, sondern dass man gemeinsam in die gleiche Richtung blickt.« Der Spruch ist von Antoine de Saint-Exupéry – zugegeben, er ist vielleicht ein wenig abgegriffen. Aber wir hatten wirklich keine Zeit mehr für originelle Ideen, und letztlich fanden wir ihn dann doch passender als unseren zweiten Favoriten, einen Spruch von Konfuzius: »Liebe ist das Gewürz des Lebens. Sie kann es versüßen, aber auch versalzen.«

Während der Pfarrer also unseren Trauspruch interpretiert, lächelt Gunnar den Fotografen an. Susanne dreht sich um und verscheucht Laura von ihrer Schleppe. »Na ja, zumindest seht ihr dann in die gleiche Richtung, wenn kein Fotograf anzulächeln ist«, sagt der Pfarrer schmunzelnd zu Gunnar. Erneutes Gelächter. »So, und jetzt kommen wir zu dem Teil, den ihr, liebe Susanne und lieber Gunnar, so schön ›Ring-Rausch‹ in eurem Festprogramm genannt habt: Gebt einander die Ringe als Zeichen eurer Liebe und Treue.« Das Festprogramm ist also auch noch rechtzeitig fertig geworden, allerdings nur knapp und mit ein paar Tippfehlern darin. Egal – sollten wir jemals so verrückt sein, noch einmal zu heiraten (es gibt ja alternde Pärchen, die sich in einem Anflug von Jugendwahn so etwas antun), dann werden wir wohl im nächsten Trauprogramm eine Korrekturspalte vorsehen müssen. Wir sehen einander an und stecken uns die Ringe, die uns Laura in einer kleinen Schale gereicht hat, an die Finger. Susannes Onkel schießt die ersten Kuss-Bilder vor dem Altar. Und während sich unsere Lippen berühren, schiebt sich Laura energisch zwischen unsere Beine und ruft: »Was macht ihr denn da?«

Wir hören einige der jüngeren Gäste kichern, während in den Reihen der Tanten, Mütter und Schwiegermütter leises Taschentuchgeraschel von dezenten Schluchzgeräuschen übertönt wird.

Zum Auszug spielt das Streichquartett einen weiteren schwedischen Marsch. Jeder Ton hat uns etwa so viel gekostet wie ein halbes handgemaltes Dalarna-Pferdchen. Aber auch das ist uns jetzt egal – die Musik klingt schwedisch, und das ist die Hauptsache. Just in dem Moment, als wir aus der Kirche treten, verhält sich auch das Wetter, wie es sich für Skandinavien gehört. Erste Regenwolken ziehen auf, und es beginnt zu nieseln. »Das bringt Glück«, ruft die deutsche Verwandtschaft. »Na, hoffentlich bedeutet das nicht noch mehr Kinder«, zischelt uns Anna zu, die ein bisschen Deutsch versteht. »Die Deutschen haben recht – bei leichtem Regen beißen sie immer am besten«, sagt Lars. »Ist euer Hochzeitsschloss nicht direkt in der Nähe des Sees? Autsch!« Andrea hat ihm einen kräftigen Hieb auf den Hinterkopf verpasst. Wie kann er jetzt nur ans Angeln denken, sagt ihr erzürnter Blick.

Als wir wenig später in unserem Palais am Mälarsee mit den Feierlichkeiten beginnen, schüttet es wie aus Eimern, und es blitzt und donnert. Aber nicht einmal das kann uns heute noch stören. Denn das Fest ist einfach wunderbar. Anna hat zum Schluss die Tischordnung übernommen und in letzter Minute noch einen Blumenschmuck organisiert, der so schick aussieht, dass er fast schon die Blicke vom Brautpaar ablenkt. Ihre Kinder hat sie für den Abend bei ihren Eltern unterbringen können. Exmann Johan konnte wieder einmal nicht aushelfen. Er musste ziemlich eilig eine neue Stelle annehmen, weil er ja jetzt für sich selbst sorgen muss. Und da brauche er seine Wochenenden erst einmal zur Entspannung, teilte er mit.

»Tja, da Arbeitsstellen für frischgebackene Sozialpädagogen rar sind, musste er seinen Suchradius ein wenig erweitern«, erzählt Anna uns beim Empfang im Palais. Dabei lächelt sie boshaft und nippt genüsslich an ihrem Prosecco, um die Spannung zu steigern. »Er hat schließlich etwas gefunden, bei einer dieser neuen privaten Kindertagesstätten. Leider hat es erst einmal nur für eine Praktikantenstelle gereicht – geschieht ihm recht, dem Schuft. Habt ihr gewusst, dass er manchmal abends durch die Kneipen gezogen ist und junge Frauen angebaggert hat – während wir verheiratet waren?« Bei diesem Satz blicken wir ein wenig betreten zu Boden, denn in der Tat haben wir über die Episode in der Kneipe ab und zu gesprochen.

»Sein neuer Arbeitgeber hat sich jedenfalls auf zweisprachige Früherziehung auf Englisch und Schwedisch spezialisiert, die Firma verspricht den Eltern auf ihrer Webseite einen Rundum-sorglos-Service. Wisst ihr, wie sie heißt? Quality Time. Und wisst ihr, was das Beste ist?« Anna nippt noch einmal taktisch an ihrem Prosecco. »Eine alte Schulfreundin von mir hat ihren Sohn in dieser Einrichtung. Und jetzt schickt sie mir immer Bilder von Johan: Johan beim Putzen, Johan beim Aufräumen, Johan beim Kartoffelschälen in der Großküche. Wollt ihr mal sehen?« Anna fummelt ihr Handy aus der Handtasche und startet eine ganze Diashow der Demütigung. Sie wird das heute noch oft tun.

Aber es gibt an diesem Abend nicht nur Bilder von Verflossenen zu bewundern, sondern auch wahrhaft junges Glück: Werner hat seine Anna-Lena mitgebracht. Eine gutaussehende Schwedin, die ihn fest im Griff zu haben scheint. Jedenfalls ist es ihr gelungen, den sonst immer etwas ländlich wirkenden Naturburschen für diese Feier in einen gestylten Stockholmer zu verwandeln. Werners Anzug stammt von einem schwedischen Designer, er sitzt perfekt, und sogar die Haare sind mit reichlich Gel gezähmt worden.

»Ist sie nicht wundervoll?«, fragt er, nachdem er sie vorgestellt und Anna-Lena sich zum Kuchenbuffet begeben hat. »Und wisst ihr was: Gerade eben haben wir uns bei einem Spaziergang unten am See verlobt. Wir werden auch bald heiraten! Ich hoffe bloß, wir schaffen es auch, so ein wunderbares Fest zu organisieren wie ihr.« Als Werner uns das erzählt, gratulieren wir ihm herzlich. Und als hätten wir es schon vorher verabredet, beglücken wir unseren Freund mit einem ganz besonderen Geschenk.

»Eine alte Tradition aus Dalarna besagt nämlich, dass diese Trophäe ein Verlobungsgeschenk sein soll. Na – und wir sind ja jetzt schon verheiratet. Darum muss das Elchgeweih weiterwandern. Und keinem würden wir es lieber anvertrauen als dir, Werner. Denn wir wissen, dass du so ein traditionelles Präsent auch wirklich zu schätzen weißt.«

»Alter Schwede!«, ruft Werner aus. Er ist außer sich vor Freude und schaut das mächtige Elchgeweih immer wieder ehrfürchtig an.

Gunnar zieht sich nach dieser Episode erst einmal zu einem ernsten Männergespräch mit Lars zurück. Und dabei gesteht der Trauzeuge schließlich, dass es in Dalarna gar keine Tradition gibt, die besagt, dass Elchgeweihe zur Verlobung verschenkt werden.

»Es tut mir leid«, sagt Lars zerknirscht. »Das Ding ist

auch gar kein Familienerbstück. Ich habe es günstig auf einem Flohmarkt gekauft. Ich finde es wirklich ganz urig, weißt du. Ich wollte es bei uns aufhängen. Aber Andrea hat mich nicht gelassen. Na ja, und wegschmeißen wollte ich es auch nicht. Da habe ich eben an dich gedacht – ihr Deutsche seid doch ganz verrückt nach Elchen, das weiß man ja. Ich hatte gehofft, dass ihr es behaltet, und dann hätten wir es vielleicht später einmal gemeinsam meinem Sohn schenken können, wenn er erwachsen ist und seine erste Bude hat.«

»Lars, du hast doch gar keinen Sohn.«

»Noch nicht – aber bald! Jetzt können wir es euch endlich sagen: Andrea ist im dritten Monat schwanger!«

»Das sind ja tolle Nachrichten! Und wenn es eine Tochter wird?«

»Ach, weißt du«, sagt Lars nach kurzem Überlegen, »das ist nicht so wichtig. Eine Tochter kann auch ein Elchgeweih von ihrem Vater bekommen. Also könnte … Aber jetzt ist das Geweih ja weg.«

Wir lachen an diesem Abend noch oft über die Geschichte – aber natürlich nur, wenn der Werner nicht zuhört. Wie es sich für eine deutsche Hochzeit gehört, werden beim Essen außerdem noch einige Vorführungen zum Besten gegeben. Unsere Freunde aus München haben Sketche, Gedichte und Spiele vorbereitet. Außerdem werden natürlich möglichst peinliche Dias von den Junggesellenabschieden gezeigt. Doch auch die schwedische Tradition kommt gebührend zu ihrem Recht: Jedes Mal, wenn Braut oder Bräutigam den Saal verlassen, klimpert die versammelte Festgemeinde mit ihren Löffeln gegen die Weingläser. Das Geklingel signalisiert, dass der jeweils einsam zurückgebliebene Teil des frischgebackenen Ehepaares nun von allen geküsst werden darf. Da bei unserem Fest Gäste jeder Nationalität diesen Brauch mit bemerkenswerter Inbrunst ausleben, werden wir abwechselnd auf unseren Ehrenplätzen regelrecht niedergebusselt.

Am Ende trauen wir uns nur noch gemeinsam aufs Klo. Spätabends stehen wir dann nach einer solchen Pause auf dem Balkon des Schlösschens und blicken über den See. Die Wolken haben sich verzogen, und die Sonne hängt über dem Horizont, so als wolle sie unsere Hochzeit am Ende unbedingt doch noch in ein kitschiges Licht tauchen. Vor diesem Hintergrund sehen wir einen großen, unförmigen Schatten über den Parkplatz wanken. Kurz darauf hören wir ein heftiges Schnaufen, als der Werner versucht, das Elchgeweih in seinem Volvo unterzubringen.

»Ach, Gunnar, die Aussicht hier ist wirklich romantisch. Fast wie in einer Inga-Lindström-Schmonzette.«

»Ja, du hast recht. Unsere Gäste werden alle Klischees bestätigt finden, die sie aus dem Fernsehen kennen.«

Auf dem Parkplatz ist inzwischen die Stimme von Anna-Lena zu vernehmen, die entsetzt ruft: »Was ist denn das?«

»Gunnar, meinst du, die beiden werden wirklich heiraten?«

»Ja, das werden sie schon schaffen. Schließlich haben sie ja jetzt das Geweih. Uns hat es doch auch Glück gebracht.«

»Das hat es nicht. Wir haben uns wegen dem Ding nur gestritten.«

»Ja, schon, aber das hat uns stark gemacht, für die Ehe.«

Auf dem Parkplatz wird es nun etwas lauter. Anna-Lena ruft verzweifelt: »Das ist wieder typisch Mann! An irgendwelchen überkommenen Jagdritualen festzuhalten. Das Ding verschandelt unsere ganze Wohnung. Es ist Schrott!«

»Aber Schatz, es ist ein Familienerbstück!«, entgegnet Werner. »Warum müsst ihr Frauen nur so pingelig sein? Eine Wohnung muss doch nicht wie aus dem Ikea-Katalog aussehen. Das Geweih würde unserem Wohnzimmer eine individuelle Note verleihen.«

Wir stehen auf unserem Balkon und lauschen zufrieden den Geräuschen des schwedischen Sommers.

»Siehst du, Susanne, ich glaube, in jeder Beziehung gibt es so ein Elchgeweih. Also etwas, worüber man sich einfach nicht einig wird.«

»Aha. Und ich glaube, du hast jetzt zu viel Prosecco getrunken. Jedenfalls bin ich froh, dass es in unserer Beziehung kein Elchgeweih mehr gibt. Aber keine Angst, mein Ehemann – wir finden bestimmt noch andere Dinge, über die es sich trefflich zu streiten lohnt. Aber nicht in dieser Nacht.«

Wir küssen uns. Unten auf dem Parkplatz hören wir Anna-Lenas kraftloser werdende Proteste, die schließlich ganz verstummen. Dann vernehmen wir den dumpfen Schlag eines Kofferraumdeckels. Die Sonne ist schon fast untergegangen, und der schwedische Sommer wird uns ein bisschen zu kühl. Da gehen wir lieber Arm in Arm wieder ins Warme.

# Danke

Vieles in diesem Buch ist wahr, aber manches ist erfunden. Insbesondere haben wir die Namen aller realen Personen verändert, denn was die Figuren hier in dieser Geschichte tun und sagen, dafür sind allein wir, die Autoren, verantwortlich und niemand sonst. Trotzdem wäre dieses Buch natürlich nicht denkbar ohne die tatkräftige Unterstützung von vielen anderen. Unser Dank gilt unseren Eltern Ubbena, Elisabeth und Peter sowie Tante Lulli, Clas und ihrem Hund Laban, die in den anstrengendsten Momenten des Schreibens stets bereit waren, uns bei der Erfüllung unserer Elternpflichten zu unterstützen. Und wir danken unseren Kindern, ohne sie wären unser Leben und auch dieses Buch nicht halb so aufregend und schön. Auch Sandra, Martin, Agnes, Alexander, Michael, Maria sowie Thomas, Kathrin, Camilla und Annika samt ihren Familien standen uns in kniffligen Situationen stets bei, und sie haben uns mit ihren Einfällen und Anregungen inspiriert – vielen Dank dafür, erst durch euch ist Stockholm wirklich zu unserer neuen Heimat geworden. Marlene und Ursi haben uns beim Korrekturlesen unterstützt, Jimmy und Petra haben uns in nächtelangen Gesprächen dabei geholfen, unsere alte Heimat Bayern etwas besser zu verstehen, obwohl wir schon seit Jahren nicht mehr dort leben. Unser Lektor Frank Zimmer hat die Erzählung mit viel Geduld, Sachkenntnis und Humor bereichert. Ihm, Daniel Oertel und den anderen Mitarbeitern des Ullstein Verlags danken wir auch dafür, dass sie an das Projekt geglaubt und uns in allen Fragen mit Rat und Tat unterstützt haben. Ein besonderes Dankeschön gilt schließlich unseren Trauzeugen Jan und Marlene, unserem Pfarrer Christian sowie all den Gästen, ohne die wir niemals die wunderschöne Hochzeit in Hässelby hätten feiern können, die als Vorlage für dieses Buch diente.

## Alter Schwede!

Gunnar Herrmann

**ELCHTEST**

Ein Jahr in Bullerbü

ISBN 978-3-548-28142-1
www.ullstein-buchverlage.de

Mit Baby nach Bullerbü – als Familie Herrmann das Angebot erhält, nach Schweden zu ziehen, klingt das paradiesisch: Unberührte Natur und rote Holzhäuschen. Ein einziger großer Kinderspielplatz! Doch im Land der Elche ist nicht alles »Bullerbü«. Die Winter sind dunkel, die Menschen höflich, aber verschlossen, und die Warteschlangen der Bürokratie lang.
Mit viel Witz, Sympathie und Augenzwinkern erzählt Gunnar Herrmann vom Familienleben im hohen Norden.

UB616

## Lekker Abenteuer im platten Land!

Annette Birschel

**MORDSGOUDA**

Als Deutsche unter Holländern

ISBN 978-3-548-28201-5
www.ullstein-buchverlage.de

Sie sind vernarrt in Frittiertes, züchten die schönsten Tulpen (und wässrigsten Tomaten) der Welt – und lieben nichts mehr als Urlaub im Wohnwagen. Annette Birschel lebt seit über zehn Jahren im Land der Kaufleute und Pfarrer. In ihrem Buch gibt sie Antworten auf Fragen, die uns Deutsche seit jeher beschäftigen: Warum hassen Holländer Gardinen? Schmecken Bitterballen wirklich bitter? Und wieso muss im Oranje-Land immerzu alles *lekker*, *leuk* und *makkelijk** sein? Eine überfällige Bestandsaufnahme unseres sympathischen Nachbarn im Westen – mit Humor und feinsinnigem Spott erzählt.

* übersetzt etwa: toll, lustig und unkompliziert

UB571

ullstein

Stefan Ulrich

**Quattro Stagioni – Ein Jahr in Rom**

Originalausgabe

ISBN 978-3-548-26854-5
www.ullstein-buchverlage.de

»Habt Ihr's gut ...« ist der Kommentar ihrer Freunde, als für Familie Ulrich endlich der alte Traum von der Dolce Vita in Bella Italia wahr wird. Doch das Leben in der ewigen Stadt erweist sich als alles andere als »dolce«: Die Wohnung ist bei der Ankunft in chaotischem Zustand und Tochter Bernadettes Meerschweinchen wird vom Hausbesitzer mit einer Ratte verwechselt. Wichtige Erkenntnisse der Rom-Anfänger: Ein Palazzo ist ein ganz normales Mehrfamilienhaus, römische Kindergeburtstage haben es in sich und die Italiener beschweren sich auch bei strahlendem Sonnenschein andauernd übers Wetter. Trotzdem versuchen die Ulrichs, Bella Figura zu machen! Und entdecken doch noch das süße Leben in Rom.

UB476

ullstein

## Cheers, Amerika!

Reymer Klüver

**ALLEIN UNTER DOPPEL-WHOPPERN**

Unser Jahr in Amerika

ISBN 978-3-548-28169-8
www.ullstein-buchverlage.de

Amerika, das ist das Weiße Haus und der Grand Canyon, Barbecue und Baseball. Als Reymer Klüver USA-Korrespondent der *Süddeutschen Zeitung* wird, zieht er mit seiner Frau, den drei Kindern und einem Haufen Vorurteile nach Washington, DC. Dort erwarten die Familie tropische Temperaturen, die Leidenschaft ihrer amerikanischen Nachbarn für große Sportautos und seltsame Bräuche wie *Halloween* und *Thanksgiving* – eben der ganz normale Wahnsinn des *American Way of Life*.

UB615

ullstein

# JETZT NEU

Aktuelle Titel | Login/ Registrieren | Über Bücher diskutieren

**Jede Woche vorab in einen brandaktuellen Top-Titel reinlesen, ...**

**... Leseeindruck verfassen, Kritiker werden und eins von 100 Vorab-Exemplaren gratis erhalten.**

**vorablesen.de**